中国社会科学院
经济学部
ACADEMIC DIVISION OF ECONOMICS
CHINESE ACADEMY OF SOCIAL SCIENCES

失衡与再平衡
——塑造全球治理新框架

李扬　张晓晶　著

中国社会科学出版社

图书在版编目（CIP）数据

失衡与再平衡：塑造全球治理新框架 / 李扬，张晓晶著. —北京：中国社会科学出版社，2013.12（2015.8 重印）

ISBN 978-7-5161-3786-4

Ⅰ.①失… Ⅱ.①李…②张… Ⅲ.①国际政治—研究 Ⅳ.①D5

中国版本图书馆 CIP 数据核字（2013）第 296941 号

出版人	赵剑英
责任编辑	王 曦　侯苗苗
责任校对	韩天炜
责任印制	戴 宽

出 版	中国社会科学出版社
社 址	北京鼓楼西大街甲 158 号
邮 编	100720
网 址	http://www.csspw.cn
发行部	010-84083685
门市部	010-84029450
经 销	新华书店及其他书店
印刷装订	北京君升印刷有限公司
版 次	2013 年 12 月第 1 版
印 次	2015 年 8 月第 2 次印刷
开 本	710×1000　1/16
印 张	18
插 页	2
字 数	276 千字
定 价	49.00 元

凡购买中国社会科学出版社图书，如有质量问题请与本社发行部联系调换
电话：010-84083683
版权所有　侵权必究

目　录

前言 ··· 1

第一篇　全球失衡：货币金融视角

1　货币霸权兴衰 ·· 7

"日不落"帝国开启英镑霸权时代 ····························· 7
以金为本 ··· 9
古典金本位时代的贸易、投资与失衡 ························ 11
世界债主 ·· 12
"历史终结论"的早期版本 ···································· 15
"跛脚"的金本位及其解体 ···································· 16
"森林"中迎来的美元霸权 ···································· 19
布雷顿森林体系的"原罪" ···································· 20
一个不应被忘记的"平行"国际货币体系：卢布区 ······· 21
卢布区的运行 ··· 23
卢布区的瓦解 ··· 26
卢布区的历史遗产 ··· 29
国际公共品视角下的货币霸权 ······························· 30

2　战国时代 ·· 34

储备货币多元化：SDR 的创设 ······························ 35
储备货币多元化：欧元面世 ·································· 36

储备货币多元化：亚洲的诉求 ································· 39
中心—外围结构下的全球失衡 ································· 43
战国时代 ·· 45
勿忘凯恩斯 ·· 47
"特里芬难题"的普遍性 ·· 49
跳出单一货币迷思 ··· 52
在救助危机的实践中寻找出路 ································· 54
处理"9·11"事件：支付清算系统最重要 ··················· 55
应对此次金融危机：货币互换大行其道 ······················ 56
央行货币互换可能改变国际货币体系 ························· 58
环绕中国的央行间货币互换 ···································· 60
新的全球治理模式初显端倪？ ································· 61

第二篇　全球失衡：实体经济视角

3　国际分工体系嬗变与全球失衡 ······························ 71
现代世界体系 ·· 71
鸟瞰600年 ·· 74
白银资本（1800年之前） ······································ 76
"百年和平"（1800—1913年） ······························· 77
维多利亚时代 ·· 81
轮到美国了 ·· 84
失衡与均衡的相互转换 ·· 87
劳动力全球化与国际分工 ······································ 88
前苏东集团解体与国际分工新格局 ··························· 90
东亚生产网络和全球价值链重组 ······························ 94

4　技术创新、生产率变动、全球失衡 ······················· 100
创新与金融：技术变迁的宏观模型 ··························· 100
创新与生产率变动"纵容"外部失衡 ························ 105

"例外"的持久繁荣？ ………………………………………… 108
技术革命与经济长周期 ………………………………………… 113
仍然是新一轮技术革命正在酝酿 ……………………………… 115

第三篇　从失衡到危机

5　内外失衡与货币霸权 ……………………………………… 123

全球失衡：第二次世界大战结束以来的"故事新编" ………… 123
储蓄—投资视角下的全球失衡 ………………………………… 126
20 世纪 70 年代以来全球失衡的三个阶段 …………………… 130
全球失衡是常态，货币霸权是根源 …………………………… 131
大萧条：都是黄金惹的祸？ …………………………………… 133
大萧条的另一种解释：霸权的缺失 …………………………… 136
布雷顿森林体系崩溃与 70 年代的滞胀危机 ………………… 138
"原罪"与亚洲金融危机 ……………………………………… 141
从"大稳定"到长期失衡 ……………………………………… 143
失衡的可持续性 ………………………………………………… 145
从失衡到危机 …………………………………………………… 149

第四篇　再平衡的机制

6　关于再平衡的两个神话 …………………………………… 161

金本位制的"黄金时期"（1870—1914 年） ………………… 162
自动调节机制：神话还是事实？ ……………………………… 164
金本位的实质是英镑霸权 ……………………………………… 166
浮动汇率"神话"的新旧版本 ………………………………… 168
反对浮动汇率的观点 …………………………………………… 170
针对浮动汇率制的四个相反事实 ……………………………… 173
日本"金融败战"和"日元升值综合征" …………………… 175

关键在于美元霸权……………………………………180
莫将抽象理论与现实画等号………………………181

7 货币国策与美元霸权收益……………………………183
作为货币国策的汇率武器…………………………183
汇市干预……………………………………………185
汇率操纵……………………………………………188
贼喊捉贼……………………………………………191
汇率武器的收益：以美元霸权为例………………195

8 国际货币政策协调：理论与现实………………………203
国际货币政策协调的理论…………………………204
国际货币政策协调50年……………………………208
20世纪70年代：国际政策协调牛刀小试…………210
从《广场协议》到《卢浮宫协议》………………211
二十国集团成为全球政策协调的新平台…………217
二十国集团峰会上的较量…………………………219
"相互评估"进程……………………………………237
"参考性指南"………………………………………238
霸权与反霸权运动的缩影…………………………239
博弈正未有穷期……………………………………241

结　语

9 走向新均衡………………………………………………245
千年沧桑……………………………………………246
旧的全球经济格局…………………………………247
事情正在起变化……………………………………250
中国在崛起…………………………………………254
危机开启新时代……………………………………257

从"中国制造"走向"中国创造" …………………………… 258
人民币国际化:国际货币金融格局变迁的"中国力量" ………… 260
做好上海自贸区这篇大文章 …………………………………… 261

参考文献 ……………………………………………………… 264

前　言

李　扬

本书的缘起

2007年3月全球金融危机发生以来,"全球经济失衡"无疑是被各国当局使用最多的词汇之一。发达经济体特别是美国偏爱用之来解释此次危机的根源。将危机归为失衡,将失衡描述为"全球"的,他们便得以轻松地将危机的责任推卸到其他国家,特别是像中国这样的发展中经济体头上。可以说,"中国责任论"、"中国威胁论"云云,都是从这个概念中获得其理论支持的。

中国的有关部门自然对此论保持了高度的戒备。在所有的公开场合,特别是在国际会议上,官方都避免使用这个词汇。有朋友告诉我,在历次二十国集团峰会上,中国政府代表团的重要任务之一,就是在会议的公报和首脑宣言中抹去这个用语和相关表述。

我们理解有关部门的这个避讳。但是,作为经济学家,心里总觉得如此避讳似乎是杯弓蛇影,甚至迹近掩耳盗铃。平心而论,一方面,除去失衡,我们似乎还很难为危机找到更合适的根源;另一方面,承认失衡是根源,绝不意味着我们接受某些国家"东引"来的"祸水",承认失衡是我们的责任。相反,认真研究失衡问题,在国际上,我们正可据以深刻揭示某些发达国家造成失衡并引发全球危机的事实;在国内,也有助于更清楚地认识我们发展道路偏颇、经济结构失调且多年难以调整的深刻原因。

2009年年初,我在伦敦参加了由温家宝总理和时任英国首相布莱尔在唐宁街10号共同主持的全球经济学家座谈会。包括斯蒂格利茨在内的20余名全球大牌经济学家与会。我是唯一的中国学者。座谈会安排了5位经济学家发言，我是其中之一。在向总理汇报并获同意之后，我在会上专门阐述了对全球失衡的看法，要点有四：其一，失衡问题虽只在近年才引起世人关注，但作为一种全球化的伴生现象，则自布雷顿森林体系建立以来便已存在。其二，观察布雷顿森林体系建立以来的全球经济发展脉络便能清晰地看到：美国作为唯一的超级大国，始终居于失衡的逆差一方；在失衡的顺差一方，不断变化的角色包括德国和日本，自70年代以后，先是亚洲"四小龙"，继而是亚洲"四小虎"，然后才是中国和石油输出国，渐次加入了该行列。因此，如果说全球失衡是此次危机的根源，那么，最重要的根源在美国那里。其三，在全球化的世界中，若称全球失衡，则世界各国的国内经济也一定是失衡的。因此，克服危机、促使经济回归正常轨道的要义，在于世界各国均致力于调整其国内的经济发展方式和经济结构；由于当前的全球化是发达经济体主导的，他们显然应承担最重要的主导性责任。其四，中国政府自20世纪末开始便已提出转变经济发展方式、调整国内经济结构、实施科学发展的战略目标，力求减少经济增长对外部需求和国内投资的过度依赖。这是实现全球经济"再平衡"的切实步骤。

从会上和会后的评论来看，我的意见获得了与会者的广泛尊重。

那次会议之后，全球失衡和再平衡问题便成为我的研究重点之一。上述四点看法，构成了本书的主要观点。

均衡与平衡

失衡与再平衡这一对概念虽然总被西方政要挂在嘴上，但是，其中"衡"的具体含义，却总是语焉不详。要深入从理论和实践上探讨如此重大的问题，就不能不先对"衡"的含义做一番推敲。

失衡与再平衡中涉及的"衡"，主要有均衡（equilibrium）与平衡（balance）两种含义。

平衡是一个被广泛使用的概念。根据《现代汉语词典》的解释，它指的是"对立的各方面在数量和质量上相等或相抵"。

"均衡"一词来自物理学，指的是由于受到大小相同但作用相反的两种力的作用而使物体处于一种相对静止的状态。引申到经济学中，均衡是指市场上存在需求与供给这两种相反的力量，当需求恰好等于供给时，市场就会处于一种均衡状态。深入一步，经济学所说的均衡有两种情况：一种是瓦尔拉斯均衡，它强调的是市场供求相等，进而强调了市场出清。另一种为非瓦尔拉斯均衡。它强调价格机制并不能发挥出清市场的作用，市场均衡常常是非瓦尔拉斯式的，即供求未必相等，但却出现相对稳定的趋势。很显然，与供求相等的瓦尔拉斯均衡概念相比，非瓦尔拉斯均衡是一种广义的均衡概念，它指的是系统中的各个变量经过调整以后不再具有变动的趋势。非瓦尔拉斯均衡还可以有进一步的延伸，即当有外力使均衡状态偏离均衡点时，仍有一种内在倾向使经济回复到均衡状态。这是一种稳定均衡。相反，如果说外力使均衡状态偏离均衡点时，经济不再能回复到均衡状态，那就是一种不稳定均衡。

显然，在经济学中，均衡与平衡是含义完全不同的两个词。均衡是标准的经济学术语，并始终是经济学家讨论的重要概念。平衡的内涵则相对贫乏，也缺乏非常严格的定义，在很多情况下，平衡还用来指余额，指的是供给和需求、资产和负债等在规模上完全相同的情况。

我们要讨论的全球经济失衡中的"衡"，显然出自均衡，因为我们并不特别关注各国国际收支是否存在正的或负的差额。相反，各国存在差额是一种常态，包括贸易顺差与逆差的失衡，进一步则是经常账户的失衡，再到国际收支的失衡，最后归根结底是全球储蓄与投资的失衡，即主要发达经济体储蓄不足，而一些新兴经济体储蓄"过剩"，等等。我们关注的是，这种存在差额的状态是否能够持续。

"好的失衡"与"坏的失衡"

一国对外贸易或国际收支出现差额（逆差或顺差），是该国跨越国境，在全球范围内进行资源配置的结果。因此，判断失衡的经济意义，要从资源动态配置的角度进行分析。据此，我们可以将经常项目失衡区分为"好的失衡"和"坏的失衡"两种情况。

"好的失衡"是一国在一个较长时期内配置消费和投资的最优决策，例如，经常项目逆差可以是动态的前瞻性储蓄投资决策的最优化结果。这种失衡非但无害，而且还可以达到增加社会福利的效果。具体来看，"好的失衡"至少指的是如下三种状况中的一种：其一，对外失衡状况及其增减动态，恰好与本国经济发展阶段的周期变化相一致。其二，本国经济结构基础良好，企业充满活力，宏观经济具有明朗的发展前景。在这些条件下，失衡现象出现，是国内经济主体优化选择所致，势必导致良好的经济结果。其三，吸收外资的期限结构和区域结构良好。因为，经常项目长期失衡，不可避免地会对资本和金融项目产生对应性影响。倘若资本和金融项目的期限结构和区域结构合理，就会大大提高在经常项目失衡（逆差或顺差）恶化的情况下承受国际资本冲击的能力，并保持国际收支总体均衡状态的稳定。

"坏的失衡"指的是，一国在利用国内外资源过程中，难以实现长期最优配置，导致经常项目失衡持续向逆差或顺差的单方向上扩大，造成经济结构扭曲，总体风险上升。其主要表现是：其一，国内经济结构失衡，即产业结构不合理、部门结构不合理、出口导向型战略未能及时调整等；其二，金融结构不完善，包括不合理的储蓄行为、不当的贷款活动、金融监管缺失、本币定值过高等；其三，资本频繁流动，导致外部风险上升，并使得原已存在的不合理对外债务结构在币种上和期限配对方面更加扭曲，外汇储备不足或者过度增长。

需要指出的是，顺差并不必然意味着"好的失衡"，同样，逆差并不必然意味着"坏的失衡"。因为，顺差和逆差的出现，都意味着一国难以在本国范围内实现资源的有效配置，必须仰赖国际市场予以平衡，因而，跨境配置能力高低，是决定失衡状况好坏的决定因素。另外，失衡同时意味着资本与金融项目长期出现单方向国际资本流动，这将对国内金融体系产生持续性冲击。如果国内金融市场效率不高，这种持续性冲击将会通过汇率、利率、国际储备、信贷、债券等各类市场，对国内实体经济产生不利影响；同时，长期面对一种趋势，国内货币政策事实上处于被"绑架"的境地。若无运行良好的货币政策结构以及经验丰富的货币当局，货币政策的效力将持续降低。

失衡的可持续性

既然我们从均衡的概念来讨论失衡与再平衡，失衡的可持续性便是一个核心问题。事实上，前文所论"好的失衡"，就是一种可持续的失衡，因为处于失衡状态的国家实体经济健康，微观主体充满活力，发展前景明朗。

在本质上，全球经济失衡是实体经济现象。然而，若无货币的介入，在"纯"实体经济体系中，任何失衡都无以产生。因为，"以物易物"的交换方式，本身就未留出发生贸易差额的任何空间。

国际货币体系因素的介入，不仅使得失衡有了可能，而且使得全球失衡问题变得高度复杂化。如果全球失衡中居于逆差地位的国家可以使用其本币进行清偿和支付，则失衡在相当程度上和在相当长时期内具有可持续性。如此，对全球失衡问题的争论，重点便不在于失衡的原因和规模，等等，而在于失衡可否持续：如果世界仍然接受逆差国用其本国货币来支付逆差，则失衡便具有可持续性；反之，失衡便会引发全球经济危机。

证之以布雷顿森林体系的历史，我们可以大致把握失衡的这种从可持续到不可持续转换的轨迹。

从建立之初，布雷顿森林体系覆盖的经济世界便是一个失衡的世界。起初的基本格局是，美国贸易顺差和其他国家贸易逆差相互对应并长期存在。1960年，以美国的对外债务超过其黄金储备为标志，布雷顿森林世界经济失衡的格局，开始转变为美国的贸易逆差和其他国家对美贸易顺差相对应，并愈演愈烈。但是，直至20世纪60年代末，这种失衡仍然是可持续的。这是因为，美元在布雷顿森林体系中居于核心地位，因而美国享有用发行本币来弥补经常项目差额的特权——而无论欢迎与否，世界各国都必须接受美元。1971年发生的"尼克松冲击"可谓是转向不可持续的关节点。从那时开始，美国国内的物价飙升和美元的对外价值一泻千里，使得美国和世界其他国家同时感到维持美元本位已经得不偿失，于是爆发了持续近十年的全球金融危机，并导致布雷顿森林体系最终崩坏。

但是,美元的故事并未结束。布雷顿森林体系作为一种制度寿终正寝后,美元作为国际储备货币的核心地位固然受到了以欧元为代表的多种新兴储备货币的严峻挑战,然而,亚洲各国的相继崛起,客观上弱化了这种挑战。由于亚洲国家的货币绝大多数与美元保持密切联系,很多国家甚至实行盯住美元的固定汇率制,该区域作为美元的新"外围"的崛起,事实上重建了以美元为中心的国际货币体系,强化了美元霸权。美元在国际货币体系中的核心地位,更因前苏联东欧国家"剧变"得以进一步巩固。90年代之前,苏联东欧集团事实上组成了一个同布雷顿森林体系相并行的国际货币体系,其关键货币是卢布。苏东剧变之后,集团内的所有国家都实行了市场经济,其货币也不约而同地奉美元为新宗主。规模如此之大的经济体集体"投诚",无疑为美元的货币中心地位提供了新的支持。

如此等等的发展,致使一些研究者径直将《牙买加协议》之后的国际货币制度称作"布雷顿森林体系Ⅱ"。我们以为,若就美国依然享受主要储备货币发行特权这一事实而论,称之"布雷顿森林体系Ⅱ",固然地未尝不可,然而,若就美国在该体系内应承担的国际责任而论,体系Ⅰ、Ⅱ可就大异其趣了。如今,美国完全没有要为全球经济再平衡和全球经济发展承担责任的约束和压力,更遑论要为恢复全球经济再平衡付出调整成本了。我们以为,这种权利和责任的完全脱离,正构成当今国际货币制度的基本矛盾。这使得美国的货币政策可以无约束地仅仅立足于其国内目标,而全然不顾其他国家洪水滔天。也正因为存在这种基本矛盾,改革国际货币体系才成为全球经济再平衡的关键所在。

走向新均衡

全球经济失衡是当今世界的头号难题,努力实现再平衡自然成为当今世界的头号任务,这是因为,始自2007年、至今仍在肆虐的全球金融危机,就因全球失衡而引发。

如果说危机的一般意义就是"脱离了常轨",那么,所谓危机的恢复便可能有两种前程：一是回归旧轨；二是另辟蹊径。规模较小且涉及浅表的危机，经历了一段时期的荡涤，在那些导致脱轨的因素被修复或矫正之后，通常都会回归原轨，继续前行；而若危机在深层次上触及了体制机制，并且有新的强大因素介入经济的运行过程，则恢复的过程将走上新途。

此次危机显然是后者，因为，危机爆发后，全球经济呈现出两个重要的趋势性转变，这可能会使得此次危机成为一个新的全球格局的开端。

其一，发生在实体经济领域。20世纪80年代末以来，新兴经济体在全球产出中的增量贡献就一直高于发达经济体。危机以后，一方面发达经济体长期低迷；另一方面新兴经济体的持续高增长，更成为不可移转的长期趋势。在这个此长彼消的历史过程中，新兴经济体将逐渐发挥引领全球发展的作用，完全由发达经济体主导的旧的全球化模式将被改变。

其二，发生在金融领域。资本主义式的全球经济危机总有金融危机相伴随，而历来的全球性金融危机，大都以发展中国家和新兴市场经济国家的债务危机为基本特征。因此，危机的恢复意味着全球性债务重组，而每一次重组，均使得发达经济体在国际金融领域中的霸主地位进一步巩固和强化。这一次完全不同了。如今深陷债务危机而难以自拔的，是那些掌握着国际储备货币发行权和国际规则制定权的发达经济体。他们被自己呼唤出来的恶魔缠身，非有新兴经济体的援手不能解脱，于是就有了如二十国集团之类的新的国际协调机制产生。自然的，危机的恢复，一方面将提升新兴经济体在国际金融领域中的话语权和影响力，促使国际储备货币体系向着多元化方向的进一步发展；另一方面则意味着发达经济体在国际金融规则制定中的决定权被逐渐弱化。正是基于上述意义，全球经济的新格局开始酝酿。

也正是在这种趋势性转变中，重建新均衡以及中国的发展有了新的机遇。首先，当前世界经济进入了结构调整期和产业转型期，这将有利于中国培育"发展新优势"和"抢占未来发展战略制高点"。其次，全球"新兴市场国家力量步入上升期"和世界经济处于"治理机制变革期"，中国可以一方面努力发展壮大自己，另一方面努力增强全球治理的参与能力。

如果说，全球产业转型、结构调整甚至治理变革，基本上是几十年来一次，已经成为世界经济周期性变化的一个常态，那么，新兴经济体能够真正在经济总量上赶超发达经济体，却是自工业革命以来的新变化和新机遇。对中国而言，则更可能是千年一遇的机会。不过，能否抓住这样的机遇，从而在全球达成新均衡的过程中确立自身的位置，却要看我们的发展方式能否成功地实现转型，要看我们的经济结构能否得到有效调整，要看我们的经济效率能否持续提升，要看我们的质量能否有效提高。

这是我们面临的真正挑战。

最后，要特别感谢汤铎铎、李成、常欣、王佳和匡可可在本书形成中作出的贡献，感谢中国社会科学出版社社长兼总编辑赵剑英等出版社的同志为本书出版付出的辛勤劳动。

第一篇

全球失衡：货币金融视角

第一篇

导 语

在本质上，全球经济失衡是实体经济现象。国际货币基金组织总裁拉托在2005年的一次演讲中，曾经用十分通俗的语言这样描述它："全球失衡是这样一种现象：一国拥有大量贸易赤字，而与该国贸易赤字相对应的贸易盈余则集中在其他一些国家。"

然而，在没有货币介入的"纯"实体经济体系中，任何失衡都无以产生。因为，"以物易物"的交换方式，本就未留出发生贸易差额的任何空间。

黄金货币出现并成为国际交易和支付手段之后，失衡便有了可能。恰如货币的产生引入了时间量纲，从而在一国之内解决了储蓄和投资的跨期配置问题一样，国际货币的产生，使得各国都不必刻意追求当期的平衡。更重要的是，由于借贷成为可能，各国还可以通过金融手段来平衡其贸易差额。当然，借钱总要归还，国际资本的流动，无非使失衡和再平衡问题更加复杂而已。但是，由于贵金属是清偿贸易逆差的最终手段，各国间的贸易差额规模既小，更难持续较长时间。应当说，在金本位下，并不存在如今让人谈虎色变的长期性"全球经济失衡"。

全球经济失衡常态化并成为阻碍全球经济正常发展的祸害，皆拜信用货币所赐。

在一国之内，信用货币产生并获得"法偿"地位，主要归因于现代民族国家的诞生；在世界范围内，各国共奉某一国家的信用货币为国际货币，是随全球经济霸权产生而出现的现象。迄今为止，仅有英镑和美元获得过这一殊荣。

美元取代英镑成为世界霸主，起初也是因为其较完整地保持了实施金本位的条件。以雄厚的经济实力为后盾，凭借其持有世界黄金储备之

2/3 的殷实家底，美国顺利击败英国，将布雷顿森林体系引入世界。

布雷顿森林体系是人类社会系统地仿制金本位的一次尝试。然而，来自全世界的金融翘楚们在美国新罕布什尔州的一片森林中精心设计出的"双挂钩"制度，从一开始就存在着后来被概括为"特里芬难题"的两难困境：要想让世界持续地保持充足的流动性，势必需要美国出现持续的经常项目逆差；而大量美元在海外积累以及美国经常项目逆差的长期化，势必影响美元价值的稳定性。正是这样一种"原罪"，注定了布雷顿森林体系崩溃的命运。

值得注意的是，从建立之初，布雷顿森林体系覆盖的经济世界便是一个失衡的世界。起初的基本格局是，美国贸易顺差和其他国家贸易逆差相互对应并长期持续。从1960年代末开始，布雷顿森林世界的失衡格局，转变为美国的贸易逆差和其他国家对美贸易顺差相对应，并愈演愈烈。从那时开始，美国国内的物价腾涌和美元的对外价值一泻千里，使得美国和世界其他国家同时感到维持美元本位已经得不偿失。经历了持续近十年的全球金融危机之后，布雷顿森林体系寿终正寝。如今回顾这段历史，我们特别想指出的是，以美国为一方，其他国家共同或轮流为另一方的全球经济失衡，自20世纪70年代便已开始。

自那以来，这个世界就一直在重复着美国用发行美元的方式来弥补其经常项目逆差的老故事；环绕美国经常项目逆差的争辩和各国间的政策博弈，构成自那以来全球经济波动的主要线索。正是在这个意义上，我们认为，滥用发行国际储备货币的特权，放纵其对他国的经济失衡由微而著，是此次全球危机的主要原因。这样看来，改革现行的国际货币制度，自然成为危机恢复过程的题中应有之义。

今天，国际货币制度已经进入了真正的"战国时代"。以储备货币多元化为基本趋向的国际货币体系的改革过程，早在发生第一次美元危机的时候便已启动，历经SDR推出、布雷顿森林体系解体、80年代全球经济危机、90年代亚洲金融危机、90年代末的欧元面世，以及此次全球金融危机的推波助澜，如今已成不可逆转之势。

在探讨新的国际货币体系未来发展方向的诸种可能性过程中，我们特别关注各国央行间货币互换协议的进展。2013年10月31日，美联储、欧洲央行、瑞士央行、英国央行、加拿大央行和日本央行等全球六大央行同时宣布，它们将把现有的临时性双边流动性互换协议转换成长期协议，而且，任何当事央行都可在自己司法辖区内以另外五种货币中的任何一种提供流动性。这意味着，在主要发达经济体之间，一个长期、多边、多币、无限的超级储备货币网络已编织成型。这个网络事实上已将发达经济体的货币供给机制内在地连为一体。特别值得注意的是，货币互换不仅涉及互换国之间的货币流动，而且涉及彼此间货币的汇率安排，进一步则涉及互换国之间宏观经济政策的深度协调。换言之，完备的国际货币体系必备的三大构成要素，即储备货币选择、汇率制度安排和国际收支协调机制，在互换网络中均有明晰的对应体现。这种安排的长期、无限和多边化，已经显示出发达经济体对于未来国际货币体系发展趋向的偏好。

本篇共两章。

第1章顺次分析了国际货币制度由金本位而英镑本位，再到美元本位的替代过程。独具特色的是，本章用了较大的篇幅讨论了一段"被遗忘"的历史，即以苏联东欧为主的"社会主义阵营"所形成的一个与布雷顿森林体系平行运行的货币体系——卢布区。分析卢布区的功能及作用，探讨其瓦解及其对美元中心地位的具有起死回生意义的支持作用，无疑为我们研究国际货币体系演变与发展提供了新的材料和新的内容。最后，本章从国际公共品提供的角度分析了货币霸权产生的必然性、弊端和有限的"积极意义"。这将给有关国际货币体系的研究提供更为周全的视角。

第2章取名"战国时代"，明确标明了本章的研究重点是国际储备货币的多元化趋势。我们首先顺次分析了SDR推出、布雷顿森林体系解体、80年代全球经济危机、90年代亚洲探讨共同货币的努力、90年代末的欧元面世，以及此次全球金融危机对美元霸权的挑战。在分析这些事态对多元储备货币体系的贡献之后，我们特别提出了两个重要论断。其一，如果我们认定，在一个可能长达几代人的时期内，找出一种可以替代美元的单一国际货币几无可能，那么，探讨国际货币体系改革，就应迅速摒弃各种形式的单一货币方案，转而现实且认真地考虑汇率以及各国间国际收支不平衡的调节机制。其二，央行间货币互换的不断发展以及2013年10月31日美国、欧洲、英国、日本、加拿大、瑞士等六大央行宣称将它们之间的临时性互换安排长期、无限和多边化，十分清晰地告诉我们：主要央行间建立长期稳定的货币互换网络，或许就是未来国际货币体系的基本架构。

1

货币霸权兴衰

> 资产阶级，由于开拓了世界市场，使一切国家的生产和消费都成为世界性的了。
>
> ——马克思、恩格斯

> 如果英国的英镑不再是本币，那么不仅英帝国，而且整个欧洲的商业，就可能不得不按美元而非英镑进行交易。我认为，那将是一场巨大的灾难。
>
> ——丘吉尔

史籍记载的最早的国家间经济交往以及跨境贸易和资金流动，可以追溯到蒙元帝国时期。但是，在明确的国际分工基础上，货物（服务）与资本跨境可持续流动，才是真正意义上的全球化。以此标准衡量，第一次全球化浪潮，肇始于19世纪70年代。

货币霸权只有在全球化的大背景下才有可能产生。英镑正是第一次全球化繁盛时代兴起的霸权货币。英镑时代就是古典金本位时代。取代英镑而起的是美元霸权。那是全球化进一步深入的时代，美元时代始自金本位，继而开启了信用本位时代。

"日不落"帝国开启英镑霸权时代

1588年，威武的西班牙无敌舰队折戟大西洋。作为这场惊世海战的胜利者，英国在其后的二百多年里，励精图治，开疆扩土，国力蒸蒸日上。在经历了资产阶级革命、三次英荷战争、四次英法战争、工业革命,直至于 1815 年击败雄才大略的拿破仑一世,英国昂首阔步地成为跨七大洲、四大洋的"日不落"帝国。据美国历史学家保罗·肯尼迪在其名作《大国的兴衰》介绍,在大英帝国全盛的 1860 年,世界工业产值和商业货值的 1/5、世界工业品贸易的 2/5,都集中在这个只占世界人口 2% 的国家中。而世界上的商船则有 1/3 以上悬挂英国国旗(见肯尼迪,1990)。同以往的罗马、汉、蒙古和奥斯曼等盛极一时的庞大帝国不同,英国的兴起处在一个全新的时代:随着新航路的开辟和蒸汽机的轰鸣,原本彼此隔绝的各个民族、国家和文明,开始以一种前所未有的广度和深度,主动或被动地相互联系起来。可以说,大英帝国迎来了真正的经济全球化的晨曦,它因此也成为人类在懵懂之中迎来的第一个真正意义上的全球霸权国家。

时至今日,人们或许对这位昔日世界霸主的历次耀兵海外印象深刻,也会对它在那个时代取得的工业成就津津乐道,然而,一部在 1819 年通过的名为《恢复现金支付法案》(Act for the Resumption of Cash Payments,1819)的文件恐怕鲜有人知。在我们看来,正是这部"不起眼"的法案,使英国从法律上正式抛弃复本位制而确立了金本位制,从而开启了此后长达近百年的具有全球意义的"英镑时代"①。

英国在那时的霸主地位使"英镑时代"绝不仅覆盖英伦三岛。在 19 世纪中期之前,除英国外,世界主要国家很少采用以黄金为本的货币制度。此时的大英帝国国力日盛,对外通过殖民扩张以及海外贸易与投资,积累了大量的黄金储备;对内以 1694 年诞生的英格兰银行的演进为主要标志,建立了系统完备的现代金融体系,伦敦也逐渐取代荷兰的阿姆斯特丹,成为欧洲乃至世界的金融中心。随着英国的货物和资本漂洋过海,英镑得以走向世界,在广大的英属殖民地乃至全球范围内大量流通,成为当时最受信赖的可自由兑换的黄金等价物和资本主义世界最重要的国际支付手段和储备货币。正是在这种以英国为主导的国际经济秩序下,到 19 世纪 70 年代,德国、法国、美国等西方工业国家也竞

---

① 应指出,远在 1717 年,时任皇家铸币局局长的大名鼎鼎的牛顿爵士便将英镑与黄金挂钩,白银由此逐渐退出流通领域。所以也有观点认为,从那时起,英国就确立了事实上(de facto)的单一金本位制度。对此,弗里德曼(2006)和金德尔伯格(2006)均有详细论述。

相效法，实行金本位制。据 Chernyshoff 等（2009）的介绍，到了 1913 年，采用金本位的国家已经占到全世界国家数量的 48%、世界 GDP 的 67% 和世界贸易的 70%①。

以金为本

从 1870 年到第一次世界大战爆发前夕这段时间里，金本位制度以其最纯粹的形式——金币本位（Gold Specie Standard）——通行于世界主要国家②。各国货币发行严格以黄金储备为支撑，金币可以自由兑换、自由铸造和自由输出入。

概而言之，这种纯粹的金本位制度主要有四大优势，其中三点涉及国际经济关系，一点涉及国内经济活动。

首先，由于币值与黄金对应，所以各国间实际上采用的是固定汇率制。换句话说，采用金本位的国家构成了一个类似今天欧元区的"共同货币区"。英镑也好，法郎也罢，无非是一定量的黄金的不同称谓。当然，由于运金成本的客观存在，汇率与含金量之比会有偏差，但由此造成的波动会被货币之锚限定在狭小的黄金输送点之内。从某种意义上说，此时国际贸易与国内贸易不存在本质区别。

其次，按照经典的货币数量论的教义，黄金的流动可以自动调节国际收支失衡。根据这一理论，各国的最优贸易差额为零。不妨举一个简化的例子：在一个普遍实行金本位制的世界里，当一国进口大于出口，即国际收支发生逆差时，将会引起黄金外流，而国内货币流通量将会减少，继而利率上升、物价下降，从而提高了本国商品在国际市场上的竞争力，于是刺激出口、抑制进口，最终恢复国际收支平衡。相反，当国际收支发生顺差时，反方向的调整则会发生，最后也会恢复平衡。简言之，由于存在黄金流动和物价跌涨的机制，国际收支失衡会得到自动修正。这便是英国思想家大卫·休谟的大名鼎鼎的"物价—铸币—流动

---

① 关于 19 世纪后半叶世界主要国家向金本位过渡的历史，读者可参见 Meissner（2002）。

② 另外两种是金块本位制和金汇兑本位制，下文将有详论。

机制"。

再次，中央银行在金本位制下，可以按照凯恩斯所谓的"游戏规则"行事。在国际收支出现赤字、黄金开始外流时，变卖本国资产，抬高利率，以吸引黄金回流；而在国际收支出现盈余时，则进行反向操作。由此，国际收支失衡也可以得到修正。

最后，对国内经济而言，由于货币发行受限于黄金储备，所以，中央银行增发货币导致通货膨胀的风险大大降低。事实上，在第二次世界大战之前，一些金本位国家也确实经历过通货膨胀，但始终较为温和。弗里德曼（2006）就曾指出，1891—1940年间，英国和美国的平均通货膨胀率仅为20世纪后半叶的1/4。

当然，金本位也有诸多不足。这首先在于其核心机制，即货币发行受制于黄金储备。在经济繁荣时期，黄金产量往往不能满足日益活跃的商品流通对货币的需要，这可能导致持续的通货紧缩①。而在经济低迷时期，黄金又作为货币之锚，大大限制了使用扩张性货币政策应付失业和产出衰退的空间。其次，从黄金的自然属性来看，世界黄金的自然分布和实物储量极不均匀，产量也不稳定。这造成各国的经济实力、发展速度与黄金储备不相适应，特别是贫金国的发展受到制约。最后，金本位制下国际收支平衡机制的现实运转也有巨大缺陷。一方面，上文提及的"物价—铸币—流动机制"是建立在商品价格与工资可以在较短时期内自由调整的假说之上的。然而，恰如多数经济学家早已意识到的，在现实中，这些变量往往具有"黏性"，很难及时调整，所以，休谟机制在自由放任的古典金本位时期并未发挥多大作用。另一方面，中央银行按照"游戏规则"调整国际收支失衡的机制在实践中也很少发挥作用。正如克鲁格曼、奥伯斯法尔德（1998）所指出的，盈余国调整失衡的动力远远小于赤字国。后者实际上单方面负起了平衡国际收支的重任。这种不对称，使得国际货币协调困难重重，还造成了赤字国过度紧缩的货币政策，并由此导致严重失业。此外，在第一次世界大战之前，各国的央行还经常采取与"规则"相反的"冲销"政策（sterilization policy），即在黄金流出时买入本国资产，而在黄金流入时卖出本国资

---

① 例如，弗里德曼（2006）描述了在19世纪末期美国经受的严重的通货紧缩。

产。这将使黄金的流动与一国的货币供给相脱节，进一步减弱了金本位制下国际收支的自动调节机制①。可以说，以上缺陷都是金本位制与生俱来的。正是这种内生的矛盾，最终导致该体系分崩离析。

总之，从19世纪70年代到第一次世界大战爆发前夕这段时间，可被称为古典金本位时期（Classical Gold Standard）或金本位的黄金时代（Golden Era）。而这种包裹在"自由放任"主义外衣下的相对稳定的国际货币体系，又极大地促进了国际贸易与投资的繁盛，开启了"第一次全球化浪潮"②。

古典金本位时代的贸易、投资与失衡

表1-1显示，在古典金本位期间，全球贸易增长很快，其中，欧洲地区贸易增长率达到294%，而世界其他地区贸易增长率更是达到379%。从贸易依存度来看（见表1-2），英国的贸易依存度从1870年的43.6%上升到1913年的51.2%；就整个欧洲而言，则从1870年的29.9%上升到1913年的36.9%。与此同时，对外投资增长也非常迅速。据此，英国成为名副其实的世界债主。

表1-1　　　　欧洲实际贸易增长（1870—1913年）　　　　单位：%

国家	增长率	国家	增长率
奥地利	333	挪威	283
比利时	492	西班牙	335
丹麦	376	瑞典	274
芬兰	415	瑞士	418

---

① 例如，Giovannini（1986）的计量分析表明英格兰银行在古典金本位时期并未遵守"游戏规则"。

② 如López-Córdova和Meissner（2003）的计量分析表明，在1880—1910年间，全球贸易增长的20%可以归功于金本位的推行。这一结果与Estevadeordal等（2003）、Chernyshoff等（2009）的研究结论基本一致。此外，通过考察"投资—消费"的关系，泰勒（Taylor, 1996）发现，古典金本位时期，国际资本流动活跃，市场融合度加深。Meissner（2002）则分析了这一时期贸易、资本市场的全球化与采纳金本位之间的相互关系。

续表

国家	增长率	国家	增长率
法国	222	英国	222
德国	465	加权平均	294
意大利	158	世界其他地区加权平均	379
荷兰	151		

资料来源：麦迪森（Maddison，2001）。

表 1-2　　　　　英国及欧洲贸易占 GDP 比重　　　　单位：%

国别	1870 年	1880 年	1890 年	1900 年	1913 年
英国	43.6	46.0	46.6	42.4	51.2
欧洲	29.9	33.4	32.6	31.9	36.9

资料来源：Daudin、Morys 和 O'Rourke（2008）。

世界债主

英国是古典金本位体系的最大受益者。依托这一体系，英国在世界各地的经济扩张与殖民掠夺变得更为便利，尤其是英国的资本输出急剧增加，投资规模远远超过其他西方大国（见表 1-3）[①]。其中，1870—1914 年间，英国对外投资占到全球对外投资比重的 41.8%，远远超过排在第二位的法国（19.8%）和第三位的德国（12.8%）。特别值得指出的是，这三个国家的海外投资资金都来源于其国内储蓄。例如，1905—1914 年，英国国内储蓄的接近一半被用于海外投资。截至 1914 年，英国在海外的净国民财富占到其国民总财富的 32.1%（见表 1-4）。这和当今美国的情况有着根本的不同。今天，尽管美国也有海外投资，但同时也有巨额的海外负债，两相抵消，其国际投资头寸还是负的。

---

① 其中，英国在阿根廷的资本增值尤为令人惊叹。在 1857—1910 年间，英国在阿资本从 261 万镑增至近 3 亿镑。详细介绍可参见斯塔夫里阿诺斯《全球通史——1500 年以后的世界》。

表1-3　　　　　　　　各强国对外投资额　　　　　　单位：百万美元

国家	1825年	1840年	1855年	1870年	1885年	1900年	1913年
英国	500	750	2300	4900	7800	12100	19500
法国	100	(300)	1000	2500	3300	5200	8600
德国	*	*	*	*	1900	4800	6700
荷兰	300	200	300	500	1000	1100	1250
美国	N	N	N	N	N	500	2500

说明：*表示无估计数字；N表示可忽略不计。

资料来源：转引自金德尔伯格《西欧金融史》第12章。

表1-4　　　英国、法国、德国的海外投资（1870—1914年）　　　单位：%

	英国			法国	德国
	储蓄占GDP比重	对外投资占GDP比重	对外投资占储蓄比重	对外投资占储蓄比重	对外投资占储蓄比重
1870—1979年	12.3	4.0	32.5	23.9	10.2
1880—1989年	12.2	4.7	38.5	5.1	18.8
1890—1999年	11.0	3.4	30.9	16.5	12.1
1900—1909年	12.6	3.7	29.4	19.1	8.3
1905—1914年	13.1	6.5	49.6	17.3	7.5
1914年海外净国民财富	32.1			—	—
占全球对外投资比重	41.8			19.8	12.8

资料来源：Daudin、Morys和O'Rourke（2008）。

大量的贸易与资本流动，不可避免地会在国家间产生失衡。图1-1和图1-2显示，在古典金本位时期，英国、法国、德国是顺差国；与之相对，阿根廷、澳大利亚与加拿大是逆差国。其中，英国的顺差曾经达到GDP的8%，而阿根廷的逆差则曾高达GDP的30%，一般国家的逆差水平也在5%—10%。用今天的话语来说，当时的全球失衡状况相当严重。

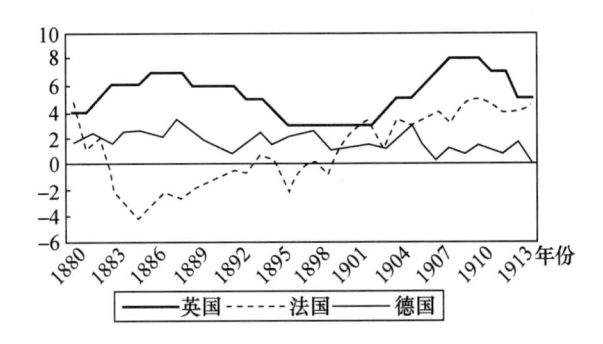

图1-1 金本位时期的顺差国

资料来源：Obstfeld 和 Taylor（2004）。

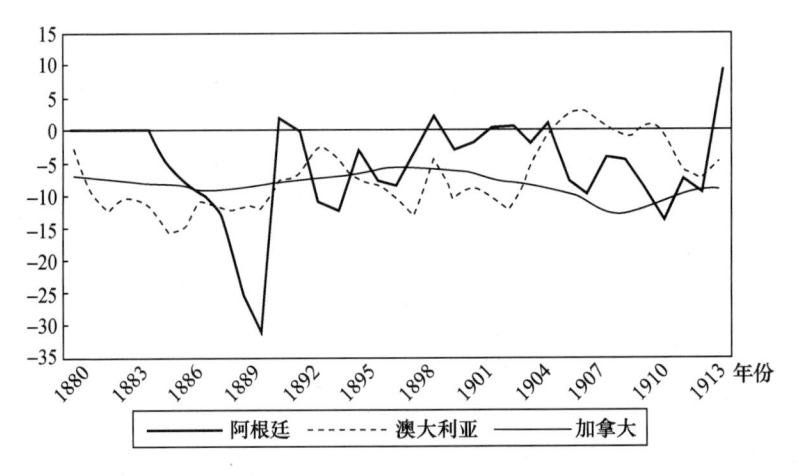

图1-2 金本位时期的逆差国

资料来源：Obstfeld 和 Taylor（2004）。

遍布海外的投资也为英国带来了巨大收益。据马体斯等（Matthews et al., 1982）的介绍，英国的资本收入占国内生产总值（GDP）的比重，在1855—1873年间仅为2.8%，在1874—1890年间达到5.4%，而在1891—1913年间则上升至6.8%。这使得英国在长达半个多世纪的时间里，尽管在商品贸易上略有赤字，但却保持了在今天看来也十分惊人的经常项目盈余。

这组数字或许是英国的骄傲，但从另一个角度看，英国能在长达半个多世纪的时间里保持可观的贸易盈余，恰恰说明金本位对国际收支失衡的自动修正机制事实上并不灵验。显然，尽管英格兰银行缺乏纠正失衡状态的激励，但这种状态显然难以长期持续，问题仅在于结束的时间和方式了。

"历史终结论"的早期版本

值得一提的是，正值英国的经济和金融势力在全世界凯歌行进之时，"历史终结论"的早期版本也同时出笼。英国著名历史学家阿诺德·汤因比这样描述他的同胞在19世纪末近乎幻觉的历史观："据他们看，历史对他们来说已经结束。在外交事务方面，历史已于1815年随着滑铁卢战役的结束而告终；在国内事务方面，历史已于1832年随着《改革法案》的产生而完结；在帝国事务方面，历史已于1859年随着印度兵变的被镇压而终止。他们有一切理由为历史的这种结束所赐予他们的永久幸福而庆祝。"（转引自斯塔夫里阿诺斯《全球通史——1500年以后的世界》）读了这段文字，相信如今纠结于"历史终结论"的人们，无论是支持者还是反对者，都只能相视一笑了。

1897年，英国举行了规模空前的世纪盛典，隆重庆祝维多利亚女王登基60周年。然而，在万千民众《天佑女王》的祝福中，女王和她所代表的大英帝国的辉煌正在不可避免地逝去。

应当说，在充满变革的19世纪末，作为头号强国的英国面临着严峻的挑战。近邻普鲁士在铁血宰相俾斯麦的带领下，历经三次"王朝战争"，建立了强大统一的德意志帝国。在遥远的大洋彼岸，年轻的美国经受住了建国以来最大的内部考验："南北战争"最终以代表工商业资本家的北方获得胜利而告终。在获得了国家统一和稳定的国内政治环境后，这两个新兴强国迅速崛起，不但与英国一道分享了第一次全球化的盛宴，而且很快便在经济实力上超过了这位世界霸主。根据麦迪森（Maddison）的统计（见图1-3），按可比价格，1872年，英国的国内生产总值便被美国超过，而在1908年又被德国赶超。

在英国一家独大的国际经济秩序悄然转变的同时，以英镑/黄金为主导的国际货币体系也面临暗流汹涌、危机四伏的局面。

首先，作为国际结算与储备货币，英国必须无条件维护金本位制的

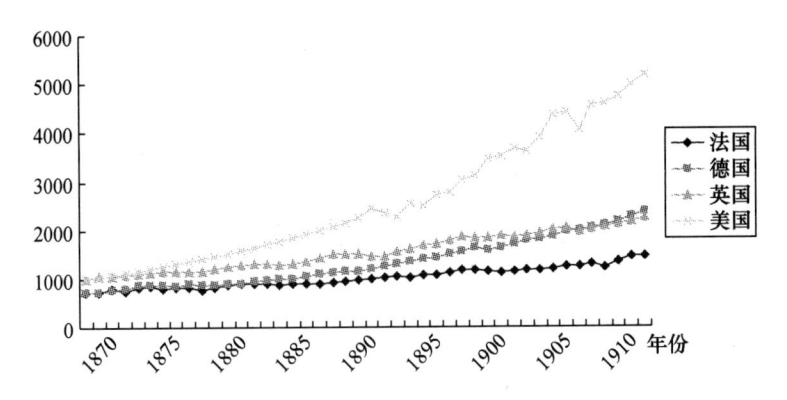

图1-3 主要强国国内生产总值比较（1990年国际美元；亿元）

资料来源：麦迪森（2006）。

"纯洁性"，保证英镑与黄金的自由兑换，以及黄金的国际自由流动。然而，随着常年资本输出与进口而遍及世界各地的境外英镑，已经逐渐给英国的黄金储备造成了巨大的潜在威胁。以1913年为例，当年全世界近一半的外汇储备以英镑的形式存在，而英国央行英格兰银行只拥有3%的世界黄金储备（见Officer，2008）。

其次，在金本位金灿灿的外衣下，长年积累的国际经常项目失衡并未如愿得到纠正。这无论给以英国、法国、德国为代表的盈余方，还是给以阿根廷、澳大利亚、加拿大、美国为代表的赤字方，都带来经济结构调整的压力。而在金本位下，英国实际上坐享外国的无息贷款，缺乏调整的动力与机制，而如此不可持续的失衡状态又被表面上相对自由的国际资本流动所掩盖（参见Meissner，2010）。

很快，随着在世界经济发展不平衡和国际收支不平衡的双重失衡中积累的矛盾不断深化加剧，"文明"世界终于在1914年上演了一场全面而又血腥的战争。残酷的现实彻底吹散了19世纪末英国人抱有的"历史终结"的幻景。人们看到的事实是，"历史"远未终结，正逐渐向世人展开其新的面目，而大英帝国的黄金时代却真真切切地一步步滑向了它的终点。

"跛脚"的金本位及其解体

史学家普遍认为，从军事角度看，第一次世界大战的进程冗长而沉闷。然而，从国际货币制度沿革的角度看，正是这场战争，无情地碾碎了古典金本位的根基，并痛快淋漓地撕开了金本位的虚幻面纱。由于战争的庞大支出，各个参战国纷纷抛弃碍手碍脚的黄金之"锚"，大量发行没有兑换基础的纸币①，并依靠内外借款来支撑军费。所有国家都以为，"战败的敌人将被迫偿付一切损失"（肯尼迪，1990）。由此，纸币同黄金之间的自由兑换、金币的铸造、黄金的输入输出等金本位制度赖以存在的基础被根本废置了②。

战争结束之后，全球经济格局发生了深刻的变化。欧洲国家，无论是胜利者还是失败者，经济实力都遭到严重削弱，而大洋彼岸的美国则成为战争的真正赢家。以国内生产总值来衡量，按可比价格，英国在1920年的水平只及1913年的95%，法国是87%，而德国只有71%。与之形成鲜明对照的是美国，达到1913年的115%（见麦迪森，2006）。在国际投资领域的重新洗牌也许更为彻底。老牌的欧洲债权国受到沉重打击。第一次世界大战使英国的对外投资损失1/4，法国损失1/3，而德国的投资几乎全部化为乌有（斯塔夫里阿诺斯，1992）。在世界的另一侧，美国通过大量的对欧战争贷款，在短短的五六年间，从债务国摇身一变成为世界最大的债权国③。

随着战后欧美实力的此消彼长，国际货币体系也在重构。首先是掌握世界黄金储备40%的美国率先于1919年恢复纯粹的金币本位。依托坚挺的金币，纽约也开始与伦敦并驾齐驱，成为新的世界金融中心。此时，欧洲国家也普遍表现出重回金本位的愿望。1922年，在奉行孤立主义的美国缺席的情况下，主要工业国在意大利的热那亚召开会议，通过了恢复金本位的行动纲领，并表达了各中央银行加强协作共同应对经济失衡的意向。作为昔日的金融霸权国，英国自然对此抱有积极的热忱，一心希望借此重拾英镑曾有的辉煌。在1925年，英国正式恢复了金本位制。次年，法国也重回金本位国家的行列。但此时，除美

---

① 例如，在1913—1919年间，英镑的纸币流通量增加了2.7倍，法郎增加了6.1倍，而马克则增加了14.2倍。参见金德尔伯格（2006）。

② 值得指出的是，在1914—1925年间，英国原有的金币本位制并未在法律上被废止，但以纸币向英格兰银行兑换黄金被以爱国主义等"道德劝告"之名拒绝。而黄金出口则以"与敌国交易"之名被禁止。进一步的介绍可参看Officer（2008）。

③ 凯恩斯估计在1919年协约国成员共欠美国19亿英镑的债款。参见金德尔伯格（2006）。

国以外，各国的黄金供给量均不足以支撑其国际储备的需要，大战之前那样的铸币流通基础实际上已不复存在。所以，英国和法国这时实行的只能是一种受限制的金本位——"金块本位"（Gold Bullion Standard），即市场上流通的完全是纸币，而纸币虽有兑换黄金的承诺，但有一定的最低限额（如英国规定的限额为 400 盎司，约合 1700 英镑）。同时，其他"外围"国家则实行"金汇兑本位"（Gold Exchange Standard）：它们只储备实行金本位国家的货币，主要是美元和英镑，同时，规定本币的黄金含量，并依据该含金量同实行金本位的国家货币挂钩。

但是，如上所述，第一次世界大战不仅使英国、法国、德国等欧洲核心国家的经济遭受重创，黄金储备大量流失，还遗留了军费债务与赔款问题。受此拖累，欧洲的银行业也普遍面临偿付困难的窘境。但这些经济"基本面"的根本改变，似乎并未动摇西方各国对金本位的坚守。在那时，金本位几乎已经上升为政客与银行家们广泛信奉的意识形态，其正当性不容置疑（见 Eichengreen，1992）。然而，一场前所未有的危机正在蓄势待发。现实很快就将证明，此时金本位的恢复已不可能再延续古典时代的神话，而只不过是一次不祥的"回光返照"罢了。

果然，大萧条的降临动摇了人们对于金本位的信念，一些国家不得不纷纷再次脱离金本位。最值得一提的是，英镑危机导致金本位的捍卫者英国较早放弃了金本位。1929—1930 年，英国经常账户恶化，导致黄金大量流失。尽管英格兰银行试图通过提高贴现率吸引资本流入来抵消经常账户的恶化，但这一做法却没有达到预期的效果，反而造成国内经济的紧缩，动摇了人们对英镑的信心，出现所谓英镑危机。于是，1931 年 9 月 19 日，英国暂停了货币的可兑换性。这标志着两次世界大战期间金本位的解体。其他一些国家纷纷随英国而放弃了金本位，转而盯住英镑。1932 年年初，有 24 个国家放弃了本币的可兑换性，并实行本币大幅度贬值，以应对外在压力。1933 年，拥有大量黄金储备的美国也被国际形势所迫，脱离了金本位。至此，金本位作为全球体系的日子就成为历史了。

"森林"中迎来的美元霸权

　　1944年7月，弥漫在欧洲和亚洲的战争硝烟尚未散去，44国代表便云集美国新罕布什尔州的布雷顿森林，讨论如何在战后建立一个促进国际贸易均衡发展，并能实现国内充分就业与增长的国际货币体系。当时有两个备选方案，一个是美国的怀特方案，另一个是英国的凯恩斯方案。当时就有学者将两个方案进行了简单且精当的对比[①]："怀特计划要求建立一个国际稳定基金。成员国将其货币存入基金之中，基金进而着手提供每个国家清偿其国际账户所需的货币。凯恩斯计划要求建立一个国际结算联盟，联盟中不存入任何资金。作为替代，国际收支通过在联盟的账簿上借记付款国并贷记收款国而实现。"简言之，怀特方案中的国际货币体系保持了各国拥有主权货币的格局，并追求美元作为全球货币的核心。这反映了美元当时已经成为全球主导货币的事实。而凯恩斯计划则倾向于弱化各国货币主权，并追求设立一种超主权且无实体货币的结算账户来平衡各国的国际收支。这反映了英镑货币霸权已经没落的无奈。这场争论，当然以代表美国利益的"怀特方案"战胜了代表英国利益的"凯恩斯方案"而告终[②]，一个随后主宰全球金融格局近30年的"布雷顿森林体系"由此诞生，世界从此迎来了美元霸权时代。具有讽刺和警示意味的是：在布雷顿森林会议之时，美国的经济实力、金融实力和黄金储备均处于巅峰，据此，它断然否定了任何虚化本币的建议，并毫不掩饰其追求美元霸权的意图。到了20世纪60年代，当美国自己的经常账户陷入长期赤字状态，也就是说，当美国陷入当年大英帝国类似窘境之时，它也毫不犹豫地着手推动IMF转型，并支持创设特别提款权（SDR）。而创设特别提款权所依据的原则，体现的正是凯恩斯方案的精神。

[①] 约翰·威廉斯：《战后货币计划论文集》，纽约，1944年。
[②] 尽管大致如此，但事实上美国对英国的计划做了许多妥协，如可调节的固定汇率与国际资本流动管制。详细介绍可参见 Eichengreen（2008）。

布雷顿森林体系的"原罪"

布雷顿森林体系以所谓"双挂钩"为基本运行特征。即美国以其巨额的黄金储备为基础,对外国政府允诺以35美元/盎司的比价兑换黄金;各成员国则同意将本国货币盯住美元,并根据本币的含金量与美元含金量值比确定两国货币汇率。布雷顿森林体系实行波动幅度很窄的固定汇率制,各国货币当局有义务保持汇率的稳定。这一体系正常运行的基本要素是:美国向世界提供美元作为储备货币并提供黄金清偿力,同时,通过稳定那些代表黄金的贸易品价格来维持美元价值的稳定。

然而,布雷顿森林体系虽然设计得相当精致,但却存在着"原罪"性的矛盾。在"双挂钩"的制度下,由于世界黄金和美国黄金储备的增长不能适应世界经济和国际贸易发展的需要,美国便陷入了进退维谷的境地:要满足世界经济和国际贸易增长之需,美元的供给必须不断增长,这要求美国的国际收支赤字不断扩大;而美国国际收支赤字的不断扩大和美元供给的持续增长,将使美元与黄金之间的固定比价难以维持,从而动摇布雷顿森林体系的黄金支柱。持续的国际收支逆差将对美元产生贬值压力,从而使美元与他国货币的固定比价也难以长期维持,这将动摇布雷顿森林体系的汇率支柱。显然,这里存在的内在矛盾难以解决,此即"特里芬难题"。由此还进一步引发了另一个问题,就是短期资本流动的冲击。当国际资本意识到"特里芬难题"的存在时,便会利用其中的矛盾和空隙谋利。所以,在20世纪60年代以来的所有国际金融危机中,我们都可看到国际游资的身影。

由于存在着深刻的内生性"原罪",自20世纪60年代开始,布雷顿森林体系就不断受到冲击。其中最重要的危机有四次。

第一次发生于1960年。当年,美国对外短期债务首次超过它的黄金储备,导致各国纷纷抛售美元、抢购美国的黄金和其他硬通货。

第二次发生于1968年。美国因侵越战争扩大,其财政金融状况急剧恶化,通货膨胀加剧,外汇市场再次掀起抛售美元、抢购黄金的浪潮。为应对危机,国际货币基金组织一方面采行黄金"双价制"(官价和市场价不一致），试图平抑抢购黄金浪潮；另一方面则于1969年创设了被称为"纸黄金"的特别提款权（SDR），希望用它部分替代美元的功能。

第三次发生于1971年。当年，美国对外短期负债和黄金储备的比率达到战后的历史高点，加之发生了第一次石油危机，美国经济和国际货币体系陷入前所未有的混乱。为应对危机，美国总统尼克松于1971年8月15日宣布实行"新经济政策"：对外停止美元兑换黄金，终止美元与黄金的官方兑换关系，并压迫德国、日本等国实行货币升值；对内，决定冻结工资水平。作为对美元停止兑换黄金的反应，主要发达国家相继放弃了盯住美元的固定汇率制，改行浮动汇率制，布雷顿森林体系已难以为继。其后，虽有1971年12月的史密森协议缔结，以期举主要发达国家之力来维持该体系的正常运转，但由于美国贸易赤字继续扩大，外汇市场抛售美元狂潮愈演愈烈，终于也未能力挽狂澜。

1973年2月，国际外汇市场爆发第四次美元危机，布雷顿森林体系寿终正寝。

一个不应被忘记的"平行"国际货币体系：卢布区

论及第二次世界大战之后的全球金融体系，几乎所有人的目光都集中在布雷顿森林体系上。这个视角存在着重大偏颇。事实上，在战后绵延40年的整个"冷战"时期，这个世界上还存在一个与布雷顿森林体系相"平行的"国际货币体系，那就是以苏联与其他社会主义国家特别是"经济互助委员会"（简称"经互会"）成员国之间以经贸联系为基础而形成的另一个国际货币体系，即卢布区。该经济区以苏联为主导，以转账卢布为主要清算工具，并且拥有国际经济合作银行（1963—1991年）和国际投资银行（1971—1991年）等国际金融机构。

卢布区之形成，与当时的国际形势密切相关。第二次世界大战的硝烟尚未散尽，美国便开始主导设计战后的国际经济体系和货币体系。就全球战略而言，美国显然想独步天下，它当然不希望有他人在其卧榻之旁酣睡。如果有国家表现出不愿意加入美国主宰的"各部分之间互补"的全球格局，从而威胁到美国战后世界经济战略所立足的经济关系网，那么就必须把它们孤立起来。在当时的条件下，唯一能觊觎世界霸主地位的国家只有苏联。于是，苏联及其盟友们理所当然地被排除在布雷顿森林体系之外。恰如苏联代表在1947年联合国大会上所指责的那样：布雷顿森林体系只不过是"华尔街的分店"，世界银行也从属于政治的目的，这让它们成为了一个大国的工具。这个大国就是美国①。

论及卢布区，就不能不讨论经互会。研究经互会的缘起、发展及其解体，便不能不追溯到第二次世界大战之后的全球政治格局。

第二次世界大战结束以后，美国很快就推出了"欧洲复兴计划"（习称"马歇尔计划"），旨在帮助其欧洲盟国恢复濒临崩溃的经济体系，同时，抗衡苏联和共产主义势力在欧洲的进一步渗透和扩张。时任苏联领导人斯大林认为，该计划会严重威胁到苏联对于东欧的控制，于是，苏联不久便推出了著名的"莫洛托夫计划"予以应对。该计划主要包括苏联对东欧社会主义国家的经济援助以及发展东欧国家对苏联的贸易等内容。恰如欧洲复兴计划催生了欧洲经济共同体一样，"莫洛托夫计划"勾画了经济互助委员会的雏形。

1949年1月5—8日，苏联、保加利亚、匈牙利、波兰、罗马尼亚、捷克斯洛伐克六国政府代表在莫斯科通过磋商，宣布成立经济互助委员会。其后，古巴、蒙古、越南、德意志民主共和国（民主德国）先后加入。至其解散之前，经互会共拥有4.5亿人口，成员国则遍布欧洲、亚洲和美洲三大洲。

在成立之初，经互会的活动主要局限于流通领域，随着形势的发展，通过协调成员国的国民经济计划，逐步扩大到生产领域，并由双边关系扩大到多边经济关系。1969年，正式提出了实行"社会主义经济一体化"的战略方针。该战略集中体现了斯大林"两个平行的世界市场"的理论。

鉴于社会主义阵营被孤立的国际大背景，经互会成员国主要在相互

---

① 爱德华·S. 梅森、罗伯特·E. 阿舍：《布雷顿森林会议以来的世界银行》，华盛顿特区，1973年，第29页。

间开展贸易，旨在改变战前格局，将东欧国家的主要贸易对象由西方集团国家转向东方集团国家。应当说，这一努力获得了巨大成功。1983年，经互会成员国之间的相互贸易额达到 2853 亿卢布，比成立之初的 1950 年增长了 32 倍，而且，各成员国对外贸易额的 58% 以上在经互会范围内进行。

就苏联而言，当时与社会主义国家的贸易占其贸易总额的 80% 左右，与经互会国家贸易则占其外贸总额的 55% 左右。经互会成员国，特别是经互会欧洲成员国，是苏联的主要贸易伙伴。自 20 世纪 50 年代开始，苏联与这些国家的贸易额在其进出口总额中多年保持在 50% 左右。苏联向经互会国家主要出口燃料、能源、原材料及一些机械制造业的专业化产品。例如，苏联供应了保加利亚、匈牙利、民主德国、波兰、捷克斯洛伐克等国所需进口天然气的 100%、石油的 80%、硬煤的 75%、电力的 68%、铁矿砂的 75%、棉花的 100% 等。总体上看，整个东欧国家所需能源的一半以上要靠苏联供应。而苏联则从东欧国家进口大宗商品，如机械产品、各类食品及日用消费品等。苏联机器技术产品进口的 60% 来自经互会成员国。

就东欧国家而言，苏联是其最大的贸易伙伴。自经互会建立以后，对苏贸易额占东欧国家外贸总额的比重逐年提高。1975 年东欧国家从苏进口贸易额占其进口总额的比重为 32.3%，到 1983 年便上升至 41.6%。同期，他们对苏出口贸易所占比重则由 34.8% 上升到 36.9%（见表 1-5）。

表 1-5　东欧六国对苏贸易占其总额的比重（1975—1983 年）　　单位：%

项目	1975 年	1980 年	1981 年	1982 年	1983 年
从苏进口占总额的比重	32.3	33.4	37.8	40.7	41.6
对苏出口占总额的比重	34.8	32.6	33.9	35.9	36.9

说明：东欧六国为保加利亚、匈牙利、民主德国、波兰、罗马尼亚和捷克斯洛伐克。
资料来源：陈秀英：《东欧国家与苏联的贸易关系及其特点》。

卢布区的运行

长期以来，东欧国家与苏联之间的贸易采取"以货易货"的方式。

在外贸交易结算中，采用非现金清算方法。非现金清算体系的一个重要因素是结算货币。在经互会国家的市场上，最初的结算货币是清算卢布。

在建立初期，经互会各国之间的贸易及其结算严格以双边关系为基础。这种方法规定：两国之间的供货和支付必须平衡。如到结算期结束时，其中有一国出现逆差，则应在下一年度用供应商品的方式清偿。后来的实践表明，这种双边支付平衡的规定限制了商品流通的增长，因为出口能力比较大的一些国家只能把希望寄托在与自己建立双边关系的伙伴国提高出口能力上。为了克服这一障碍，经互会国家在20世纪50年代开始采用另一种结算体系——三边清算体系。在这个框架下，各国之间的进口和出口可以不保持严格平衡，因为余额可以用于同第三国进行结算。三边协议固然比双边协议有弹性，但过了一个时期，它也暴露出难以适应成员国相互间商品流通迅速增长的弊端，于是，1957年，经互会国家又签订了《多边清算协定》。根据该协定，未能在双边贸易之中平衡的贸易差额可以在多边基础上进行结算。因此，各国有可能向任何一个协定参加国购买商品和进口劳务，而不必一定要向该国出口商品和劳务。1957年，苏联国家银行还设立了一个结算局——用清算卢布进行多边结算的中央机构。但是，在经互会近40年的历史中，虽有多边结算的安排，双边清算仍然占据优势。

三边乃至多边结算制度的推行，客观上需要在经互会内推出一种为各国共同接受的交易中介和储备资产，转账卢布便应运而生。从1964年起，成员国之间贸易开始使用转账卢布进行结算。转账卢布是经互会国家间进行多边结算的一种记账单位，它以苏联卢布为基础，且基本与卢布等值。在经互会内，贸易的一方在向另一方购买商品时，可以不向对方转交相应商品的等价物，而是用转账卢布进行结算。据估计，经互会内以转账卢布结算的贸易额约占总贸易额的80%。

转账卢布可以进行贸易结算，这就使它具有了价值尺度、购买中介和支付手段的职能。在经互会国家的相互贸易中，转账卢布不仅被大量用于确定商品的价格，支付买卖能源、原料、机械、设备、粮食和工业制品等商品以及劳务的费用，同时也被用来评价经互会国家共同承建的项目和相互间的经济和科学技术合作的费用。除此以外，转账卢布作为价值尺度，还被用于把非贸易支付的结算差额从经互会成员国的本国货币折算成集体货币（借助于专门的折算系数）。转账卢布还被广泛用于成员国间支付商品和劳务费用，在国与国之间偿还信贷，偿还国际经济合作银行和国际投资银行的信贷，以及偿付非贸易业务的开支。这就使得转账卢布具有了支付手段的职能。具备上述职能，转账卢布在相当程度上成为经互会的内部货币。转账卢布的持有者可以存款的方式将转账卢布存入经互会国际经济合作银行，并从中获取利息。利用转账卢布，成员国可以从事国家间的贷款业务，还可利用转账卢布贷款共同承建某些项目或组建国际性的经济组织。

客观地说，在经互会存在期间，转账卢布的推出及其货币功能的逐步增强，便利了经互会成员国间的多边结算体系运行，增加了他们灵活、有效地使用资金的可能性，从而加快了各国结算资金的周转效率。在此基础上，转账卢布有效地发挥了促进经互会国家经济一体化、完善各国间经济和科学技术合作的作用。

转账卢布作为经互会事实上的共同货币的推出，自然产生了建立国际性金融机构的需要。

首先产生的是国际经济合作银行。它成立于1963年，是用转账卢布进行结算和发放信贷的国际中心。银行的创始国是保加利亚、匈牙利、民主德国、蒙古、波兰、罗马尼亚、苏联和捷克斯洛伐克八国。1974年，古巴成为国际经济合作银行的成员国。1977年，随着越南的加入，国际经济合作银行发展成为覆盖整个经互会成员国的国际银行。银行的法定资本最初确定为总数3亿转账卢布。在接纳古巴和越南以后，资本额增加530万转账卢布。成员国交纳的法定资本中的一半是转账卢布，另一半是自由兑换货币。各成员国在法定资本中的份额，根据各国出口额在其相互间的贸易总额中所占比重的大小决定。除了法定资本，国际经济合作银行还设有备用资本，它主要来自银行年度利润的拨款。拨款每年一次，由国际经济合作银行董事会对上年度业务活动的绩效进行评估后讨论决定。法定资本的已交付部分和备用资本合在一起，构成银行的自有资本。除了自有资本以外，国际经济合作银行还吸收了一批活期存款和定期存款，它们是银行成员国的暂时闲置资金。

国际经济合作银行的表决权设置同国际货币基金组织不同。它严格遵循合作原则，各成员国仅拥有一份表决票，而无论其在合作银行中拥有多少资本。合作银行的任何决议均要全体一致通过方才有效。

国际经济合作银行的功能主要有二：一是作为贸易收支的结算中心；二是向成员国发放贷款。这种贷款主要用于采取生产专业化和协作的措施，扩大贸易额、平衡国际收支以及解决成员国的季节性需要等。为了发展经互会成员国同其他国家的经济关系，国际经济合作银行也办理自由外汇业务和黄金业务。它一方面从国际金融市场上吸收外汇存款，另一方面将这些资金分配给各成员国的指定银行。1964年，该银行的自由外汇业务额仅有9亿转账卢布，1982年增长到991亿转账卢布。1983年年初，它吸收的外汇存款额折合转账卢布为17亿。

经互会内的另一家银行是国际投资银行。它成立于1971年，法定资本为10.526亿卢布，出资比例和国际经济合作银行一样，按各成员国的出口额而定。从法定资本的货币构成看，70%为转账卢布，30%为自由外汇和黄金。苏联缴纳的股本最多，为3.993亿卢布，占37.93%。民主德国、捷克斯洛伐克、波兰各占10%以上，其他成员国都不到10%，蒙古只占0.43%。该银行的主要业务是向实现生产专业化的工程项目提供中、长期贷款，并以此促进经互会的经济一体化。

卢布区的瓦解

自1991年1月1日起，苏联同经互会其他国家的双边经济往来由传统的转账卢布记账方式，改为按世界市场价格计算并以国际硬通货现金交易。易货贸易也正式终止。1991年1月5日以后，经互会内部的贸易实际上已经终止。1991年6月28日，经互会正式解散，卢布区也随之烟消云散。

除了众所周知的政治因素，经互会的解散以及与之相伴的卢布区的消亡还有诸多深层的经济因素。其中最重要者，当为经互会内部经济运行的计划性和以苏联为中心的分工体系。

经互会的经济运行以高度的计划性为基本特征。其中的共同计划活动始于1955年。共同计划最初只限于协调各成员国的五年计划，自

1966年起，经互会将原先实行的先由各成员国制订五年计划后在经互会内部协调，改为先在经互会内协调，然后再制订本国五年计划。这种程序的颠倒，不仅使经互会特别是其主导国苏联能决定各成员国的经济政策，也在相当程度上决定了经互会内部的分工格局和各国的经济结构。这种共同计划活动带有强制性。各国的计划要最大限度地满足集团经济主要是苏联经济的目标纲领，各国的经济政策及经济结构则服从地区贸易和地区间分工。

在计划贸易体制下，经互会成员国之间的相互贸易不是直接满足国内需要的自主行为，而是实施共同计划的结果。在经互会内部，价格信号基本不反映市场供求，更难起到有效配置资源的作用。在这种体制下，国家代表企业在对外经济交往中预先承诺某种责任，包括出口产品的型号及产量，企业只需根据国家下达的订单完成生产，"销售"则由国家负责。在这种运行机制下，政府间的协议换货取代了企业—市场关系。

全面、高度的计划性，一方面使得经互会及其各成员国与世界市场割裂；另一方面致使其内部形成了以苏联为主导的垂直分工联系。由苏联的政治主导及资源特征所致，经互会其他成员国在进行与他国的双边贸易谈判时，首先要同苏联进行双边贸易谈判；而成员国之间的经济联系则较为松散，很少横向流动。这种贸易结构使苏联在一系列双边谈判中占据优势和主导地位，从而增加了东欧各国对苏联的依赖性。质言之，名义上的多边经济关系实际上只是以苏联为中心的"核心—外围"经济关系。在经互会的贸易中，东欧与苏联的贸易是东欧国家之间贸易量的1.5—2倍。

在对外贸易过程中，对具有支配地位的苏联而言，它希望东欧国家成为其所需的机器设备、零配件及其他制成品的供应者。为适应这种贸易结构，东欧国家的经济政策及资源配置被迫"转型"。一个个原本自然资源匮乏、工业基础落后的东欧国家被迫要"努力创造出比较优势"，纷纷面向重型机器制造业、加工工业及燃料动力综合体转型，从而造就出一个个典型的重型结构。根据这种扭曲的"比较优势"而形成的生产专业化系统，进一步增加了东欧经济对经互会特别是主导国苏联的依赖性。

这种依赖性集中体现在东欧国家对苏的贸易结构上。东欧国家进口的主要商品是被称为"硬货"的燃料、原料；而出口的则是被称为"软货"的普通机械和工业消费品。无论是能源进口，还是机器设备的出口，均占其进出口贸易总额的50%以上。在"以货易货"的贸易合作关系中，东欧国家与苏联之间的贸易，曾长期采取"一年作价，五年不变"的方式：苏联以低于国际市场的价格向东欧国家出口燃料、原料，而东欧国家也以低于国际市场的价格向苏联出口机器设备和工业消费品。客观地说，尽管苏联主导着经互会的内部分工并握有定价权，但它似乎并没有过分利用这种特权。事实上，在1975年之前，苏联对东欧的贸易，总体上保持着逆差地位。1975年后，随着世界能源价格上涨和苏联石油开采条件的恶化，苏联单方面决定改变经互会内部长期使用的作价原则，由按国际市场前五年石油价格的平均值定价，改为按前三年国际市场油价平均值定价，而东欧国家向苏联出口机器设备的价格却没有得到相应调整，致使东欧国家对苏贸易自1975年始由顺差变为逆差。然而，80年代国际能源价格的逆转，重又使得苏联对东欧各国的贸易条件趋向恶化，使得苏联事实上越来越大地承受了对东欧各国的能源出口补贴。例如，苏联要以几乎低于国际市场1/2的价格向东欧出口石油，其对每个单位量的出口补贴达到1/3多一点。1987年，苏联与东欧的外贸中尚有6000万转账卢布的盈余，但到1988年，就已出现24亿转账卢布的赤字，1989年的赤字为40.8亿转账卢布，1990年更上升至130亿转账卢布。

在一定意义上，经互会经济运行的非市场化以及以苏联为中心的分工体系的僵化，构成经互会解体的实体经济原因。

转账卢布作为经互会"国际货币"的缺陷，构成经互会解体的金融因素。作为一种计价单位，转账卢布只能用于经互会成员国内部的结算、信贷和支付，它可以从一个成员国在国际经济合作银行的账户上"自由地"转移到另一个成员国的账户上，但它只能保存在银行的账户上，不能最终投入流通领域，成为一种现实的货币。更有甚者，对顺差国而言，转账卢布的存在和使用，事实上形成了潜在的损失。这是因为，转账卢布的使用，固然便利了逆差国从国际经济合作银行获得短期信贷，但顺差国却只能在自己的账户上积累起转账卢布余额，但该余额只能用于经互会内部的贸易支付，无法得到现汇，也无法自由使用。这无疑是一笔不小的机会成本损失。另外，转账卢布同苏联卢布一样，不能自由兑换成黄金，也不能自由兑换成经互会其他国家的货币，更不能与西方货币兑换。这种作为货币的不完整性和不可兑换性，阻塞了其发展成为真正的国际货币的路径。

进一步看，由于缺乏市场化的汇率决定机制，经互会各成员国在解决货币相互转换的统一汇率方面，也是矛盾重重。20世纪50年代末，经互会各国曾提出按各国货币计算的各种费用折算成转账卢布或其他货币的要求，由此产生了所谓"柏林方法"。1973年，又签订了关于各国货币对转账卢布以及各国货币间相互达成汇率或折算率的协定，称为《马克思城协定》。但是，无论是柏林方法还是《马克思城协定》，由于没有触及货币自由兑换和汇率形成机制这两个根本问题，因而都难以真正解决经互会内各成员国之间以及经互会与世界其他国家（特别是美国）之间的汇率协调问题。

卢布区的历史遗产

正因为存在重重矛盾，一直以来，经互会的其他成员国始终认为在苏联的主导下处于不平等地位。因此，在苏东集团解体前，就有一些卢布区的成员国相继加入西方货币体系。比如，罗马尼亚于1972年，匈牙利于1982年，波兰于1986年就分别加入了国际货币基金组织。其他一些苏东国家则在苏东集团解体后的两三年内也都相继加入了国际货币基金组织。至1991年6月28日，这一运行了40余年，相对独立于布雷顿森林体系的"平行国际货币体系"，终于在匈牙利随着经互会的解散而宣告烟消云散。

如今，举凡苏联东欧集团、经济互助委员会以及卢布区均已是"明日黄花"，成为史家的研究对象，而且，人们对它们的评判也多为负面。然而，当此次发端于资本主义世界的全球金融危机汹汹而来，且一时间找不到复兴道路之时，人们开始重新看待这段史实，并尝试从中探索此次全球危机的深层原因。

在我们看来，经互会以及卢布区作为曾经将数亿人卷入的客观存在，给后世留下了可观的历史遗产；它们不仅深刻地影响了20世纪90年代以来的全球政治格局和意识形态的走向，而且全面地影响了全球的经济和金融格局。就此而论，此次金融危机的原因，部分地可以在这个重大的历史事件中找到。

在实体经济方面，经互会的解体，向全球市场经济释放出数以亿计的廉价且训练有素的劳动力，加之中国、印度等亚洲新兴经济体的集体崛起和更深地融入全球经济体系，使得全球劳动力市场以及资本与劳动的力量对比发生了剧烈变化。在此基础上，全球的分工格局得以大规模重塑（在本书第三章第九节"前苏东集团解体与国际分工新格局"中，我们将有详述），并逐渐演化成如今严重失衡的全球经济格局。

在货币金融方面，卢布区的分崩离析，特别是其成员国集体投诚到美元体系中，无疑为当时在德国马克、英镑、日元等其他发达经济体货币夹击下每况愈下的美元注入了强心剂并提供了新的支撑。同时，包括中国、印度等在内的亚洲新兴经济体的迅速发展，以及这些经济体事实上存在着程度不同的"美元化"，也从需求面上支撑了美元的霸主地位。质言之，若无原经互会国家和包括中国、印度在内的新兴经济体的整体崛起，且这些国家无不以美元作为其国内货币之"锚"，美元霸权极可能就"无可奈何花落去"，所谓"布雷顿森林体系Ⅱ"可能就无从谈起，而后美国滥用其储备货币发行国的特权，加剧全球经济失衡，最终致使全球经济的平衡难以持续的大危机，可能也就无从发生了。

国际公共品视角下的货币霸权

无论是英镑还是美元作为世界货币，都体现出世界发展的一种不平衡与不平等（甚至转账卢布也包含不平等的因子）。因此，从批评的视角来审视货币霸权的兴衰应是持平之论。然而，货币霸权作为一种存在，并非一无是处，例如，在提供国际公共品方面，它其实也在一定程度上和一定时期内发挥着"积极"的作用。

金德尔伯格较早地从国际公共品视角提出国际霸权的重要性。基于此，他提出了著名的"霸权稳定论"。在金德尔伯格（Kindleberger，1986）看来，国际公共产品有三类：其一是和平，即如何让和平得以恢复并维持；其二是经济领域的国际公共品，包括开放的贸易体系、国际货币及固定汇率等；其三是开放市场的维持①。金德尔伯格指出：世界经济要想保持稳定，必须拥有一种"稳定器"，即某个国家要能负责为亏本商品提供市场，让资本稳定地（而不是逆循环地）流动，而且，当货币制度呆滞不灵而陷入困境时，它能为提供清偿能力建立某种再贴现的机制；在汇率浮动和资金一体化市场上，霸权国还必须在某种程度上管理汇率结构，并对各国国内货币政策进行一定程度的协调。只有这样，国际经济体系才会避免经常性的动荡不安②。

罗伯特·吉尔平进一步将金德尔伯格的思想发展成全面的霸权稳定论③。他认为，在政治、经济、军事和科技等方面占据绝对优势的霸权国家，通过为国际社会提供稳定的国际金融体制、开放的贸易体制、可靠的安全体制和有效的国际援助体系等国际公共产品，来获得其他国家对由霸权国所建立的国际秩序的认同，从而实现体系内的稳定和繁荣。

从国际公共品的视角立论，我们发现，（货币）霸权在全球化时代具有一定的积极作用。这主要是由于，一方面，全球化在深度和广度上都在高速发展；另一方面，全球治理以及与之相关的国际公共品的供给却严重不足。主要原因在于：

（1）在经济全球化的过程中，跨国人口流动大幅度增长，对国际公共安全需求、公共卫生服务等需求空前增长。

（2）跨国人口流动的不断增长使传染病的防治，甚至使教育服务等变成了全球公共产品。

（3）在经济全球化的过程中，跨国经济活动（跨国投资、国际商品贸易、国际服务贸易等）的范围不断扩大，规模不断增长，对国际公共安全、经济安全、国际法律制度、国际经济秩序、国际公共基础设施、动植物疾病的防治与进出口管制、全球环境保护和控制气候变化等

---

① Kindleberger, Charles, International Public Goods without International Government, *American Economic Review*, 1986, Vol. 76, No.1, pp. 1–13.
② 查尔斯·金德尔伯格：《1929—1939年世界经济萧条》，上海译文出版社1986年版。
③ 罗伯特·吉尔平：《国际关系政治经济学》，经济科学出版社1989年版。

的需求不断增长。

（4）经济全球化使国内市场国际化、国外市场国内化，因而对于建立公平交易和公平竞争的国际经济秩序的需求不断增长。

（5）随着经济全球化的不断发展、跨国人口流动的不断增长、技术的高度发展、信息的快速扩散，对于控制国际犯罪、控制国际尖端武器生产和扩散、控制国际环境污染、控制国际投机、传播真实信息等的需求不断增长。①

从整个社会的角度看，具有正外部性的产品，私人的供给往往不足，对存在负外部性的产品，其供给可能会过度，而这种负外部性的存在是因为对其治理的不足，亦即公共产品供给的不足，不足的原因在于集体行动的困境（奥尔森，1996）②。

奥尔森提出了解决集体行动困境的一般方法。一是减少集团的成员数或形成"联邦集团"。具有相同利益的人数越少，他们组成利益集团的可能性越大。因为成员越少，每个成员的利益份额可能就越大，同时，具有相同利益的集团成员数越少，相互间的监督和协调成本也越低，从而降低了"搭便车"的可能性，使得集体行动相对容易达成。小集团也可以出于某种共同利益与其他小集团组成一个大的集团，即"联邦集团"。二是提供"选择性激励"。即通过对那些没有承担集体行动成本的成员进行惩罚，或通过向那些为集体利益作出贡献的成员提供具有"私人物品"性质的激励，强迫或诱导人们加入该利益集团。三是存在政治企业家或领袖人物。领袖人物能够组织具有共同利益的潜在成员的集体行动，使这些潜在成员组成利益集团的可能性大幅提高。当各个主体在集体行动中获得的利益差异较大时，如果存在某个主体能够得到集体收益的一半以上，即使由其承担全部的成本也能获益，集体行动的达成就相对容易。"霸权稳定论"就是典型的例子。在政治、军事和经济上具有压倒性优势的国家即霸权国家，可以从国际规则这种全球公共产品的提供中获得绝对高的利益份额，即使没有其他国家参与，它也会提供。在政治、军事、经济等方面的国际规则或体系制定的集体行

---

① 曾国安、吴琼：《关于国际公共产品供应的几个问题》，《经济评论》2006 年第 1 期。
② 奥尔森：《集体行动的逻辑》，上海三联书店、上海人民出版社 1996 年版。

动中，霸权国家常常充当"领袖"或"领导者"的角色，其收益特征也决定了霸权国家对"领导者"的角色有天然的偏好。

我们之所以愿意提及货币霸权的"积极作用"并倾向于给它适当的地位，当然不是"为虎作伥"。我们希望通过对货币霸权的多角度分析，强调这样一个常常被忽略的问题：货币霸权之所以存在，并长期为霸权施威的国家接受，是有多方面复杂原因的；在相当程度上，它给这些国家带来了现实的获得国际公共品服务的收益。我们更想通过对这一事实的讨论，强调这样一个观点：当我们力图摆脱某种货币霸权而争取"自由"时，必须同时找到提供国际公共品的替代机制；进一步，倘若我们欲在国际货币体系中获得某种支配权时，必须同时考虑自己提供国际公共品的能力。这个世界绝无免费的午餐。

2

战 国 时 代

> 开发若干替代性资产，改变以美国国库券为主要国际储备资产的状况，从而加速向多元储备货币体系转型。就此而论，我们特别建议发行相互担保的欧洲债券。在更远的将来，开放中国的资本账户，实现人民币可兑换并发展人民币债券市场，也是完全必要的。
>
> ——Farhi, Gourinchas and Rey

人们通常将布雷顿森林体系崩溃之后的国际货币体系称作"牙买加协议时代"，并将其基本特征概括为浮动汇率制。这是不错的，但是，以汇率制度的变化为线索来刻画国际货币体系的沿革，并非恰当。我们以为，储备货币的状况及其变化，最能反映国际货币体系的本质因而构成国际货币体系发展变化的主线；就此而论，牙买加协议时代的主要特征当为储备货币多元化。

任何国际货币体系均由三大基本要素构成：一是储备货币的选择（一种还是多种）；二是确定储备货币之间以及储备货币与非储备货币之间的汇率安排（固定、挂钩、浮动，还是其他）；三是在国家间出现国际收支根本性不平衡时的调节机制（自动调节，抑或是通过特定的规则和渠道来进行调节）。就国际货币体系的结构而言，储备货币的选择无疑构成其赖以出发的基础，而汇率安排和国际收支调节机制则因储备货币选择的不同而发生相应变化，因而居于第二的地位。据此，根据储备货币的状况及其变化来刻画国际货币体系的特征，当能更切近地把握国际货币体系之本质。

以国际储备货币的构成及其变化为主要线索来分析国际货币体系的演化，我们就会看到，以储备货币多元化为基本趋向的国际货币体系的改革过程，早在发生第一次美元危机的时候便已启动。历经布雷顿森林体系解体、80年代全球经济危机、90年代的亚洲金融危机、90年代末的欧元面世，以及此次全球金融危机的推波助澜，如今已成不可逆转的趋势。换言之，此次金融危机之后作为国际货币体系改革重要目标而提出的储备货币多元化，事实上，自20世纪70年代始便已存在；如今无非已成为常态并获得了全球广泛共识而已。

今天的国际货币体系进入了真正的"战国时代"。

如果多元储备货币已为既成事实，而且可见的未来发展将趋向于巩固这一格局，国际货币体系改革的重点，无疑将转向寻求多元储备货币之间的协调机制，并建立新的国际治理机制。

储备货币多元化：SDR的创设

前已述及，用美元充当国际储备货币的基本矛盾之一，就是美元不可能通过不损害美元地位（美元对内和对外价值的贬低）的方式稳定地向国际社会提供。认识至此，国际社会很早便出现了若干摆脱美元、探寻建立更为合理有效的国际货币体系的努力。在这些努力中，当以创设特别提款权（SDR）和建立欧元区最有建树。

人们认识到，国际储备资产的存量及其增长，不应仅仅被动地由各国国际收支所决定的储备货币的累积余额来确定，而应当主动反映全球贸易与经济增长的需要。换言之，国际社会应当根据全球经济、国际贸易和国际投资增长的需要，主动且有预见地以弹性方式增加国际储备。在这方面，国际货币基金组织应当发挥积极的作用。它应当成为一个国际流动性的主要提供者，这种流动性不仅应有条件地通过提供金融援助来提供，而且应无条件地通过创造某种新的流动性来提供。创设SDR，便意在无条件地创造这种流动性。经过长达5年的反复磋商，基金组织于1969年正式推出了SDR方案，并于1970年进行了第一次分配。

但是，尽管SDR的创设凝聚了大量世界一流专家的心血，其设计不可谓不精巧，国际货币基金组织在推广它的使用方面更是不遗余力，然而，设置它的最初目的，即作为一种世界性储备资产，并取代黄金和美元（以及其他主权或区域货币），至今仍然没有达到，而且，随着全球化的深入发展，这一目标似乎离我们渐行渐远。

　　基本原因在于，SDR 并不具备作为国际储备货币的基本要素。当今世界通行的一切货币都是信用货币。在实践中，信用货币之被广泛接受，其必要条件，是具备国家信用的基础，并因此拥有法律赋予的强制流通权；其充分条件，则是需要设立专责的货币当局，用以处理货币流通等事务，并通过有效的宏观调控，保证币值之稳定。反观 SDR，它缺乏信用基础自不待言，就其定价机制而言，依赖四种主权货币"篮子"来定值，依然摆脱不了对那些"中心"国家的经济和金融状况的依赖，依然难以防止这些"中心"国家着眼于维护本国利益的宏观调控政策对全球经济产生"以邻为壑"的冲击。在这个意义上，SDR 本位实在只是略加调整的美元本位而已。

　　这种缺陷，在 SDR 的分配机制上体现得十分充分。由于缺乏作为信用货币的诸种条件，它便只能因循普通提款权的机制进行分配。2009年 7 月 IMF 发布的 2500 亿美元特别提款权分配草案，再次表明了 SDR 本质上只能因循普通提款权基本机制的特征。问题恰恰在于，如果 SDR 无非只是普通提款权的延长和扩大，则与设置 SDR 的目标相悖；而若根据其他机制，例如根据各国对储备资产的需求强度来进行分配，其经济上的不合理性便一目了然，因而也是不可行的。

　　说到本质上，SDR 要充分发挥作用，须有"世界大同"，并在此基础上建立某种超主权的中央银行。创造这一条件，显然需要长期不懈的努力。

储备货币多元化：欧元面世

　　自工业革命以来，欧洲国家曾在相当长的时期走在人类文明的最前列。但 20 世纪上半叶的两次战火，使曾经繁荣富饶的欧洲遭到重创。英国、法国、德国、意大利等老牌资本主义强国退居"第二世界"，酸楚地看着年轻的美利坚合众国在世界舞台的中心"载歌载舞"。

　　然而，富于反省的欧洲人在第二次世界大战之后痛定思痛，积极地推动了让数代欧洲人魂萦梦绕的统一大业。同查理曼大帝和拿破仑的横扫千军不同,半个世纪以来,欧洲一体化的进程是通过一系列里程碑式的多边合约逐步实现的,欧元则是这些合约的结晶。

与创设 SDR 不同,欧洲关于统一货币的努力从来就是区域化的,其设定的方向,也只是创设某种区域化的统一货币,借以保护区域内各国的利益。在获得广泛政治共识的基础上,从 20 世纪 50 年代开始,欧洲一体化进程便已启动。1950 年,欧洲支付同盟建立。1957 年 3 月,西欧六国签订《欧洲经济共同体条约》和《欧洲原子能共同体条约》(通称《罗马条约》),决定成立欧洲经济共同体。60 年代末,欧共体建立了关税联盟,实现了共同农业政策,并开始着手推动劳动力与资本流动的自由化。欧洲货币的一体化问题,就此也正式提上议事日程。1972 年,欧共体 6 国开始实行"蛇形浮动"等一系列货币汇率的联合浮动安排,以共同应对欧洲货币对美元的剧烈波动。1979 年,欧共体各国建立了"欧洲货币体系"(EMS),并于 1993 年完成了市场一体化,设立了"欧洲货币单位"(EU)。1999 年 1 月,欧元正式面世。对于欧元启动的重要意义,固然可从多角度进行评价,但笔者更钦服法国前总统希拉克对此所作的精辟论断:"实施欧元,是欧洲在没有动用枪炮的情况下实现的一次巨大变革,其首要目的在于不受别人摆布。"

应当承认,无论经历了多少挫折与艰辛,无论还存有多少不尽如人意的缺憾,无论在未来还会遇到怎样的艰难险阻,欧洲一体化和欧元的问世,都是人类古往今来少有的通过和平、多边方式实现区域整合的伟大且已取得初步成功的尝试。毕竟,今天的欧洲已经实现了其规划者在当年的最重要的初衷:欧洲国家间的战争已变为"不仅是不可想象的,而且是不可能的"①。

与 SDR 不同,欧元是一种真正可以挑战美元的国际货币。

首先,作为欧元的信用基础,欧盟地区的实体经济堪称雄厚。2012 年,欧盟现有的 28 个成员国(即 EU28)以 5.1 亿人口和 16.6 万亿美元的 GDP 总量,继续保持世界第一大经济体的位置。同时,即使除去

---

① 语出罗伯特·舒曼,1948—1953 年任法国外交部长。转引自斯塔夫里阿诺斯(1992)。

区内贸易，欧盟28国也是世界第一大货物和服务出口地和进口地，并长期对外保持顺差。尤应强调的是，虽然如今欧债危机仍在演化，但是，根据IMF《全球经济展望》的数据，2012年，欧元区的结构性赤字率和政府总债务率分别为2.3%和93.0%，两项负债指标均好于同期的美国（6.3%和102.7%）和日本（9.2%和238.0%）。显然，作为经济实体，欧盟的外部平衡与财政状况比美国强得多。此外，欧洲在航天、通信、环保、机械制造等诸多工业领域居于世界领先水平，与美国相比毫不逊色。

其次，欧洲央行的独立性及其货币政策操作理念，从一开始便与美国大相径庭。凭借与德国联邦银行的深厚渊源，欧洲央行在人事独立性、财政独立性和政策独立性等方面在世界上首屈一指。固然，基于其特殊的形成机制和复杂的政治、经济和社会背景，欧洲央行的财政基础较弱，这使得它在应对外部非对称冲击时处于基本上无能为力的地位，但是，也正因为如此，欧洲央行得以最大限度地杜绝了对各国政府的最大的"诱惑"——利用央行为政府财政赤字融资，从而最大限度地杜绝了货币政策操作过程中的"道德风险"问题。就货币政策目标而言，根据《马斯特里赫特条约》（简称《马约》）第105条，"欧洲中央银行体系的主要目标是保持物价稳定"，只是在不与此目标相抵触的情况下，欧洲央行才可以在促进就业和经济增长等欧盟经济目标方面提供自己的支持。这固然可能使欧洲央行在反危机方面乏善可陈，如同此次金融危机中所表现出的那样，但是，正因为对物价稳定的压倒一切的追求，使得欧元在饱受区内多国主权债务危机的巨大冲击下，仍然为其他国家乐于接受。简言之，作为区域性货币，欧元、欧洲央行及其操作机制或许难以充分发挥其调控区域经济的作用，但是，作为国际货币，由于它比世界其他货币更能满足独立、稳定、责任和透明的要求，在此次危机中，欧元的地位事实上并没有被削弱。例如，据BIS统计，2008—2010年，欧元占全球储备货币的比重由26.4%上升到26.5%，而同期美元的比重则从64.1%下降到62.1%。此长彼消，应能看得出人心之向背。

此外，值得强调的是，在2010年逐渐爆发、蔓延的欧洲主权债务危机中，尽管暴露了欧洲各国政治、经济、金融发展不平衡及其引发的诸多矛盾与问题，但也在某些方面——尤其是财政金融体系——促进了欧洲国家的政策协调与区域合作。例如，在危机初起的2010年5月，为解救深陷重债的成员国，欧盟国家成立了欧洲金融稳定机构（EFSF）和欧洲金融稳定机制（EFSM），融资规模分别为4400亿和600亿欧元。这一举措为希腊、爱尔兰、葡萄牙等国提供了强有力的流动性支持，对缓解后者的财政难关功不可没。而后，通过对《里斯本条约》的修改，在2012年10月，以上两个应急性的组织被一个常设的救助机制——欧洲稳定机制（ESM）——所接替。其启动资金为800亿欧元，放贷总规模达到5000亿欧元。作为按照国际公约建立的政府间组织，ESM的主要职能在于通过流动性支持等途径来维护欧洲（主要是欧元区）金融系统的稳定性。从某种角度看，该机构似乎正在成为欧洲的"货币基金组织"。

由以上分析可见，总体看来，凭借雄厚的经济政治实力和区域一体化，欧元在问世十余年间已经显示出旺盛的生命力，在国际外汇储备、贸易、投资等多方面被广泛使用，并已成为美元的最主要竞争对手。然而，尽管欧元在问世十余年间已经显示出旺盛的生命力，由于综合实力和经济增长潜力的差距、欧洲内部的发展失衡和低层次整合以及国际货币使用的"惯性"等因素，在今后相当长的时期内，欧元还难以撼动美元的霸主地位。

储备货币多元化：亚洲的诉求

国际货币体系的演变史告诉我们，国际储备货币的更迭，总是以货币发行国经济实力的消长为前提的。英镑的货币霸权地位之所以"无可奈何花落去"，是因为大英帝国的经济总量在1872年便被美国超越。欧元所以能在国际货币体系中坐上第二把交椅，是因为欧元区的经济总量在20世纪末已经名列全球第一。循此规律，当亚洲地区的经济总量超过欧洲和美国而跃居全球第一时，在国际货币体系中寻求应有的位置，自然成为亚洲地区的诉求。

2004—2007年，亚洲地区GDP占全球GDP之比升至35%左右，同期，美国和欧元区的占比却不足50%。然而，表2-1列示的各主要货币形成的货币圈所占份额的数据却显示，同期，就储备货币覆盖范围而言，美元依然占据主导地位，欧元次之。这两个货币所覆盖的GDP，在2007年年底达到81.8%的水平；而亚洲区域内货币（主要是日元）仅仅覆盖了GDP的9.6%。就此而论，亚洲地区是被现行国际货币体系"边缘化"了的。

GDP占比和本区域货币覆盖率这两个占比的严重不匹配，尤其是缺乏主导性的区域货币的现实，使得亚洲货币金融体系处于全球货币体系的边缘地带，从而导致区域内经济与货币金融体系极易受到国际经济和金融波动的传染与冲击。回顾1997年亚洲金融危机以及此次全球金融危机中亚洲各国所经历的经济和金融动荡，我们可以明白无误地看到这种被边缘化所引发的各类问题，进而，亚洲各国痛苦地看到，只要这种被边缘化的格局不改变，亚洲地区的经济和金融的运行，就不可避免地要受到来自美欧等拥有储备货币发行权的"中心"国家宏观政策的侵扰。因此，亚洲国家特别是东亚国家实行密切的货币金融合作，乃至创设某种区域货币，便成为基于共同利益的理性追求。

表2-1　　　　　　　　主要货币形成的货币圈份额　　　　　　　单位：%

时间（年）	美元区		欧元区		日元区		英镑区		其他	总额（10亿美元）
	美国	合计	欧元地区	合计	日本	合计	英国	合计		
1970—1974	33.8	54.5	14.1	27.3	8.7	8.7	4.4	7.2	2.2	3675
1975—1979	29.0	50.5	15.2	30.9	10.5	11.9	4.1	5.3	1.3	7074
1980—1984	30.8	51.8	12.7	25.4	10.7	12.7	4.5	6.4	3.6	10729
1985—1989	30.2	48.9	12.6	22.0	14.8	15.3	4.3	5.8	8.0	15753
1990—1994	26.2	45.9	13.5	28.0	16.0	16.3	4.2	5.7	4.1	24101
1995—1999	27.6	50.3	14.8	26.2	14.9	16.7	4.4	4.9	2.0	29946
2000—2004	30.2	48.6	21.5	30.1	12.3	14.4	4.8	5.1	1.7	34929
2005—2007	26.8	48.4	22.2	33.4	9.0	9.6	5.0	6.7	1.9	49046

说明：根据GDP计算（市场外汇汇率换算，美元计价）。

资料来源：河合正弘：《国际货币体系与东亚货币金融合作》，吉林大学出版社2009年版。

事态也正沿着这一理性方向在发展。

1997年,在东盟国家首脑会议上,基于东南亚各国尤其是东盟成员国从东南亚金融危机中得到的直接教训,马来西亚总理马哈蒂尔最早提出了"亚元区"设想。2001年,上海APEC会议期间,"欧元之父"蒙代尔(Robert A. Mundell)发表了自己对未来世界货币格局变化的看法:"世界将出现三大货币区,即欧元区、美元区和亚洲货币区(亚元区)。"这个建议获得许多亚洲国家的积极响应。2006年年初,亚洲开发银行推出一种名为"亚洲货币单位"(Asia Currency Unit,ACU)的货币符号概念。与欧元推出前的"欧洲货币单位"相似,这不是可以流通使用的实际货币,而是一种根据亚洲若干国家货币价值、各国国内生产总值及贸易规模等因素通过加权设置的虚拟货币。根据设想,亚行将核定其对美元及欧元的汇率,通过网站对外公布,借以衡量亚洲货币汇率的变化规律及波动的可控性;有关国家可以据此调整金融和货币政策,使货币机制逐步向"亚洲货币单位"靠拢,从而为将来亚元正式出台奠定基础。但因在亚洲货币单位应包括哪些货币以及它们的权重如何分配等问题上存在政治和技术上的争论,该计划已被无限期推迟。

设立亚元的建议虽未付诸实施,亚洲地区特别是东亚各国在其他货币金融领域的合作却始终没有停步。

1997年9月,日本在IMF和亚洲开发银行会上提出设立"亚洲货币基金"(AMF)的构想。这一方案虽因美国和IMF的强烈反对以及部分东亚国家的质疑而夭折,但无疑将区域内多层次货币金融合作问题正式提上了亚洲各国的议程。

1997年8月,东盟5国(印度尼西亚、马来西亚、菲律宾、新加坡、泰国)建立了东盟货币安排互换(ASA)。1999年11月,东盟10+3(东盟10国加上中国、日本和韩国)峰会在马尼拉通过了《东亚合作的共同声明》,同意加强金融、货币和财政政策的对话、协调与合作。根据这一精神,2000年5月,东盟10+3的财政部部长在泰国清迈达成了《清迈协议》。确定了加强有关资本流动的数据及信息的交换,在东盟10+3内构筑双边货币互换交易网和债券交易网,以及通过完善亚洲各国货币间的直接外汇市场并建立资金结算体系,扩大亚洲本国货币间交易的发展方向。2008年5月,东盟10+3会议决定建立总额800亿美元的共同外汇储备基金。2009年2月召开的东盟10+3特别财长会议公布了《亚洲经济金融稳定行动计划》，将共同外汇储备基金规模扩大到1200亿美元，并提议建立独立的区域性监控实体，允许各国将外汇储备中的一部分专款专用。这一行动计划，为更高层次的亚洲货币与金融合作搭建了平台。

亚洲金融合作也在加强。2002年6月，泰国在第一届"亚洲合作对话（ACD）机制"下提出"亚洲债券市场"的倡议。同年8月，在东亚及太平洋地区央行会议（EMEAP）上，泰国进一步提出建立亚洲债券基金的建议并得到东亚各国和地区的积极响应。同年9月，中国香港在第九届APEC财长会议上提出了旨在发展本地区资产证券化和信用担保市场的亚洲债券市场发展倡议（ABMI）。2003年8月，ABMI在东盟10+3财长会议上得到了认同。按照ABMI的设想，亚洲债券市场发展相应分为三个步骤，分别对应2003—2005年、2005—2008年、2008年至今三个时期。其中，目前所处的第三阶段包括了促进以本地区货币计价的债券发行和相应的债券需求、建设债券市场发展和监管的基础框架等内容。在2013年5月召开的第十六届东盟10+3财长和央行行长会议又对ABMI的工作进展进行了评估，并批准了由中国提出的促进基础设施融资债券发展的新倡议。

政策协调与监督机制也开始进入亚洲国家的视野。到目前为止，已经建立了三个相应的机制，它们分别是"马尼拉框架小组"（Manila Framework Group）（1997年11月）、"东盟监督进程"（ASEAN Surveillance Process）（1998年10月）与"东盟10+3监督进程"（ASEAN+3 Surveillance Process）（1999年11月）。此外，作为清迈倡议多边化协议的制度性架构之一，2011年4月成立了独立的宏观经济研究办公室（ASEAN+3 Macroeconomic Research Office），专门负责监测地区经济运行与金融市场风险，并对多边货币互换协议的申请、操作以及资金使用等情况进行评估与监管。这些机制业已卓有成效地展开了工作。2013年5月，东盟10+3财长和央行行长会议又审议通过了将该机构升级为国际组织的协议草案，并主张继续加强其履行经济监测的职能，以便为清迈倡议多边化的有效运作提供支持。

毫无疑问，由于亚洲各国之间的经济结构和发展水平依然存在着多样性，因而并未如最优货币区所要求的那样，收敛到使整个地区形成单一货币区的程度，由于在金融发展水平及其一体化方面，亚洲地区还存在着相当大的距离，由于区域内要素流动仍然受到较强的管制和干预，由于在走向区域经济和货币一体化问题上，亚洲地区尚未形成政治共识，要建立统一的亚洲货币，还须经历长期且巨大的努力。然而，如果全球实体经济的发展格局沿着如今的"西弱东强"的路径持续发展，在亚洲地区出现某种单一货币就并非是不可预期的。

中心—外围结构下的全球失衡

杜利等人认为（Dooley et al., 2003, 2009）[①]，第二次世界大战以来的国际货币体系，可以用布雷顿森林体系加以统一概括，只不过，以1974年"牙买加协议"为界，此前为"布雷顿森林体系Ⅰ"，此后则为"布雷顿森林体系Ⅱ"。

他们认为，在"布雷顿森林体系Ⅰ"的架构下，存在着一个"中心—外围"格局：美国一家独大，居于世界经济的中心地位；其他国家则居于外围。居于中心的美国，一方面坐享"过分特权"，即通过经常项目赤字为世界提供储备货币和结算便利；另一方面凭借其发达的资本市场，充当国际信贷中介，为战后的欧洲和日本的复兴重建提供融资。而作为当时的新兴外围国家，欧洲（特别是德国）和日本不约而同地选择了出口导向的发展战略。为提高国际竞争力，两者都在尽力压低本币币值，并实行严格的资本管制以防范过度投机。作为结果，在这一时期，外围国家不仅通过贸易盈余积累了可观的美元储备，还吸纳了大量的美国投资。

不难看出，上述"中心—外围"结构长期稳定的必要条件，必然是"中心逆差，外围顺差"的失衡状态。对于这种失衡状态及其可持续性，经济学界存在截然不同的看法。一种观点认为，这样的一种失衡是不可持续的。例如，国际货币基金组织研究局局长罗杰就认为："尽

---

① 应当提醒读者的是，在2008年全球金融危机的背景下，法国总统萨科奇和英国首相布朗等政治家建议在二十国集团（G20）的框架下，重构国际货币体系。这一设想中的新体系也被称为"布雷顿森林体系Ⅱ"。

管外国官方机构在增加购买美国金融资产，但目前持有美国资产的主体仍然是私人——而非中央银行……一旦私人投资者认为美国贸易赤字难以解决而不愿再向其融资，则美元存在破裂性贬值的可能。"[1] 但是，也存在大量相反的观点。例如，麦金农和施纳贝尔（McKinnon and Schnabl, 2004）就曾指出，由于美元体系具有不对称性，美国可以单方面地向世界无限制借款，因而这一体系是可维持的。杜利等人也支持这一看法，他们认为，在一定范围内，这种失衡符合双方利益，可以获得共赢之结果，因此在相当长的时期内会保持稳定。应当说，20世纪50—70年代的20年间以及20世纪90年代至21世纪头十年的20年间，全球经济的普遍繁荣，大体上印证了后一种判断。

在我们看来，上述两种观点貌似水火不容，其实并无根本性区别：它们都不是一般地为失衡而担忧，更不为以"中心国"为轴心的全球失衡而犯难，而主要关注的是失衡可否持续；而关于失衡可否持续的判断，则都置于美元这一关键货币是否仍然被世界广泛接受这一关键环节上。区别只是在于，可持续论者认为，美国的支付能力几乎是无限的，不可持续论者则认为，长期的经常项目逆差会损害美国的支付能力，从而导致均衡被打破。已被历史进程所证明的事实是：正是由于美元居于国际货币体系中心位置，在相当长的时期和相当大的程度上，美国享有用发行本币来弥补经常项目差额的特权，这种失衡在相当长的时期是可持续的；然而，如果美国长期滥用其发钞的特权，并达到美元不得不进行强烈价值重估的程度，失衡便不可持续，从而需要一次全面性的危机来恢复其可持续性。

证之以布雷顿森林体系的历史，可以大致观察到这种从可持续到不可持续转换的轨迹。从建立之初，布雷顿森林体系覆盖的经济世界便是一个失衡的世界。起初的基本格局是，美国贸易顺差和其他国家贸易逆差相互对应并长期持续。1960年，以美国的对外债务超过其黄金储备为标志，布雷顿森林世界经济失衡的格局，转变为美国的贸易逆差和其他国家对美贸易顺差相对应，并愈演愈烈。但是，直至60年代末，这种失

---

[1] 2005年3月15日，罗杰在Crédit Suisse First Boston主办会议上的演讲（会议在中国香港召开）。

衡仍然是可持续的。1971年发生的"尼克松冲击"可谓是转向不可持续的关节点。从那时开始，美国国内的物价暴涨和美元的对外价值一泻千里，使得美国和世界其他国家同时感到维持美元本位已经得不偿失，于是爆发了持续近十年的全球金融危机，并导致布雷顿森林体系最终崩坏。

根据我们主要以储备货币的状况来区分国际货币体系的分析框架，牙买加协议之后的国际货币体系，可以称作"多元储备货币体系"。杜利等人称此为"布雷顿森林体系Ⅱ"，其科学性是可商榷的。布雷顿森林体系崩溃之后，就储备货币而言，美元虽然依然发挥主导作用，但已受到欧元、英镑、日元及其他"新兴"货币的侵蚀；就汇率制度安排而论，布雷顿森林体系刻意维持的固定汇率制度已经被普遍的浮动汇率制所替代；至于国际收支失衡的调节机制，则基本上处于各行其是的状态中。以此衡量，布雷顿森林体系崩溃后的国际货币体系与布雷顿森林体系是大异其趣的；它至多只是走向新的国际货币体系的一个过渡性状态。只不过，这个过渡时期可能延续相当长的时期，而且在这个时期内，旧体系的遗迹和新体制的因素同时并存。

战国时代

《牙买加协议》之后，国际货币体系呈现出纷繁芜杂的局面。就国际储备货币而言，马克、法郎（1998年之后，马克和法郎都归并入欧元）、日元、英镑等发达经济体的货币开始发挥积极作用，国际储备货币的多元化进程开始加快（见表2-2）。然而，尽管国际储备货币多元化的进程已经启动，但美元的主导地位依然未受到根本性冲击。

表2-2　主要国际货币占国际储备的比重（2000—2012年）　　单位:%

项目	2000年	2002年	2004年	2006年	2008年	2010年	2012年
美元	71.1	67.1	65.9	65.5	64.1	62.1	62.2
欧元	18.3	23.8	24.8	25.1	26.4	26.5	23.7
英镑	2.8	2.8	3.4	4.4	4	4.2	3.9
日元	6.1	4.4	3.8	3.1	3.1	3.3	3.9

资料来源：根据各年BIS资料计算。

尽管欧洲具备雄厚的实体经济基础和已经付诸实践的共同货币，并且欧元已经在国际储备货币占比上显现出与美元此长彼消的发展趋势，但它同19世纪末的英国和布雷顿森林体系中的美国相比，还明显逊色，因而在可预见的未来，也难以撼动美元在国际货币体系中的主导地位。坦率地讲，欧盟和欧元的前途充满着各种攸关存废的隐患与不确定性，特别是一体化的大方向并非一成不变、不可逆转。一方面，欧洲标榜的"富有同情心"的经济模式存在巨大的社会成本。其标志就是以高福利、高失业和创新乏力著称的"欧洲僵化症"。作为这一病症的苦果，欧洲的经济增长率常年低于美国和世界的平均水平，而且各国的债务长期高悬。同当年英美称霸时的蒸蒸日上不同，如今的欧盟实际上在"未霸先衰"。另一方面，时至今日，欧盟毕竟还不是一个像美国那样拥有中央政府的统一国家。其一体化架构在财税、行政、外交、移民、防务等诸多问题上，短期内还难有突破。毋庸讳言，众多处在不同经济发展阶段、具有不同历史文化背景的成员国也存在显著的分歧与矛盾。在最近席卷欧洲的主权债务危机中，德国、法国等欧洲"中心国家"与希腊、爱尔兰等"外围国家"的责任争执与利益纠葛，就生动地反映了欧盟内部的不和谐以及现有制度框架的种种缺陷。这些状况，不免令我们回想起保罗·肯尼迪在二十多年前对欧洲黯淡前景的忠告（肯尼迪，1990）："如果欧洲共同体能真正同心协力，它会很好地改善自己在世界的军事和经济地位。反之（鉴于人的本性，这是更可能发生的），它的相对衰落趋势似乎注定要继续下去。"

与欧元相比，其他国家货币跻身于国际储备货币之列的步伐似乎更为缓慢。尽管诸如英镑、瑞士法郎、加拿大元、澳大利亚元、瑞典克朗、新西兰元、中国香港港币以及人民币等均稳步提高了它们在国际储备货币体系中的地位，但是，由于其经济体量过小且对美国和（或）欧洲存在着千丝万缕的联系，这些国家（地区）的货币更难对美元形成像样的冲击。

值得注意的是，自20世纪90年代起，国际货币体系的改革获得了新的动力。这一动力还是来自实体经济领域。一方面，美国及欧洲、日本等新的"中心国家"的经济增长速度相对下降；另一方面，以亚洲为主体的各新兴市场经济国家经济飞速发展。这样一种相对变化，使得

"中心—外围"格局重新受到国际社会的重视。只不过，在如今的"中心—外围"格局下，美国仍旧扮演主要逆差国的中心角色，而外围国家的名单则已经由欧洲和日本变为包括中国在内的亚洲新兴国家。毋庸置疑，亚洲等新兴经济体自20世纪90年代以来走过的复兴之路，与当年欧洲和日本在第二次世界大战后的复兴之路十分相似，并且也取得了骄人的经济成就：在近20年的时间里，这些国家积累了巨额的主要来自美国的贸易顺差和外汇储备，并且实现了高速的经济增长。同20世纪五六十年代类似，这一时期的国际收支失衡，特别是备受关注的中美之间的失衡，基本符合中心国与外围国各自的利益考量与政策选择。同样，这种格局如今也受到剧烈冲击，并以全球金融危机的方式表现出来。美国和世界其他国家也已经越来越深刻地感觉到，维持目前这种以美元为主要国际储备货币、全球实行浮动汇率、各国国际收支失衡调整各行其是的国际货币体系已经得不偿失。在这个意义上，新一轮全球货币金融体系的改革已经开始启动。

勿忘凯恩斯

提到国际货币体系的进一步改革，不能不重提凯恩斯。尽管布雷顿森林体系的建立以凯恩斯方案被拒绝而告终，但那实在只是因为霸权较量中美国的强势和英国的式微，并未反映出方案之科学性的优劣。正如特里芬教授所评论的那样，凯恩斯方案之失败主要在于政治因素，而"从狭义的经济观点看，凯恩斯是完全正确的"（特里芬，1997）。尤为重要的是，随着时间的推移，特别是随着美元霸权所带来的种种问题渐次暴露，因而改革现行国际货币体系的任务越来越紧迫，凯恩斯方案被越来越多的人所提及和重新研究。这是因为，凯恩斯方案的要旨是拒绝国际储备货币与某一主权国货币直接挂钩，同时避免债权国（盈余国）与债务国（赤字国）非对称的调节成本。这两点，恰恰是当前国际货币体系的症结所在，因而都是人们急欲寻求答案的。

其实，凯恩斯方案的思想早在第一次世界大战结束后的《凡尔赛和约》期间就产生了。赔款是巴黎和会的核心议题，也是凯恩斯的著名论文《和约的经济后果》讨论的中心内容。他以翔实的数据论证了德国能够支付的最大赔款数额为100亿美元，而赔款委员会于1921年确定的最终赔款金额却高达330亿美元，达到当时德国国民收入的两倍多。凯恩斯认为，这项巨额赔款根本无法实现，而且，因为缺少支付手段，德国只能依靠扩大出口来进行赔偿。这样，德国不堪重负自不待言，英国、法国等战胜国的经济利益也因德国事实上不可能履行其赔偿责任而最终受到损害。事态最终证实了凯恩斯的论断：1922年岁末，由于德国无力偿还，巨额赔款不了了之。由于赔款压力巨大，马克大幅贬值，德国出现前所未有的恶性通胀，人民处于水深火热之中。凯恩斯写道："我敢大胆地预言，事态将不会被平息。"① 果然，凯恩斯不幸而言中，对德国赔款的不当处置，直接促成了希特勒上台，埋下了第二次世界大战的祸根。

《凡尔赛和约》的恶果为后人留下了惨痛教训，凯恩斯分析《凡尔赛和约》经济后果所显示出的智慧，更直接指导了后人处理战争赔款的实践。第二次世界大战结束之后，美国并没有要求德国赔款，相反，却一力支持建立某种国际机构（货币基金组织等）来为战败国提供贷款，并很快实施了旨在帮助战败国经济复苏的"马歇尔计划"。除了战后国际政治的考虑，这背后深藏着深思熟虑的经济逻辑。战争结束之后，美国战时形成的庞大生产能力需要有庞大的消费需求予以维持——若对战败国竭泽而渔，美国的国内生产就会因消费严重不足而萎缩，其经济增长率会大幅度下降，极可能因此而再度引发一次长期衰退；倘若免去战败国赔款，反而向其提供贷款，由于欧洲因此就有了钱来购买其所需的各类产品，美国的庞大出口产品便有了销路。这样，美国得到的直接好处，一是得到了巨大且可持续的国外需求，借以维持了其国内总供求平衡，进而保持了经济长期高速增长；二是长期独享了规模巨大的铸币税利益。其间接好处，则在于美国因此成为欧洲乃至世界各国的最大债主，使得世界各国均须仰其鼻息。战后几十年的事实证明，美国由此而得到的利益，无论如何估计都不过分。

凯恩斯的智慧不仅限于解决清算问题，他还对解决债权国和债务国

---

① 凯恩斯：《和约的经济后果》中译本，华夏出版社2008年版。

之间的不对称调整问题提供了基本思路。这些基本上构成了布雷顿森林体系初创时凯恩斯方案的主要内容。

凯恩斯在最初的建议中设想了一个全球性银行（国际清算联盟，ICU），它将发行自己的货币（班克尔，Bancor），该货币以30种有代表性的商品（其中包括黄金）作为定值基础，与其他国家的通货以固定汇率兑换。所有贸易账户都将以班克尔计价，各国都将在ICU内保留一个班克尔账户（该账户将保持平衡，即余额很小甚至等于零），并且在ICU中还拥有一个透支额。当一国出现大量贸易赤字时（金额超过班克尔透支额的一半），他们将为其账户支付利息、进行经济调整，可能还要实行资本管制，并使其货币贬值。相反，那些拥有大量贸易盈余的国家也将支付类似的费用，并被要求放开外资投资限制，使其货币汇率升值。凯恩斯方案旨在给顺差国、逆差国同时施加"结清"账户余额的压力。这种机制将带来平滑对称的跨国调整，并可能最大限度地避免全球失衡。

此外，该计划不要求美国或任何其他国家提出任何一种他们自己选择使用的货币。这个计划的本质在于，如果一个国家存在贸易盈余，而且该国不打算用之购买商品或服务或进行任何海外投资，这个余额可供联盟使用。这种使用是非永久性的，但是，只要该国没有为它指派任何用场，ICU就可使用之。作为非特定国家的货币，班克尔不会给任何国家货币铸造的特权。它也不会让世界货币成为某个国家国内优先权的"人质"，也不会给那些发行国际货币的国家任何特殊的责任。

"特里芬难题"的普遍性

尽管特里芬教授针对布雷顿森林体系提出"清偿力"与"信心"这一两难困局已有半个世纪（特里芬，1997），而布雷顿森林体系的瓦解也已近40年，但由于当今国际货币体系仍以某些主权国家（如美国）的信用货币为核心，所以，我们仍旧生活在被"特里芬难题"困扰的世界中，只不过，与当年相比，其表现形式已经发生了变化。在布雷顿森林体系下，特里芬难题的表现形式是黄金对于美元支持的不足

（美元过度发行，而黄金储备却并未有明显增加）。在今天，其表现形式是美国财政能力对于美元债券发行支持的不足。其实，其他发行储备货币的国家或国家集团如欧元区，也面临同样的问题。

出现这一问题的根源在于，尽管各国（主要是新兴经济体和石油输出国等国际收支盈余国家）在经济增长中积累了巨额财富，但由于其国内金融市场欠发达，规模相当、安全与流动性兼顾的投资途径极为缺乏。而遍览全球资本市场，由于美国的经济规模、发展水平及其金融市场的深度与广度均居世界前列，似乎只有美国的政府债券可以担当财富蓄水池的角色。尽管欧洲、日本等地也可以为盈余国家提供投资渠道（如这些国家和地区的国债市场），但无论其市场规模还是开放程度，同美国相比都还有较大差距，所以，美国国债仍旧是盈余国家储备资产的主要投资选择。但显而易见，这种资产形式的价值，以美国政府的未来收入能力（即清偿力）、美元的内外币值的稳定，乃至整个经济的增长潜力为担保，因此，它的日积月累，又会将美国拖入越陷越深的债务泥潭之中。研究表明，过高的国家债务负担（如债务超过 GDP 的 90%）不仅威胁政府的清偿力，而且还会拖累经济增长（Reinhart and Rogoff, 2010），这是依托某种主权货币为全球提供流动性（或储备资产）时无法避免的缺陷。应当说，如今主要储备货币发行国的财政状况均难以有效支撑其债券价值，从而难以保持其货币价值的稳定，这构成后布雷顿森林时期国际货币体系的根本矛盾之一。显然，这里反映出的问题，无非只是"特里芬难题"的新版本。

实践已经证明，上述讨论并非"杞人忧天"。近年来，新兴经济体和资源出口型国家的储备资产不仅增长迅速，而且对美国国债的依赖程度日趋严重①。这一趋势在 2008—2009 年全球金融海啸肆虐、对避险资产需求激增的背景下表现得异常突出；即使在 2011 年 8 月标普公司下调美债信用评级后，也未有明显变化。事实上，无论是危机前被认为是优质的私人部门债券（如企业 AAA 债券），还是部分欧洲国家的主权债券，对市场的系统性风险抵御能力均明显逊于美债，其"安全性"也随着危

---

① Farhi 等（2011）指出，由于投资者对美国国债的信心，使其享有与同等信用级别（AAA）企业债券的"流动性溢价"，即美国政府可以为其债券支付较低的利息。

机的演进大打折扣。在这种全球安全资产规模急剧缩水的背景下，美债重又被世界各国追捧，并进一步巩固了其作为国际储备资产最主要存在形式的地位①。

中国的具体实例也印证了这一判断。在 2008—2009 年的两年间，中国持有的美债规模增长近一倍，中国也取代日本成为美债最大的国外投资人。而截至 2011 年 9 月底，在中国 32017 亿美元的外汇储备中，有 11483 亿美元以美国国债形式持有，占储备比重的近 36%，占外国持有美债总额的近 1/4。如此单一地配置资产，其实是在国内金融市场发育滞后、人民币国际化不足和国际替代投资品缺乏的内外因作用下的无奈之举。

与此同时，美国政府的债务总规模持续膨胀，其占美国 GDP 的比重已经从 1988 年的 51% 上升至 2010 年的近 100%②。由于国内非政府部门的储蓄率未能有效提高，美债的融资渠道也越来越依赖于向外国发行债券。从绝对金额看，2002—2010 年，外国持有的美债规模增长近 3 倍。而其间，又以 2007 年次贷危机以来的增幅最为明显（见图 2-1）。此外，以相对规模论，在 1988 年，外国持有的美国国债仅占该国全部债务的 13%，而到 2011 年，这一比例已经上升到 30% 以上。这无疑给美国财政收支的可持续性和经济增长前景带来了前所未有的挑战。

值得关注的是，特里芬本人不仅揭示了布雷顿森林体系的内在缺陷，还在凯恩斯方案的基础上，提出了以 IMF 为核心，将之发展成为真正的全球中央银行的国际货币体系改革建议（特里芬，1997）。特里芬的设想，是将成员国的缴款转变为储备资产存款，并以此作为基金组织的贷款基础，进而"代替所有成员国的货币储备中的各种国家通货"。同时，为避免任意放款而导致世界性的通货膨胀，特里芬提出以成员国多数投票制来确定基金组织的贷款权限。尽管以上建议依然主要由于政治原因而未被采纳，但无疑为日后的特别提款权（SDRs）的设立和诸如欧元等"集体货币"的创立，提供了理论基础。

---

① 参见英国《金融时报》2011 年 12 月 5 日文章：The Decline of Safe Assets, http://ftalphaville.ft.com/blog/2011/12/05/778301/the-decline-of-safe-assets/。

② 至 2011 年年底，此比例已经接近 110%。

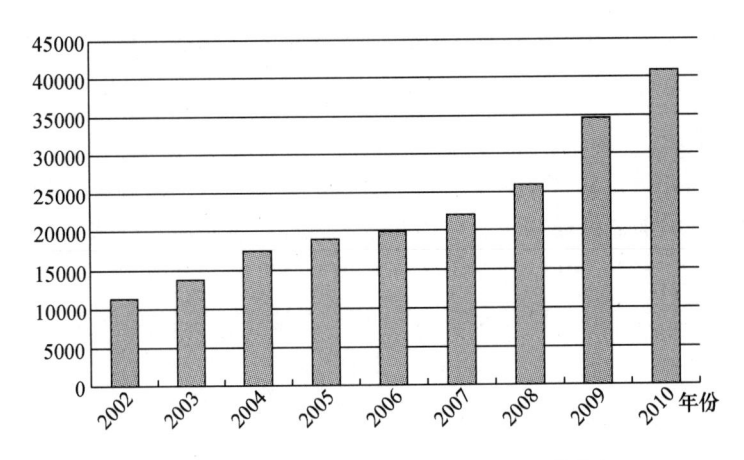

图 2-1　外国持有美国国债（单位：亿美元）

说明：长期债券与短期债券之和。
资料来源：美国财政部。

跳出单一货币迷思

在历数美元霸权种种弊端之后，人们讨论国际货币体系改革问题时，立即想到的是寻找另一种单一的全球货币来取代它。事实上，在国际货币体系的改革的诸种方案中，建立覆盖全球的超主权货币始终是选项之一。中国人民银行行长周小川在 2009 年提出，金融危机是国际货币体系制度性缺陷的必然结果，而只有建立"币值稳定"、"供应有序"、"总量可调"，并且超然于特定国家经济利益的超主权货币，才能克服"主权信用货币的内在风险，也为调节全球流动性提供了可能"。

关于统一货币，米尔顿·弗里德曼曾经有过一句透辟的断语："只有在更加深度的经济和政治联盟前提下，货币联盟才能长久。"他的意思是，在一个开放的经济体内，货物、劳动力和资本可以自由流动，同时还须有一个自律的中央财政机构和强大的中央银行加以保证。后两者密不可分，缺一不可，是货币坚挺的两个支柱。观之欧元区，那里只有统一的央行，却没有统一的财政，更没有统一的政府，这构成了欧元作为超主权国家货币存在的根本缺陷。

欧元的实践,对于寻找某种新的超主权国际货币的努力,显然给予了较强的负面影响。概而言之,在目前国际政治经济背景下,超主权货币导向的国际货币体系改革至少面临两方面困难:一是目前的多元化甚至相互冲突的国际政治格局,一时间难以形成有效的推进合力来启动全球范围内的超主权货币的建立进程。换言之,目前的国际政治经济环境尚不具备欧元设计之初的历史起点,并且在短期内难以达到欧元建立之初的政治经济的一体化程度。二是全球经济一体化的程度,同样远未达到欧元区设计之初的水平。在政治、经济一体化的范围和深度尚难达到当年欧元区启动的程度的现状下,建立全球范围内单一货币联盟显然是不可能的(Lane, 2006)。[①]

一种货币能够在国际上通行,须有坚实的信用基础为保障。在金属货币条件下,货币的信用由金属的价值决定和保障;在信用货币条件下,货币的价值则由货币发行主体的信用决定。美元、欧元如今被人避犹不及,是因为决定其信用的美国和欧元区的财政状况不佳,信用基础不牢。由此观之,超主权货币的设想之所以难以实现,是因为我们目前还找不到它的信用基础——建立某种"世界大同"的政府以及相应的财政联盟和独立的央行体系,是创造这种信用基础的必要条件。但是,大同政府、财政联盟、独立央行体系云云,显然距离我们遥远得很。

行文至此,不禁联想起命途多舛的世界语(Esperanto)来。众所周知,有一百余年历史的世界语尽管简便易学,但由于不是自然形成的语言,缺乏具体的国家或民族文化的支持,至今用者寥寥。类似的,所谓超主权货币,其成在"超主权",败也在"超主权"。如果没有一个特定的国家或国家集团积极推动,而各国又出于自身利益,缺乏合作诚意,那么超主权货币则难免重蹈世界语的覆辙。

如果我们判定,在一个可能长达几代人的时期内,找出一种可以替代美元的单一国际货币几无可能,那么,探讨国际货币体系改革,就应迅速摒弃各种形式的单一货币方案,转而现实地考虑以储备货币多元化

[①] Lane, R., Philip, R., The Real Effects of European Monetary Union, *The Journal of Economic Perspective*. 2006 (4): 47 – 66.

为现实基础的国际货币体系的建设及其完善问题。2011年，世界银行[①]的一份报告作出了大胆的预测：到2025年，中国、巴西等六个新兴经济体对全球经济增量的贡献将达到半数以上。由此产生的一个结果就是，当前主要以美元为核心的国际储备货币体系，将被基于美元、欧元和人民币三大货币的多极化储备货币体系所取代。多极货币的竞争将从市场角度对储备货币发行国形成一定的约束，同时，还需要有国际组织或新的治理平台对储备货币发行进行监管和协调。中国前国家主席胡锦涛在G20伦敦峰会讲话中，事实上已经开始在这个层面上讨论国际货币体系改革问题了："国际货币基金组织应该加强和改善对各方特别是主要储备货币发行经济体宏观经济政策的监督，尤其应该加强对货币发行政策的监督。……完善国际货币体系，健全储备货币发行调控机制，保持主要储备货币汇率相对稳定，促进国际货币体系多元化、合理化。"虽然这一讲话在当年被那些掌控会议进程的利益相关大国有意"忽略"，致使其未能进入峰会的宣言中，然而，其后的发展无疑验证了其敏锐而深刻的洞察力。

在救助危机的实践中寻找出路

货币金融体系之于经济运行，犹如血液之于生命，须臾不可离。因此，货币金融体系的改造，多以渐进的方式展开。在一国之内，除非出现政权更迭之类天翻地覆的事件，货币体系通常都循循相因；即便需要改革币制，也会有新旧币制缜密衔接的妥善安排。国际货币金融体系的改革更是如此。即便像布雷顿森林体系这种看似崭新的国际货币体系，其基本要素也早在其问世前的半个世纪内潜行默移；布雷顿森林体系的建立，无非只是通过公开的多边协议，对业已存在多年的一个事实进行了追认。

认识到货币金融体系演进的这一规律，探讨国际货币体系改革，我们显然应摒弃动辄就"另起炉灶"的思路，转而从分析当下解救危机的实践入手。我们需要透辟地分析：各国在面对形式多样、影响面不同、持续时

---

① World Bank, 2011, *Multipolarity: The New Global Economy*, Global Development Horizons 2011, Washington, D. C.

间不一的危机中所采取的措施,有哪一些被实践证明是失败的,不足为后事之训,又有哪一些被实践证明具有可操作性,并具有持久的生命力。基于如此反复、缜密的比较分析,我们方可识别出那些反映共性和趋势性的要素,并循着它们所指示的方向,探讨现实可行的改革方案。

进入21世纪以来,具有全局性影响力的全球金融危机主要有两次:一次是2002年的"9·11"事件,另一次便是2007年3月开始的本轮危机。由于这两次危机均以美国为起点和中心,探讨美国货币当局处理这两次危机的举措,就具有极强的启示性意义。

处理"9·11"事件:支付清算系统最重要

"9·11"事发当天,时任美联储主席的格林斯潘先生正在从瑞士飞往华盛顿的飞机上。在其回忆录中,格林斯潘描述他得知"9·11"事件后的心理活动:"显然,种种经济危机呼之欲出。最坏的情形便是金融系统崩溃。我想这倒不太可能发生。美联储管理的电子支付系统每日调度的资金和证券高达4万亿美元,在美国所有银行和世界其他地方的大多数银行间互相转账。我们向来认为:如果存心破坏美国经济,只要搞掉电子支付系统就可以了。银行将不得不回到低效率的资金实物转移,而商业将局限于物物交换和欠据欠条。全国经济活动水平将会一落千丈。在冷战期间,美联储为金融系统赖以运行的通信和计算机设施建立了庞大的备用系统,以应对可能发生的核打击。我们有花样繁多的安全措施,比如,把某个美联储银行的数据备份在数百英里外的另一家美联储银行里,或者某个遥远的地方。万一发生核攻击,我们可以启动备用系统并在无核辐射区迅速运行。美联储副主席罗杰·弗格森将在当天启用的正是这样一个备用系统。我相信他和我们的同事定会采取必要手段来保证世界美元体系继续运行。"(《格林斯潘回忆录》,2007,引言)

在这里,格林斯潘基于其作为世界上最大的央行行长的长期工作经验,突出强调了支付清算系统的安全运转对于保证全球货币体系乃至全球经济体系正常运行的极端重要性。他处理危机措施的优先顺序,不仅遥遥地呼应着凯恩斯当年分析《凡尔赛和约》的洞见以及他参与设计战后国际货币体系所体现的智慧,更给予20世纪80年代兴起的金融功能学说一个国际金融事例的注脚。①

支付清算系统,是指由资金转移规则、提供支付清算服务的机构和实现支付指令传送及资金清算的手段等诸环节共同组成的系统,是实现商品与劳务交易、债务清偿以及资金转移的基本载体。如果说金融是经济运行的血液,支付清算系统则是为社会经济发展输送"血液"的"管道"(plumbing),其重要性不言自明。

当经济系统中某个当事人在预期的时间内缺乏足够的资金清偿其在系统范围内欠下的其他当事人的债务之时(尽管在该期满后的某个时间,该当事人可能有足够的资金支付其在系统范围内的债务),就会产生流动性风险。流动性风险可以说是支付清算系统中最重要的风险。流动性风险会传染,导致拖欠与信用风险;而部分参与者的流动性风险和信用风险在系统中的蔓延,又会进一步形成系统性风险。流动性风险可能会导致支付清算系统运转失灵,而支付清算系统的破坏也会直接影响到流动性的供给。简言之,关注支付清算体系是否正常运转,与关注流动性风险是同一等级的问题。

应对此次金融危机:货币互换大行其道

如果说"9·11"时期格林斯潘主要还是担心支付清算体系这个金融基础设施的硬件是否遭到破坏,此次危机爆发之后,伯南克担心的则是流动性冲击可能导致的灾难性后果。前者启用了一个备用系统,后者则启用了央行间货币互换机制。

货币互换(Currency Swap)指的是两个交易主体按照合同约定,在一定时期内互换两种货币本金并支付相应利息的交易活动。它是金融

---

① 根据默顿的定义,金融的基本功能包括六项:第一,支付清算功能;第二,集聚资源和分割股份;第三,在时间上和空间上转移资源;第四,风险管理功能;第五,提供信息功能;第六,提供激励机制。然而,上述功能多数均可被取消或被替代,唯有支付清算功能是不可替代的。因此,在默顿看来,支付清算是金融体系的不可或缺的最基本功能。参见默顿《金融学》,中国人民大学出版社2004年版。

市场于20世纪80年代创造出的一类金融衍生品交易，最初的目的是应对汇率的波动，其后被广泛运用到各类金融交易之中。货币互换可以视为一笔即期外汇买卖和一笔反向远期外汇买卖的组合交易。由于远期汇率在互换交易中锁定，因此交易双方不再承担货币汇率变动的风险。货币互换使得交易主体有机会利用其在不同货币市场的比较优势，实现降低融资成本、锁定汇率风险、优化资产负债结构的经营目标。

货币互换一经产生，便显示出其广泛的适用性。货币当局很快就发现，如同回购一样，货币互换可以被广泛地用来作为公开市场操作工具，用于对货币供给、利率和汇率进行期限不同的调控。而且，由于互换交易涉及多币种，它更适合在全球化的背景下实现央行的多重目标。这样，货币互换便有了货币政策的调控功能。此次危机中，为了推行"量宽"，美联储和欧洲央行均启用了大量新的政策工具；这些工具中大都包含了互换的要素。

不仅如此，由于中央银行可以通过货币互换交易将以他国货币定值的流动性直接注入到市场之中，因此，它便产生了互换国金融体系注入本国基础货币或向该国提供流动性支持的效用，从而有助于快速增加全球金融体系的流动性。有了这个工具，各国中央银行联合干预的能力显著提高了。

不妨以美元为例，说明央行间互换交易的操作过程，并体会其间涉及的互换两国利益关系。当一家外国中央银行启动其与联储的互换协定时，该外国央行以当时的市场汇率向联储出售某一数量的该国货币，换进美元。联储将这笔外国货币资金存放在该央行的专门账户上。相应的，联储提供的美元资金则存放在该央行在纽约联储开设的专门账户上。与此同时，联储和该央行签署一份第二笔交易合约，该合约承诺，该外国央行将在未来某个确定的日期以相同的汇率购回这笔货币。第二笔交易对冲了第一笔交易。第二笔交易结束后，该央行按市场利率向联储支付一笔利息。可见，在互换交易中，由于汇率是固定的，因而，其实际结果，是联储向互换对手国提供了一笔贷款。

当外国央行将其根据互换协议获得的美元以贷款形式发放给其司法辖区内的机构时，该美元款项将从该外国央行在纽约联储的账户上划转借款行，以便后者用于美元支付。该外国央行依然必须履行按期向联储归还美元的责任。联储并不承担该外国央行提供贷款的连带责任，该外国央行承担他所提供的这笔贷款的信用风险。

联储获得的外币构成联储资产负债表上的资产。由于互换是以最初确定的同一汇率进行的，该资产的美元价值并不受市场汇率变化的影响。外国央行存放在纽约联储的美元资金构成联储的负债。

央行货币互换可能改变国际货币体系

近年来的反危机实践，不仅显示出货币互换在协调各国货币当局行动方面的不可替代性，而且进一步揭示出其在改革国际货币体系方面可能发挥的独特作用。

2007年上半年开始的全球经济金融危机，使国际市场的流动性一度极为紧张。在各国央行各自采取前所未有的超常规干预行动却未见显著效果的情况下，美联储率先发动了主要央行间的货币互换操作。2007年11月，联储公开市场委员会宣布，它已与欧洲央行和瑞士国民银行签署美元互换协议，承诺向海外美元市场提供美元流动性，其后，该协议又被应用于其他若干国家的央行。联储公开市场委员会宣布，它将与下列国家央行实行美元互换。这些央行是：澳大利亚储备银行、巴西央行、加拿大央行、丹麦国民银行、英格兰银行、欧洲央行、日本银行、韩国银行、墨西哥央行、新西兰储备银行、挪威银行、新加坡货币局、瑞典中央银行、瑞士国民银行。从实施的效果看，通过规模日益增大的央行间货币互换，世界主要国家的金融体系更为密切地联系起来，而美元则挟互换之力，巩固并进一步发展了其领地。

客观地说，截至2009年4月6日，所有的央行间货币互换协议的出发点都是为了满足全球金融机构对美元流动性的需求。正因如此，这些协议的主要条款，都只说明美联储将向其他国家央行单向地提供多大数额美元的流动性。这表明，在国际货币体系中，美元依然保持着其他任何货币不可替代的尊崇地位（胡志浩，2011）[1]。

---

[1] 胡志浩：《拯救欧洲的美元互换协议？》，载中国社会科学院《数据分析报告——时评》，No. S20111202。

然而，随着危机的逐步深化，随着以美元为核心的国际货币体系的内在矛盾一再暴露，货币互换不再总是复制"美元荒"和美元借机恢复失地的老故事了。2009年4月6日，美联储与英国央行、欧洲央行、日本央行和瑞士央行联合宣布了一项新的货币互换协议。协议称，这四家央行将分别为美联储提供最高达300亿英镑、800亿欧元、10万亿日元和400亿瑞士法郎的本币流动性。这意味着，从那时开始，除了美联储可以经由他国货币当局向他国金融体系注入美元，其他四国央行反转来也能通过美联储向美国金融体系注入英镑、欧元、日元和瑞士法郎。这一协议，不仅改变了以取得美元为目的的单向货币流转传统，历史性地使各国央行间的"互换"交易名实相符，而且，它使得主要发达经济体的货币供给机制内在地连为一体了。

不仅如此，除了美联储与各国央行之间实施了以美元为核心的货币互换，各国央行之间的双边货币互换也大行其道。这些货币互换活动最突出的特点就是，在签约国之间的货物与资金交易中，唱主角的是签约国各自的货币，其利率也以双方的真实交易为基础确定，而美元则从视野中消失了。毫无疑问，如此发展下去，多元储备货币的格局将更加形成制度。

央行间的货币互换机制提供了有效的解决"特里芬难题"的基本路径，因为这种机制既提供了全球流动性，又降低了对于储备货币的需求。央行间货币互换客观上为签约国货币当局提供了一种在危机或其他紧急情况下获得流动性的保险，因而大大减少了各国积累储备货币的需求；积累储备货币之需求下降。一方面，使得储备货币发行国获取铸币税之"租"大大减少；另一方面，通过使得非储备货币国的本币在一定程度上事实地发挥储备货币功能，而大大减少了其持有储备货币的机会成本。正是因为货币互换网络的推广将国际货币体系的功能恢复到提供支付清算便利的本来面目，全球的纯粹流通费用也会大大降低，全球的福祉也会有显著的提升。

当然，双边货币互换也存在若干缺陷，其要者至少有二：其一，双边互换协议固然提供了互惠，但也带来了风险，特别是，对方的主权违约风险有显著提高。在对方违约的情况下，尽管握有抵押（即对方的货币），但若对方货币贬值，则这个抵押物的价值将面临损失，而且，如果抵押物的规模很大，它事实上难以很快出清。正因如此，目前很多新兴经济体仍然无法与国际上主要的重要央行签订互换协议。其二，尽管货币互换是双边的，但在其运行的实践中却表现出天生的非对称性。B 国需要 A 国的流动性以支持其金融体系或应对投机性攻击，而 A 国之央行只是简单地在其资产负债表上增持了 B 国货币作为抵押。这显示出，互换协议本质上是以外币储备的方式来增加全球的流动性供给。由于并非所有的货币都是储备货币，这一非对称性，便使得储备货币在提供流动性服务的时候，需要在事先获得一些报偿（例如保险贴水）。

环绕中国的央行间货币互换

最值得关注的是，自危机以来，中国与其他经济体间的货币互换交易发展得极为迅速。自 2008 年 11 月开始，截至 2013 年 10 月底，中国人民银行先后与韩国、中国香港、马来西亚、白俄罗斯、印度尼西亚、阿根廷、冰岛、新加坡、新西兰、乌兹别克斯坦、蒙古、哈萨克斯坦、泰国、巴基斯坦、阿联酋、土耳其、澳大利亚、乌克兰等 29 个经济体的货币当局签署总额超过 2 万亿元人民币的双边本币互换协议（见表 2-3），此后，与若干国家的货币互换协议又有续签、额度扩大等进一步的安排。规模日大的以人民币为核心的央行间货币互换，一方面，使人民币稳步地走上了国际货币的舞台；另一方面，则使得中国的货币供给与其他国家的货币供给有了越来越多的机制性关联，从而向中国的货币政策提出了新的挑战。

表 2-3　2008 年以来中国与部分国家（地区）签订本币双边互换协议

协议签约方	时间	额度
韩国	2008 年 12 月 12 日	1800 亿人民币/38 万亿韩元
香港金融管理局	2009 年 1 月 20 日	2000 亿人民币/2270 亿港币
马来西亚国民银行	2009 年 2 月 8 日	800 亿人民币/400 亿林吉特
白俄罗斯	2009 年 3 月 11 日	200 亿人民币/8 万亿白俄罗斯卢布
印度尼西亚	2009 年 3 月 24 日	1000 亿人民币/175 万亿印尼卢比

续表

协议签约方	时间	额度
阿根廷	2009年4月2日	700亿人民币/380亿阿根廷比索
冰岛	2010年6月9日	35亿人民币/660亿冰岛克朗
新加坡	2010年7月23日	1500亿人民币/300亿新加坡元
新西兰	2011年4月18日	250亿人民币/50亿新西兰元
乌兹别克斯坦	2011年4月19日	7亿人民币
蒙古	2011年5月6日	50亿人民币/1万亿图格里克
哈萨克斯坦	2011年6月13日	70亿人民币
泰国	2011年12月12日	700亿人民币/3200亿泰铢
巴基斯坦	2011年12月23日	100亿人民币/1400亿卢比
阿联酋	2012年1月17日	350亿人民币/200亿迪拉姆
土耳其	2012年2月21日	100亿人民币/30亿土耳其里拉
澳大利亚	2012年3月22日	2000亿人民币/300亿澳大利亚元
乌克兰	2012年6月26日	150亿人民币/190亿格里夫那
巴西	2013年3月26日	1900亿人民币/600亿巴西雷亚尔
英国	2013年6月22日	2000亿人民币/200亿英镑
匈牙利	2013年9月9日	100亿人民币/3750亿匈牙利福林
阿尔巴尼亚	2013年9月12日	20亿人民币/358亿阿尔巴尼亚列克
欧洲中央银行	2013年10月9日	3500亿人民币/450亿欧元

资料来源：中国人民银行。

新的全球治理模式初显端倪？

2013年10月31日，美联储、欧洲央行、瑞士央行、英国央行、加拿大央行和日本央行全球六家主要央行同时发布新闻稿，宣布它们已达成长期性多边货币互换协议。[①]

六大央行的新闻稿均指出，上述六家央行将把现有的临时双边流动性互换协议转换成长期协议，在得到进一步通知之前，上述互换协议将

---

① 参见这六家中央银行2013年10月31日网站新闻稿。

持续有效。最新互换安排允许任何当事央行在自己司法辖区内以另外五种货币中的任何一种货币提供流动性，参与货币互换的两国央行应当评估相关的市场条件，以担保各自货币环境下的互换行动。

美联储的新闻稿指出：现存临时性互换协议已经帮助缓和金融市场紧张形势和对经济条件的影响，修正版长期性互换协议将继续发挥谨慎流动性支持的作用。

欧洲央行则显然对货币互换有更大的兴趣，其新闻稿指出：现存临时互换协议帮助缓解了金融市场的资金紧张局面，降低了资金紧张对经济造成的影响；长期协议将继续充当稳定流动性的角色。欧洲央行同时指出，欧洲央行管委会决定与另外五大央行互换货币，这将确保欧元系统按要求继续向其他央行提供欧元，并在必要时在现存美元流动性供应的同时向交易对手提供日元、英镑、瑞士法郎和加元。欧洲央行称，如果市场环境发生变化，欧洲央行可能会调整美元流动性供应的频率和到期时间。值得一提的是，此前，欧洲央行已经与中国央行达成 571 亿美元三年期货币互换协议。

加拿大央行在官网发布的新闻稿中指出，与美联储等央行达成的货币互换安排原定于 2014 年 2 月 1 日到期，根据最新互换协议，互换安排将大大拓展：加拿大央行不仅向其他五大央行提供加元，同时还可向加拿大的金融机构提供另外五种货币；同时，加拿大央行与美联储还同意撤销原先互惠交换安排中 300 亿美元的限制。加拿大央行认为，通过货币互换协议，当事央行能够在市场流动性紧张之时，向其所辖的银行、企业和其他机构提供以五种主要储备货币定值的特定货币资金。当前虽然无须就上述互换工具进行任何操作，但让相关政策准备就绪是明智之举。加拿大央行将继续密切关注全球金融市场的发展，并将根据特定时期的特定市场环境，制定使用上述互换工具的实施细节，并立刻启动互换。

瑞士央行表示，该行已经决定与其他五大央行就货币互换展开合作。根据多边货币互换协议，瑞士央行将按要求向其他各大央行提供瑞士法郎，同时，允许瑞士央行在现存与美元互换操作的基础上，向瑞士银行业提供美元之外的其他货币。当然，从目前情况看，瑞士尚无须激活相关的互换操作。

英国央行指出，现存的临时性货币互换安排已经有效地纾缓了金融市场的压力，并减轻了这种压力向实体经济的传导。主要央行间长期互换安排将继续作为谨慎的流动性最后防线而发挥作用。

日本央行认为，业已存在的以美联储为中心的临时性互换协议，在帮助减轻金融市场压力并减弱其对经济景气的影响方面，已经发挥了积极作用。为了促进本国货币市场操作，并确保金融市场稳定性，日本央行决定对流动性互换协议作出修正，将之扩大到其他五国央行，并将临时性安排延长为长期协议。目前签署的长期协议将继续作为审慎流动性支持而发挥作用。日本央行称，根据修正之后的流动性互换协议，通过美元基金供应操作所提供的贷款利率会在当前情况下维持不变。

在全球金融危机即将进入第七个年头之际，全球六大央行联合推出货币互换升级版，清晰地向我们揭示了四个极端重要的动态：

其一，鉴于央行间货币互换是应对巨大外部冲击的最终救助手段，六大央行间货币互换升级，无非预示了两种可能：或者，危机将在近期内进一步恶化，因而需未雨绸缪；或者，主要央行已经准备在最近某个时候开始"量宽退出"，为应对可能出现的长期、巨大且高度不确定的冲击，同样也须做好预案。

其二，一张以美联储为中心、主要发达经济体央行参与的排他性超级国际储备货币供求网络已经形成。这个网络事实上已将发达经济体的货币供给机制内在地连为一体。特别值得注意的是，货币互换不仅涉及互换国之间的货币流动，而且涉及彼此间货币的汇率安排，进一步则涉及互换国之间宏观经济政策的深度协调。换言之，完备的国际货币体系必备的三大构成要素，即储备货币选择、汇率制度安排和国际收支协调机制，在互换网络中均有明晰的对应体现。这种安排的长期性、无限性和多边化，十分清晰地显示出发达经济体对于未来国际货币体系发展趋向的偏好。换言之，主要央行间建立长期稳定的货币互换网络，或许就是未来国际货币体系的基本架构。

其三，自2011年开始，也是在发达经济体之间相继展开的《跨太平洋伙伴关系协定》（TPP）、《跨大西洋贸易与投资协定》（TTIP）、《多边服务业协议》（PSA）以及《日欧经济伙伴关系协定》等的谈判，正在编织一张由发达经济体结成的超级实体经济网络。这两张网络虚实相济，组合成一个完整的由发达经济体组成的新的排他性"神圣同盟"，包括中国在内的广大新兴经济体和发展中国家再次被边缘化了。

其四，从全球治理格局来看，在经贸等实体经济层面，以世界贸易组织为代表的原有治理机制可能被空置，多哈回合可能无限地拖延下去，至多无疾而终；取而代之的可能就是 TPP 等新的超级自贸区蓬勃发展。在货币金融层面，以 IMF 为代表的原有治理机制也会被不断冷遇，围绕着它的诸项改革也将变得虚与委蛇，取得不了实质性成果；取而代之的，将是发达经济体央行之间在货币互换平台上的协同一致。超级自由贸易区加超级储备货币供求网，这个经济上的神圣同盟将主宰全球治理机制的未来发展方向。

第二篇

全球失衡：实体经济视角

第二篇

导　　语

从实体经济层面研究全球经济失衡，主要的入手处就是全球分工格局及其变化。这里通行的是经济发展的基本逻辑：没有分工，就没有交换，没有交换，失衡便无从产生。

国际分工的历史可以追溯到15世纪。自那以来，全球贸易分工模式、经济失衡及再平衡，大致经历了三个阶段。

在18世纪以前，分工和贸易还处在非常初级的阶段，产品生产还没有形成复杂的产业链和价值链，各国的收入水平和技术水平差距不大，国际分工大致处在一种"互通有无"的状态上。同样重要的是，那时信用货币并不流行，国际金融市场也不发达，贸易逆差必须直接用贵金属清偿。对外失衡必须用"硬通货"去平衡的硬约束，使得全球失衡的规模不可能很大，亦不会持久。

在19世纪的"百年和平"时期，由于工业革命率先在以英国为首的西方国家展开，各国的技术差距和收入差距迅速拉开，少数西方国家取得了骄人的增长实绩，其他多数国家则基本陷入停滞。此间国际分工的基调是工业国和农业国的分野，贸易则是工业品同粮食和原材料的交换。国际金融和服务业在这一时期发展迅速。英国作为"中心"国家，其商品贸易出现了长期逆差。然而，依靠服务业发展、英镑的国际储备货币地位和大规模的海外投资，"日不落帝国"有效地维持了失衡局面。然而，一旦英镑的地位受到挑战，失衡便立刻显现出不可持续性来，最后不得不以美元替代英镑的"改天换地"方式予以强制性平衡。英镑在全球经济舞台上的这段盛衰史说明，掌握全球货币霸权的国家，可以利用其特殊的融资地位，缓释从而延长以其为逆差一方的全球经济失衡；自然，一旦货币霸权受到挑战，失衡便会迅速转变为危机。

20世纪中叶以后，国际分工模式向着更复杂的方向发展，全球生产的一体化程度大大提高。同时，各国依照各自不同的发展阶段梯度推进，形成一个多层次的分工体系。美国依靠科技和金融实力居于分工体系的顶端，并利用美元的特殊地位，通过发行美元债务来不断为自身的经常账户赤字融资，这也使得美国逐渐从债权国变成全球最大的债务国。一个新的、延续时间最长的全球经济失衡就此产生。

20世纪70年代中期布雷顿森林体系正式崩溃之后的一段时间内，美元的国际地位确有每况愈下之势。然而，自90年代以来，包括中国在内的发展中国家和新兴市场经济国家全面参与到由发达国家主导的国际分工体系中，帮助扭转了这一趋势。东亚和南亚、前苏联东欧地区，以及拉美地区，渐次成为全球最重要的劳动力供给来源。西方国家主导的全球经济这种在地域上的扩张，带来了劳动力全球化的新趋势，使全球的劳动力供应迅速增加。劳动力真正的全球化，深刻地改变了原有的国际分工格局。这些国家偏爱美元的历史传统，无意间帮助美国重新找回了霸权。

哈佛大学著名劳动经济学家弗里曼曾作过估计，如果中国、印度以及前苏联集团仍处于（西方主导的）全球经济体系之外，那么2000年全球劳动者的数量约为14.6亿。但由于这些国家加入到世界经济体系中，导致全球经济的劳工人数到2000年时增加了一倍，即从14.6亿人增加到29.2亿人。

IMF在2007年4月发表的《世界经济展望：全球经济中的外溢效应与周期》中也专辟一章分析了劳动力的全球化及其对全球经济增长及各国间平衡关系的深刻影响。通过引入出口依存度（出口/GDP）指标作为权重，对各国劳动力数量进行加权，IMF得到的结果是：全球有效劳动力供给在1980—2005年间增加了3倍。

正是这一变化挽救了美元的颓势，使得美元自20世纪90年代开始，重新登上了全球霸主地位。然而，对这一情势的误读，使得美国忽略了其发展方式和经济结构业已存在的严重扭曲，反而更大规模地使用其美元特权，引鸩止渴，日积月累，终于在2007年引发了一场百年不遇的全球经济危机。

本篇共两章。

第3章以历史为线索，分三个阶段，顺次讨论了全球失衡的内容及再平衡的过程。我们的观点是，研究全球失衡问题，可以有两条平行的线索：一条是全球分工的线索。正是分工及其变化，使得长期持续的失衡得以产生；另一条是全球储备货币沿革的线索，掌握主要储备货币供应的国家，得以将以他为一方的全球失衡稳定一段相当长时期；一旦其储备货币地位受到挑战，失衡便几乎立即演变为全球大危机。

第4章继续讨论全球失衡的实体经济基础，研究的对象是科技进步，以及由它引发的各国经济发展水平相对地位的变化，进而这些变化导致的进出口变化。这一章探讨了技术创新到技术扩散所经历的标准的四个阶段，即孕育期、导入期、拓展期和成熟期。基于此，我们指出，在科技进步的不同阶段，伴随着创业机会的盈缩，一国内部的消费和投资需求会有相当大的周期性变化。正是这种随科技创新步调变化而变化的消费和投资行为，导致一国对外贸易差额发生规模和方向性变化。换言之，科技进步构成全球失衡的又一实体经济原因，由此导致的失衡并不那么可怕，而且，其自身甚至包含着周期性均衡的因素。

3

国际分工体系嬗变与全球失衡

> 德国很快地都市化、工业化了。它逐渐有了像联合王国那样的贸易"逆"差。这引起了公众的惊慌,直到它的经济学家们解释说,进口的货物比出口多,对于一个拥有对外投资的富足的商业兼制造国来说是既正常而又健康的。
>
> ——克拉潘

> 中国、印度以及前社会主义阵营国家的加入,意味着世界上更多的人口正参与到全球经济中来(至少是潜在地)。这是史无前例的事件。
>
> ———本·伯南克(2006年8月25日)

如果说货币霸权兴衰主要反映的是全球经济的金融上层建筑的发展变化,那么,国际分工体系的演变则刻画的是全球经济实体基础层次的内在演变。在全球化日趋深化的今天,考察各经济体在国际分工体系中的不同地位及其演变,探究他们对内均衡和对外均衡的关系,考量各国从中获得的利弊得失,进而提供一个能够全面而准确地刻画全球经济总貌及其变化轨迹的图景,显然日益重要。

现代世界体系

国际分工无疑是全球化经济和全球化金融的基础,然而,在时下流行的主流国际经济学教科书中,关于国际分工及其体系演变的论述却语焉不详。全球经济是一个有机的整体这个事实,被西方主流经济学

"忽略"了。在其理论框架中，各国无非只是具有不同比较优势的平行个体，而复杂的国际分工网络则被简化为各国之间基于"互通有无"原则的商品交换和要素流动。了解了国际分工发展的历史进程便不难看出，这种观点事实上还停留在国际分工早期阶段的实践之上。

历史告诉我们，我们世代生活于其中的世界是不断发展变化的。赫尔曼·施瓦茨（2008）以收入水平变化为指标，大致勾勒出这种变化。他指出，迟至1800年，亚欧和北美的整体收入水平基本相当，最富国的人均收入至多是最穷国的两倍；到19世纪末，英美等依靠殖民起家的经济体的人均收入是亚洲和印度的10倍；到20世纪中叶，发达国家的人均收入是第三世界国家的30倍。

是什么力量塑造并推动着这一变化？这种不平等是如何形成的？理论上有两种截然不同的解释思路。

第一种是主流经济学的观点。这些分析以国家为基本单位，认为国家的贫穷或者富庶取决于该国的文化、制度、生产要素和自然禀赋等因素。与这些因素相比，各国之间的贸易和经济联系处在相对次要的地位上，充其量只不过是"互通有无"，并通过它把各个独立运行的经济主体相互联系起来。

第二种主要是世界体系论的观点。其支持者以全球经济整体为基本分析单位，强调全球经济系统的整体性功能和不同组成部分的角色分工。这些理论用"中心"和"边缘"的对立及其相互转化来对全球的系统结构进行刻画。

在主流经济学看来，贫穷和富庶基本上是各国独立造就的，可以而且唯有通过其自身的发展策略转换予以改变。而在世界体系论者看来，贫穷和富庶正是整个全球经济体系的整体呈现，穷国和富国是这个系统的不同组成部分，有着不同的分工和职能。更重要的是，在这个世界体系中，中心和边缘的关系总是处在复杂的动态调整过程之中。

这两种解释思路当然各有其合理的层面，但在我们看来，世界体系论显然更接近经济的现实：它将处于不同发展阶段经济体之间的分工、不平衡和互动关系刻画得更为透彻，对于分析认识当前仍在蔓延的全球经济危机，更有着不可替代的实践针对性。

世界体系理论是由美国学者伊曼纽尔·沃勒斯坦（1998，2000）

在 20 世纪 70 年代提出的。该理论以整个"世界体系"为分析单位，这是一般"主流"经济学分析所不具备的视野。沃勒斯坦指出，人类历史虽然包含着不同的部落、种族、民族和国家的历史，但是，这些历史并不是孤立发展的，而是在相互联系中发展和演变的；在这种联系和互动中，形成了一定的"世界性体系"。16 世纪以前，这一体系主要表现为具有单一政治中心的"世界性帝国"。16 世纪以后，开始以西欧为中心形成"资本主义的世界经济体"，它有一个自成一体的经济网络，却没有一个统一的政治中心。

世界体系理论探讨了民族国家层面的国际分工情况，这为进一步的经济分析提供了良好的基础。分工概念无疑在经济分析中占据极端重要的地位，然而，主流经济学对国际分工体系的探讨却非常薄弱。世界体系理论多少可以弥补这方面的不足。在世界体系论者看来，资本主义世界经济体系从最初开始就不是在单个国家孤立出现的，而是以一个世界体系的形式整体呈现和发展的。并且，这一体系由中心区、半边缘区和边缘区三层结构组成，每层区域具有不同的特点，承担着不同的经济角色，更重要的是，这几个区域在全球经济中的角色也处在不断变化之中。

世界体系论者大多是严肃的历史学家，他们通过较长历史跨度的分析，探究世界体系运行的历史规律和动态特征。这种细致而扎实的长跨度历史分析，正是很多经济学研究所缺乏的。继沃勒斯坦和他的四卷本巨著《现代世界体系》之后，这个领域涌现出很多优秀的学者和作品，比如萨米尔·阿明（2000）的《不平等的发展》、贡德·弗兰克（2008）的《白银资本》等。最近，这些经济历史学家们讨论的最热门问题之一是，18 世纪以前，欧洲是否是世界体系的中心？世界体系的历史究竟是 500 年，还是更长，比如说 5000 年？然而，尽管观点莫衷一是，多数学者至少已在两个方面形成共识：第一，世界体系在全球扩张过程中，不断把外围地区融合进来，并使之成为国际分工体系中居于边缘位置的一环。第二，世界体系不是一成不变的，其内部有正向和负向两种演变倾向：边缘地区可能上升为半边缘地区，半边缘地区也可能上升为中心地区；同时，中心地区的地位也可能下降，成为半边缘地区，进而，半边缘地区也可能下降成为边缘地区。

世界体系理论和主流经济学的最大分歧在于，它在全面刻画这种全球生产网络和分工格局的同时，强调了其不平等性。主流经济学的自由贸易理论的支持者认为，自由贸易可使参与双方均获得贸易利益，因此贸易是公平的。然而，国际贸易实际上是以国际分工为前提的，而这种分工可能起初就具有不平等性。沃勒斯坦（1998）指出，国际分工是包含各种职能性任务的层级体系，其中，需要较高水平技能和较大资本含量的任务由较高层级的地区承担。而且，这种职能性技能的不均衡分布具有很强的自我维持之势，市场力量更多的是强化而不是削弱这种不平衡。因此，世界经济体的发展进程趋向于在本身发展过程中不断扩大不同地区间的经济和社会差距。"依附理论"代表人物之一的阿明（2000）更是一针见血地指出："'不发达'是资本主义扩张的产物。"

在我们看来，世界体系理论以及与其颇有渊源的"依附理论"，关注到了被主流经济学有意或无意忽视的国际分工及其不合理性等内容。就其更全面、真实地刻画了现实世界的运行而论，它们为我们提供了对现实经济世界更深刻、更准确的分析框架。

鸟瞰 600 年

理论上说，国际贸易和国际分工是同一枚硬币的两面。从这个角度立论，国际分工的历史可以追溯到 15 世纪。如此漫长的历史跨度，根据国际分工形态的不同，大致可划分为三大阶段："白银资本"时代、资本主义主导的"百年和平"时代和两次世界大战以及跨国公司时代。

国际分工的第一个阶段称为"白银资本"时代（1400—1800 年）（弗兰克，2008）。这一历史分期打破了传统的"欧洲中心论"，一方面，它将全球化的历史上溯到中世纪；另一方面，强调了亚洲（主要是中国和印度）在西方世界兴起前对全球发展起到的重要作用。无疑，分析视野如此拓宽，也丰富了我们对于前工业化社会全球贸易与国际分工的认识。由于工业革命尚在中世纪黑暗的襁褓中酝酿，这一阶段的全球分工主要是农业内部的分工，而且以"互通有无"为基本格局。这个阶段分工和贸易的特点是：其一，国际贸易还处在非常初级的阶段，产品生产还没有形成现在所谓的产业链，各国的收入水平和技术差距并不大，国际分工大致是水平分工而非垂直分工。其二，信用货币并不流行，贵金属是清偿贸易逆差的最终手段。因此，那时并不存在如今让人谈虎色变的"全球经济失衡"，因为，各国间的贸易差额规模既小，又难持续较长时间。其三，对于很多国家而言，例如当时的中国，从事国际贸易，参与国际分工的主要目的，并非交换寒能衣、饥能食的物品，而是获取作为货币材料的白银和黄金。如果要从经济规则层面谈论国际分工体系的公平性的话，那么，这一时期堪称最为公平。如果要说存在不公平，那就是某些国家可能通过战争和暴力等非经济手段对其他国家进行赤裸裸的掠夺。

工业革命和资本主义制度的确立，开启了国际分工的第二阶段，大致包括"百年和平"①（1815—1914年）时期及此后的两次世界大战。此间的国际分工已经发展为工业与农业之间，以及产业之间的分工。基于这种分工之上的贸易，就是核心工业国和边缘农业国在工业制成品与农产品、原材料之间的贸易。应当说，正是新兴的资本主义创造了真正的世界经济体系。该体系由中心区、半边缘区和边缘区三层结构组成，每层区域具有不同的特点，承担着不同的经济角色。工业化的"中心区"国家拥有强大的国家机器，是世界体系的规则制定者和市场运行的控制者。它们利用仍然处于农业国地位的广大"边缘区"提供的原材料和廉价劳动力生产制成品，然后再销往边缘区赚取利润。"边缘区"国家一方面以"自给自足"的基本格局维持着其庞大人口的基本生存，另一方面则向中心区提供原材料、初级产品、廉价劳动力来参与国际分工，并通过自己庞大的商品市场来享受工业化的成果。半边缘区既具有中心区的特点，又具有边缘区的特点，通常是一些正在兴起的边缘社会或正在衰落的中心社会，它们是一个世界经济体系不可缺少的结构性因素，扮演着中心区和边缘区两极分化的过渡地带，具有稳定世界体系的作用。

第二次世界大战结束之后，全球经济分工进入了第三个阶段。这个

---

① 从1815年拿破仑战争结束到1914年第一次世界大战爆发，除了殖民战争之外，英国、法国、普鲁士、奥地利、意大利以及俄国等欧洲强国之间没有爆发过长期的全面战争。卡尔·波兰尼（2007）将这段时间称为"百年和平"。

历史进程主要是由跨国公司推动的。跨国公司是真正的"国际公民"，它们的兴盛对于全球化发展的革命意义，在于超越了国家的和民族的疆域界限，使分工的结构和范围跨越了产品的僵硬外壳，进入到产品内部各生产程序。跨国公司的发展确认，市场和企业都是交换的组织形式，而企业无非是将市场内在化而已。因此，企业和市场之间存在着替代关系。企业从事跨境直接投资而不是选择国际贸易，是因为企业的内部交换较之通过市场的交换更有效率。市场越是不确定，企业通过内在化市场交易来行使市场职能就越有效率。纵向合并是利用这种优势的适例。在这种情况下，企业通过控制从物资供应到产出销售等功能独立的各个环节，并将这些环节配置到全球最具比较优势的国家，来达到取得最大利润的目的。跨国公司推动的产品内分工的生产体系，使得各经济体分布在产品内分工的不同区段，在全球生产链和价值链的大框架下进行合作和利益分配。产品内分工模式的形成，是一系列科技进步和制度变革的综合结晶：生产技术的进步使得价值链可以被分割成细小的、可转移的零部件；通信和运输技术的创新使得各国间的时空距离更加缩短，并使得速度、效率明显提高，协调成本大为降低；各国采取的贸易自由化政策，则大大降低了贸易和投资壁垒等。基于产品内贸易的国际分工在东亚地区体现得最为明显。大致说来，东亚生产网络表现为，日本主要生产核心零部件，韩国和东盟五国等生产一般零部件，中国组装完成最终产品。这种新的分工格局也使得各国间的贸易差额有了更多的意义。举例来说，中国对欧美的贸易顺差实际上反映的是整个东亚地区对欧美的贸易顺差，中国无非是因为在这个漫长的生产链中居于低端，从而承担着整个东亚地区对欧美的贸易收支不平衡而已。

白银资本（1800年之前）

尽管沃勒斯坦的世界体系论关注了西欧之外的其他欠发达地区，但仍以西欧为中心。弗兰克（2008）则突破了这一局限。他将研究的视野拓展到亚洲地区，并且颠覆性地提出，在19世纪之前长达400年的全球经济中，亚洲特别是中国和印度是当时世界经济的中心。这不仅打破了传统的西欧中心论,并且指出世界体系中的中心/外围关系并不是一成不变而是动态变化的。事实上,这种变化在今天仍在不断发生着。

弗兰克(2008)对1400—1800年的全球经济作了一个全景式的描述,全球贸易的旋转木马在他笔下呈现出清晰的节律,使我们得以窥见当时的国际分工和贸易失衡情况。弗兰克指出了两个确凿无疑的事实:第一,"过去确实有一个包容全球的世界范围的贸易体系和劳动分工。它把各个农业内陆和边陲地带与它们各自的地区商业中心、海港或内陆商业城市都联结在一起"。第二,在这种国际分工和贸易体系中,确实存在着贸易失衡情况。具体来说,"有四个主要地区长期保持着商品贸易的逆差。它们是美洲、日本、非洲和欧洲"。同时,"在世界经济中,最'核心'的两个重要地区是印度和中国。这种核心地位主要依赖于它们在制造业方面所拥有的绝对与相对的无与伦比的生产力"。

那么,在以中国和印度为中心的这一早期国际分工体系下,贸易是否存在失衡,如果存在,又是如何解决的呢?答案其实很简单:各国间或出现顺差和逆差当属必然,而逆差国用黄金或白银来弥补其赤字,顺差国则接受大量流入的黄金或白银。比如,中国和印度因其经济发达且物产丰饶,经常处于顺差国地位,自然的,大量的黄金和白银就都流入了这两个国家。史籍称:印度是当时世界白银的第二大"秘窖",中国则是当时世界白银的"终极秘窖"。需要强调的是,在这一时期,特别是在东方国家中,白银的货币属性及其在流通领域发挥的作用要远远超过黄金。这种现象引起了当时学者的关注。例如,现代经济学的鼻祖亚当·斯密(1974)在《国富论》中,就曾用大量篇幅来"顺便谈谈前四世纪银价的变动"。白银在当时的重要性,由此可见一斑。

"百年和平"(1800—1913年)

拿破仑战争之后,世界历史发生了一系列决定性的转折和变化,显示出大量异乎寻常的特点。

首先,19世纪是各国(地区)收入差距急剧拉大的开端。这其实就是彭慕兰(2010)所谓的"大分流"(divergence)时期。以此时期为节点，欧洲和中国走上了不同的经济发展道路。也正是因为有了始自19世纪的这种分流，20世纪的增长理论家们才开始探讨所谓收敛（convergence）问题。表3-1选择了10个有代表性的国家，列出了它们在一些主要年份的人均GDP。由表3-1可见，在1820年，最富有的国家是英国，其人均GDP是最穷国澳大利亚的3.3倍。到了1913年，最富有的国家是美国，其人均GDP是最穷国中国的9.6倍。表3-1蕴藏了很多有意思的信息，值得深入琢磨。大国百年间的荣辱兴衰，确是永恒的研究课题。

其次，与收入差距急剧拉大相伴随的，是全球经济一体化的惊人发展。在这一时期，"全球经济吸引越来越多的地区参加以西欧，尤其是以英国为中心的跨洋和跨洲的贸易和金融网络。随着英国这几十年在经济上称霸，出现了运输和通信系统的大规模改进，工业技术越来越快地从一个地区向另一个地区转移，工业生产大量增加，从而促进了开辟新的农业用地和原料来源。取消关税壁垒和其他重商主义措施，以及关于自由贸易和国际协调思想的广泛传播，意味着新的国际秩序已经出现"

表3-1　　　　各国人均GDP（1700—1913年）　　单位：1990年国际元

年份	英国	德国	葡萄牙	美国	澳大利亚	巴西	阿根廷	中国	印度	日本
1700	1250	910	819	527	400	459	—	—	—	—
1820	1706	1077	923	1257	518	646	—	600	533	669
1830	1749	1328	—	1376	848					
1840	1990	—		1588	1374					
1850	2330	1428	923	1806	1975	686	—	600		
1860	2830	1639	883	2178	2894					
1870	3190	1839	975	2445	3273	713	1311	530	533	737
1880	3477	1991	947	2880	4285	752	—			863
1890	4009	2428	1128	3392	4458	794	2152	540	584	1012
1900	4492	2985	1302	4091	4013	678	2756	545	599	1180
1913	4921	3648	1250	5301	5157	811	3797	552	673	1387

资料来源：安格斯·麦迪森（2009）。

（保罗·肯尼迪，2006）。表3-2是英国两个世纪以来在不同地区进出口价值的相对变化。显然，英国的贸易不再仅限于欧洲，而是在全世界全面开展。全球贸易的繁荣和增长在1870年以后表现得尤为突出。麦迪森（2003）指出，1870—1913年，全球出口年均增长3.4%。特别值得注意的是：几乎所有国家的贸易增长都要快于其收入增长。在我们看来，贸易增长快于经济增长，是全球化日渐深入，世界各国的联系日趋紧密的最重要表征。

表3-2 按输出地和输入地划分的英国进口和出口商品结构（1710—1913年）

单位：%

年份	欧洲	亚洲	非洲	北美洲	英国西印度	其他美洲	澳大利亚和新西兰
进口							
1710[a]	63.6	6.9	0.4	7.3	21.7	0.1	0.0
1774	46.1	11.4	0.4	12.5	29.3	0.3	0.0
1820	26.8	24.6	0.5	14.6	26.0	7.5	0.0
1913	40.7[b]	15.7	3.0	22.6	0.8[c]	9.6	7.6
出口和转口							
1710[a]	87.6	2.1	1.2	5.1	3.4	0.6	0.0
1774	58.5	3.9	6.0	21.5	10.0	0.1	0.0
1820	61.8	7.1	1.1	11.7	9.0	9.3	0.0
1913	37.4[b]	22.7	6.4	13.5	1.0[c]	8.7	10.3

说明：a 包括英格兰和威尔士；b 包括北非；c 包括所有加勒比岛国。
资料来源：安格斯·麦迪森（2003）第85页表2-23。

再次，19世纪的另一大特点就是卡尔·波兰尼（2007）所强调的所谓"百年和平"。从1815年拿破仑战争结束到1914年第一次世界大战爆发，除了殖民战争而外，英国、法国、普鲁士、奥地利、意大利以及俄国等欧洲强国之间没有爆发过长期的全面战争。波兰尼将这一结果归功于国际金融的"匿名因素"，其主要构成是那些居住在欧洲各国首都的银行家家族。由于国际贸易已经依赖于一个国际货币体系，而在全面战争中这一体系势必遭受破坏，从而国际贸易也无法进行，这对列强们是不利的，因此，在列强们可能而且愿意享受和平利益的前提下，这些同列强关系密切并游走在列强之间的银行家们成为全球经济发展和各国关系的黏合剂和润滑剂。他们成就了19世纪的势力均衡体系，也成就了"百年和平"。

综合考虑19世纪的上述三个特点，就会发现一个具有讽刺意味的问题：在欧美列强长期和平共处、全球贸易欣欣向荣的整整一个世纪里，欧美大国和其他国家之间的收入差距却越拉越大。也就是说，和平和繁荣的收益并没有为全球均衡分享。更有甚者，一边的和平和繁荣，在相当程度上可能正是另一边的战争和贫穷的原因。肯尼迪（2006）非常清晰地陈述了两个事实。第一，所谓"百年和平"是列强间的和平，而非全球的和平。事实上，这一时期"欧洲和北美征服不发达民族的战争更加剧烈了，这些战争往往是向海外世界进行经济渗透以及不发达民族工业生产份额迅速下降时欧美列强采取的军事行动"。第二，在欧美国家实现工业化的同时，经由全球贸易和国际分工，其他国家不仅仅是经济停滞，甚至出现了经济倒退，从而被固化在低层次的全球分工位置上。例如，"由于兰开夏纺织厂价廉物美的产品打入中国和印度的传统市场，使得这些国家出现了非工业化"。表3-3列出了各国人均工业化水平及其在1750—1900年间的变化。可以清楚地看到，此间，在英国的人均工业化水平由10增长到100的同时，中国却从8降到了3，印度则从7下降至1。这个变化令人震惊。依据这些指标，我们自

表3-3　　各国人均工业化水平（1750—1900年）

年份	英国	法国	德国	意大利	俄国	美国	日本	中国	印度
1750	10	9	8	8	6	4	7	8	7
1800	16	9	8	8	6	9	7	6	6
1830	25	12	9	8	7	14	7	6	6
1860	64	20	15	10	8	21	7	4	3
1880	87	28	25	12	10	38	9	4	2
1900	100	39	52	17	15	69	12	3	1

说明：1900年英国为100。

资料来源：保罗·肯尼迪（2006）第186页表7。

然会得出这样的结论：西方世界的兴起，使得中国、印度和其他非欧洲国家遭受了"相对的和绝对的双重损害"。

另外值得一提的是，在百年和平时期，作为霸权国家的英国，面对新兴工业国家美国和德国的竞争，其经济实力经历了由盛而衰的变化。以至于1900年一位德国实业家在给冯·施泰因（Von Stein）将军的信中写道："假如我们再有一百年的和平，我们就会置英国于死地。"（克拉潘，2009）

维多利亚时代

百年和平时期正好对应着大英帝国的维多利亚时代（1837—1901年）。英国的经济学家情不自禁地仔细描摹了这一时期的盛况。斯坦利·杰文斯写道："北美和俄国的平原是我们的玉米地，芝加哥和敖德萨是我们的粮仓，加拿大和波罗的海是我们的林区；澳大利亚有我们的牧羊场，阿根廷和北美西部大草原有我们的牛群；秘鲁送来白银，南非和澳大利亚的黄金流向伦敦；印度人和中国人为我们种植茶叶，我们的咖啡、甘蔗和香料种植园遍布东印度群岛；西班牙和法国是我们的葡萄园，地中海是我们的果园；我们的棉花长期以来栽培在美国南部，现已扩展到地球每个温暖地区。"（肯尼迪，2006）

凯恩斯的描述则更加细腻，他进一步深入大英帝国臣民的内心感受："伦敦的居民可以一边在床上喝着早茶，一边用电话订购这个世界上他认为合适数量的各种产品，并合理地预期有人会将它们尽快地送到他的门口；同时，他可以用同一方式将他的资产投资到全球任一角落的自然资源和新成立的企业上；如果他愿意，不需要办理护照或任何其他手续，他就可以立即获得廉价的、舒适的、可以到达任何国家或气候区的交通工具；他可以派仆人到附近一家银行的营业部去采购合适的贵金属并且铸成钱币，然后，在对外国的宗教、语言和风俗一无所知的情况下去旅行。任何轻微的干涉都会使他感到极大的委屈和惊讶，因为他视这种生活和办事的方式是一种正常的、理所当然的、永久的方式。"（麦迪森，2003）

英国的人均收入在这一时期取得了快速增长，这主要得益于三个因素：第一，技术进步，主要体现在实物资本存量的快速增长，以及劳动力教育水平的提高和劳动技能的改善；第二，劳动力国际分工的改善，使得资源配置效率提高；第三，前面已经提及的大国间的均势与和平。从国际分工角度看，英国在这一时期占据主导地位。肯尼迪（2006）把英国经济比喻成一个大风箱，"吸进大量原料和粮食，放出大量纺织品、铁制品和其他制品"。同时，"与这种有形贸易同时开展并相互补充的是航运、保险和银行等方面业务联系组成的网络"。总之，在这一时期，英国很长时间都处于全球生产和技术进步的前沿，也在产品和服务贸易中占据有利位置。

在英国自由贸易政策的推动下，这一时期不但是贸易不断繁荣的时代，而且，随着英国的大量海外移民和海外投资，这一时期也是技术迅速扩散的时代。德国和美国等后发国家，依靠从英国引进的先进技术，逐步成为英国产品的有力竞争者。马休斯等（Matthews et al.，1982）提供的数据显示，百年和平时期，英国产品出口增长率不断下降：1830—1857年的年均增长率为5.7%，1857—1873年下降为3.1%，1873—1913年则进一步下降到2%。与此同时，英国的产品进口却没有随之下降，因此，英国的贸易账户不断恶化，出现了持续逆差［如表3-4中的项目(1)、(2)］。不过，英国在服务方面却又有很大顺差，即英国的航运、商行、保险和银行等部门一直保持着强势。两者相抵，英国在产品和服务贸易上大体能够维持平衡［如表3-4中的项目(4)］。在经常账户的第三大项目"国外净收入"方面［如表3-4中的项目(5)］，英国海外投资获得的利息和利润数额巨大，而且随着再投资不断增长，英国的经常账户仍然拥有可观的顺差［如表3-4中的项目(6)］。

表3-4　　英国经常账户占GDP的比值（1855—1913年）　　　单位：%

时间(年)	产品出口(1)	产品进口(2)	服务净值(3)	产品和服务余额(1)-(2)+(3)(4)	国外净收入(5)	净投资和赠与(4)+(5)(6)
1855—1873	17.9	20.9	4.7	1.7	2.8	4.5
1874—1890	18.4	23.9	5.1	-0.4	5.4	5.0
1891—1913	17.7	23.8	4.3	-1.8	6.8	5.0

资料来源：马休斯等（1982），表14.7。

如果说大英帝国维多利亚时代的世界分工格局与以前有什么不同的话，那主要体现在日渐活跃的国际金融活动方面，包括国际借贷和海外投资。可以说，国际金融活动使得原先的全球秩序和结构完全改观。金德尔伯格（2003）注意到，拿破仑战争之后，英国的巴林兄弟银行向法国政府贷款7亿法郎，帮助法国向同盟国支付战争赔款。这笔贷款获得巨大成功，并且成为此后金融界许多成功的起点。Cuenca Esteban（2001）的研究也指出，1816—1820年，英国每年平均经常账户盈余487.5万英镑，其中160万形成国际储备，327.5万通过资本账户作为资本净流出。所以，在实体经济方面，英国是吸进原材料、放出制成品的"大风箱"，同时，其航运、保险和银行等服务部门也处在领先位置；在金融方面，英国向海外进行大量的投资和借贷，收回不菲的利息和利润。英国在产品贸易方面的逆差在1855年已经有一定规模，此后持续恶化。然而，服务贸易和国外投资收益两方面的收入足以弥补这一差额而有余，故此，英国的经常账户在这一时期总有可观的顺差。从另一方面看，英国产品贸易逆差不断扩大的一个主要原因是其他新兴工业国的竞争。英国的海外投资客观上促进了这些国家的工业发展。在19世纪末，德国和美国的产品已经完全可以和英国产品在世界市场上分庭抗礼了。

如何看待一国在产品贸易上的逆差？英国著名经济史学家克拉潘（2009）曾经提及，"德国很快地都市化、工业化了。它逐渐有了像联合王国那样的贸易'逆'差。这引起了公众的惊慌，直到它的经济学家们解释说，进口的货物比出口多，对于一个拥有对外投资的富足的商业兼制造国来说是既正常而又健康的"，人们方才释然。从现代经济学的视角看，这一论断是成立的。进口强劲表明一国内需旺盛，同时，也表明该国国民生活富足、消费能力强。只要能够通过服务贸易和海外投资收入平衡这种逆差，这一现象确实是正常而又健康的。

发生在维多利亚时代的这种国际收支复杂的平衡关系是一个绝好的案例，它不仅告诉我们，一个居于中心地位的强大国家的贸易逆差在怎样的条件下可以不损害国际经济秩序，相反，在一定程度上，它正是世界经济正常运转的必要条件；它同时也告诉我们，由于取决于诸多因素的相辅相成，这种均衡并不稳定，一旦其中某一条件发生逆转，均衡便会变为失衡，并引起全球经济格局发生天翻地覆的变化。这里显示出的逻辑，清晰地预示了大英帝国随后不久的衰败，同时也预演了20世纪下半叶以来以美国为主角的全球均衡向失衡转变的场景，更让我们对基于一国主权货币所形成的国际货币体系运转的条件、内在矛盾、转折的节点和变化的关键等，获得一个透视的眼界。

轮到美国了

"百年和平"只是一个假象。在大英帝国歌舞升平的表象背后，既有诸如中国、印度等"外围国家"的停滞、倒退与普遍贫穷，还有诸如美国、德国等昔日"小兄弟"的励精图治和对世界霸权的觊觎。诸种潜在矛盾相互激荡，终于引发了人类社会不堪回首的绵延30年的两次世界大战。

其实，早在维多利亚女王登基60周年（1897年）举办极尽奢华的世纪盛典之时，英国对世界经济的主导权已经"无可奈何花落去"，取而代之的是昔日的殖民地——美国。第二次世界大战之前，美国便已成为世界经济的新霸主；第二次世界大战尘埃刚刚落定，美元便彻底取代英镑，成为国际货币体系的新核心。

然而，历史并不因国际经济舞台主角易帜而稍改其铁律。美国取得世界经济的霸权地位之后，其国际收支也顺次经历了盈余到赤字的过程，世界则对应地经历了"美元荒"到"美元泛滥"的转换，国际货币体系也从美元独大逐渐发展到如今的多种储备货币并存的"战国"时代。

不妨根据美国国际收支诸项目的变化线索来更深入地刻画这一转变过程。图3-1描绘了1960年至今美国的经常账户及其四个子项目：商品贸易余额、服务贸易余额、国外资产净收入和单边支付。

自第二次世界大战结束至20世纪70年代之前，美国的商品贸易一直保持着顺差。这使得它积累了大量海外资产。自70年代开始，美国的商品贸易出现逆差，此后持续恶化；在2005年和2006年，其逆差甚至超过GDP的6%（2006年达到6.5%）。从图3-1可以看出，美国的

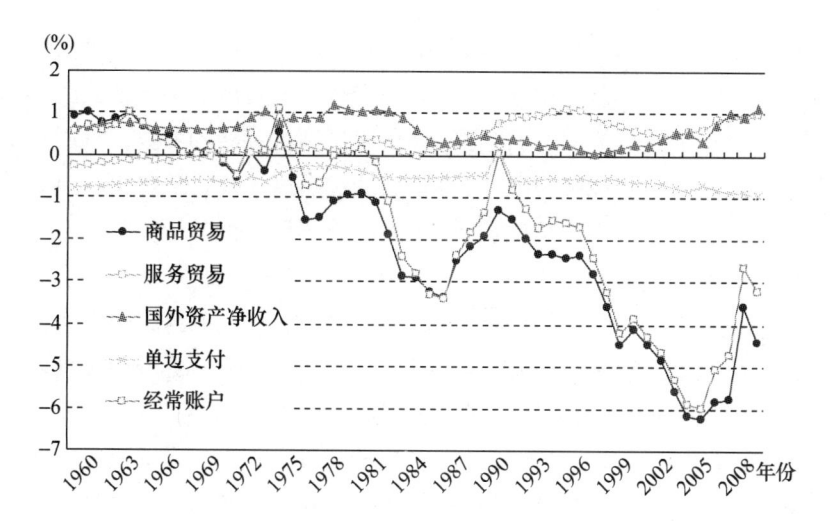

图 3-1 美国经常账户/GDP（1960—2010 年）

资料来源：美国经济分析局（www.bea.gov）。

服务贸易和国外资产净收入一直都保持顺差，但一般都在 GDP 的 1% 以内，并不足以平衡商品贸易的逆差。所以，一旦商品贸易逆差趋向恶化，美国的经常账户不久便会随之恶化。对于美国商品贸易出现逆差且愈演愈烈的现象，可以从生产和消费两个角度进行解释。从生产方面看，80 年代以前的日本和德国，90 年代的亚洲"四小龙"和"四小虎"，直至其后的中国，均先后开始在全球工业品市场上占有一席之地，并逐步动摇了美国的制造业大国地位，使其在全球工业品贸易上丧失了比较优势。由于日本、德国、亚洲"四小龙"、亚洲"四小虎"及中国在全球工业品市场上的崛起是连续发生的，且规模越来越大，致使美国在贸易领域中的顺差一旦消失便很难得到恢复。从消费角度分析，美国素来鼓励居民消费，其住户储蓄率一向保持在 7% 左右，最高不超过 10%，而服务业特别是金融业的高度发展，更为这种高消费倾向提供了实现的条件。如此日积月累的结果是，美国的储蓄率持续走低，负债消费渐成恶习。

与当年的英国相同，美国也利用其服务业和海外投资的强势来换取全球的资源和产品，并运用这些项目的顺差平衡商品贸易的逆差。然而，20 世纪 70 年代之后，当其贸易账户逆差显示出持续的迹象之后，这种游戏便显示出难以为继的迹象。这可能与两国对于外部世界的态度有关。在相同的阶段和相同的状况下，对世界开放的英国可以大量向外移民，同时输出劳动力和资本。这在一定程度上缓解了国内的就业和经济扩张的压力，使得资本可以在国外获取更高的利润和收益，从而对贸易账户的逆差产生平衡作用。与英国的开放态度不同，美国人本质上是自闭的。这可能与其长期作为英国等老牌强国殖民地的经历，且自身幅员辽阔、物产丰富有关。因而，一旦国内产生就业压力，在美国那里就会迅速转化成对外的贸易保护主义行动，同时，资本的跨国流动也会受到限制，其得自海外的投资收益自然也会锐减。因此，如果说英国可以通过资本账户的对外投资来平衡其最初阶段的贸易顺差，而后，这些日积月累的大规模海外投资收益的回流又恰到好处地平衡了其霸权旁落之后的贸易逆差，美国却显然缺乏这一机制。相反，美国在其国力最强盛时期倾向于约束其资本外流，并因此于50年代末逼出了"欧洲美元"市场，其后，当其贸易项目出现逆差之后，他又倾向于利用美元的地位和国内发达的金融市场吸引外国投资进入，遂造成了债台高筑的局面，且愈演愈烈。图3-2是美国的经常账户和国际投资净头寸的走势。显然，随着经常账户转为赤字以及赤字的进一步恶化，美国的对外债务很快就超出其对外债权，并较快从债权国沦为债务国，而且债务余额越来越大。这种贸易失衡和债务增长蕴藏着巨大的风险，构成了全球经济失衡的真正根源。

如果将图3-1和图3-2结合起来分析，我们就会发现一个需要高度关注的事实：尽管自20世纪80年代末开始美国的国际投资净头寸就一直呈负数，但其国外资产净收入却一直为正，且多数年份保持在相当于其GDP1%的水平。例如，在其国际投资净头寸为负2.5万亿美元的2010年，美国的国外资产净收入竟仍高达1600多亿美元。这种现象，粗略地可以从美国资本流入流出的币种和资产形式的非对称性上得到解释。大致说来，美国的对外投资多采取非美元形式，且多为股权投资；而其对外负债则多以美元为载体，且多为债务形式。以非美元形式持有他国的股权，当可坐收他国经济增长之利；而以美元形式对外负债，则通过美元周期性战略贬值等措施，事实上可以周期性地"减债"，因而，美国债务的实际负担并不想象的那么大。

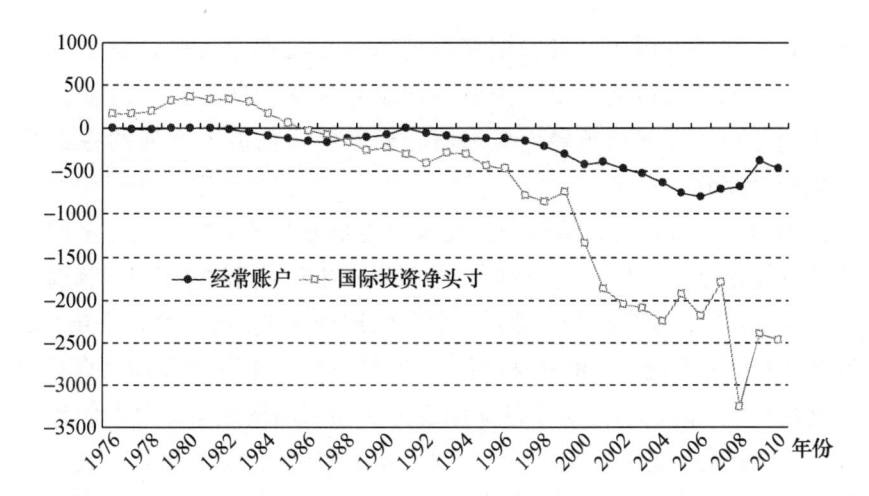

图 3-2　美国经常账户和国际投资净头寸（1976—2010 年）（单位：10 亿美元）

资料来源：美国经济分析局（www.bea.gov）。

失衡与均衡的相互转换

通过以上分析，我们大致可以勾勒出 15 世纪以来全球贸易分工模式、经济失衡和解决失衡问题的三个递进的阶段。

在 18 世纪以前，分工和贸易还处在非常初级的阶段，产品生产还没有形成复杂的产业链和价值链，各国的收入水平和技术水平差距并不大，国际分工大致处在一种互通有无的状态上。同样重要的是，那时信用货币并不流行，国际金融市场也不发达，贸易逆差必须直接用贵金属清偿。对外失衡必须用"硬通货"去平衡的硬约束，使得全球失衡的规模不可能很大，也不可能持久，各国必须小心地处理其贸易不平衡特别是逆差问题。

在 19 世纪的"百年和平"时期，各国的技术差距和收入差距迅速拉开，以英国为首的西方国家取得了骄人的增长实绩，其他许多国家的经济增长则基本陷入停滞。此时国际分工的基调是工业国和农业国的分野，贸易则是工业品和粮食、原材料的交换。国际金融和服务业在这一时期发展迅速，英国依靠服务业发展、英镑的国际储备货币地位和海外投资，轻易就解决了其长期存在的商品贸易逆差问题，及至英镑的地位受到挑战以后，由英国引致的全球失衡问题便难以持续，最后不得不以美元替代英镑而成为国际储备货币的改天换地的方式予以强制性平衡。

20世纪中叶以后，国际分工模式向着更复杂的方向发展，全球生产的一体化程度大大提高。同时，各国依照各自不同的发展阶段梯度推进，形成一个多层次的分工体系。美国依靠科技和金融实力居于分工体系的顶端，并利用美元的特殊地位，通过发行美元债务来不断为自身的经常账户赤字融资，这也使得美国逐渐从债权国变成全球最大的债务国。一个新的、延续时间最长的全球经济失衡就此产生。然而，在相当长时期和在相当大程度上，这种失衡具有可持续性。其根源在于存在着以美元为主要储备货币的国际货币体系。依托美元作为国际主要储备货币的特权，作为失衡之根源的美国可以向全世界印制美元来弥合其失衡的缺口，而其他国家不得不（在一定程度上也情愿）保有一定规模的美元作为其调节国际收支和国内经济运行的手段。但是，这种可持续是有条件的。一旦美国的失衡长期存在，失衡的规模越过一定阈值，并因而导致美元发行过滥，超出了美国财政所能支持的限度，失衡便会迅速显示出不可持续性来。这时，如果国际经济领域出现了若干足以削弱美国霸主地位的此盈彼缩的结构性变化，例如美国占全球GDP的比重持续下降，如果国际金融领域中出现了若干足以削弱美元国际储备货币地位的制度变化，例如国际储备货币的多元化不断发展，上述不可持续性便会演化为危机。我们认为，本轮全球金融危机的本质即在于此。因为美国贸易赤字已不可持续，而国际储备货币多元化的趋势已经十分明朗了。

劳动力全球化与国际分工

20世纪90年代以来，发展中国家全面参与到由发达国家主导的国际分工体系中来的潮流，引发了劳动力全球化的新趋势，使全球的劳动力供应迅速增加。东亚和南亚成为全球劳动力的主要供应区域，苏联东欧地区，以及拉美地区也成为重要的供给来源。劳动力的全球化，无疑深刻地改变了原有的国际分工格局。

哈佛大学著名劳动经济学家弗里曼（Freeman，2005）曾作过估计，如果中国、印度以及苏联集团仍处于全球经济体系之外，那么2000年全球劳动者的数量约为14.6亿。但由于这些国家加入世界经济体系中，导致全球经济的劳工人数到2000年时增加了一倍，即从14.6亿增加到29.2亿。弗里曼将这个过程称为"The Great Doubling"。弗里曼认为，劳动者数量的翻番，改变了全球经济中劳资双方的力量对比。结果是，跨国企业可以雇用中国、印度以及苏联集团的低工资劳动者或者是向其分包工作。他同时强调，在向全世界大量输送劳动力的同时，中国和印度等国的资本供给却在一个相当长时期内没有同步增加。因为无论是中国还是印度，都属于低收入国家，资本要素并不充裕；苏联帝国虽然经济发展水平和投资率更高一些，但也主要投资于军品和重工业，而不是民品或新技术。在此背景下，2000年资本/劳动力比率下降至原本数值（中国、印度以及前苏联集团仍处于全球经济之外的情形）的61%。

IMF在2007年4月发表的《世界经济展望：全球经济中的外溢效应与周期》中也专辟一章分析了劳动力的全球化。它认为，在过去二十年里，劳动力变得日益全球化。通过引入出口依存度（出口/GDP）指标作为权重，对各国劳动力数量进行加权，得到的结果是：全球有效劳动力供给在1980—2005年间增加了三倍。到了2050年，可能会继续增加一倍以上。从时间分布上看，有效供给的增加主要发生在1990年以后。通过地区分解可以发现，有效供给的增加约有一半来自东亚国家的贡献，这主要是因为劳动适龄人口的显著增加和贸易开放程度的不断提高；与此同时，南亚和东欧集团国家也对劳动力有效供给的增加起到了积极作用。在这一过程中，先进国家通过进口最终产品，将中间产品的生产外包到境外，以及吸收外来移民而利用这些不断增加的劳动力。劳动力全球化使先进国家生产成本降低、生产效率提高和物价水平长期低迷，最终综合导致劳动力报酬提高。计算表明，过去25年里，可贸易品价格的下降使先进国家产出和实际劳动报酬平均提高了6%。尽管有这些好处，但劳动力的全球化对劳动力收入占比产生了负面影响。自

20世纪80年代初以来，先进国家收入的劳动力占比平均约下降了7个百分点，欧洲国家和非熟练经济部门的下降幅度最大。

前苏东集团解体与国际分工新格局

冷战时期，前苏东集团国家实行较为封闭的内向发展战略。这些国家不但存在较为严重的贸易和投资壁垒，而且在对外移民方面也有诸多限制。所有这些，都使前苏东国家的劳动力市场与整个外部世界割裂开来。随着前苏东集团国家解体，从原计划经济体制转向市场体制，并实施对外开放战略，一支数量庞大并且具有一定专业技能的劳动力队伍逐渐出现在全球劳动大军中，并强有力地改变了全球分工格局。

根据联合国经济与社会事务部人口署对全球人口变动趋势的分析与预测，东欧国家劳动适龄人口占全部人口的比重，在2000年之前基本处于上升的趋势，从1950年和1975年的62.1%上升到2000年的63.3%，之后才会呈现下降趋势。从国际比较的视角看，至少在2000年以前，东欧国家的人口结构相较全球、发达经济体、整个发展中经济体以及发展中经济体中的东亚地区和中南亚地区而言，都处于比较有利的地位（只是在2000年，东欧国家劳动适龄人口占全部人口的比重略低于东亚地区）。

而从东欧国家人口抚养比的走势看，20世纪50年代初以来，少儿抚养比大幅下降，老年抚养比逐步上升，总抚养比持续下降。这意味着，东欧国家可以凭借人口红利在国际竞争中充分享受到低要素成本的优势。当然，从未来发展趋势看，这种格局将发生某种转变，即：人口抚养比停止不断下降的趋势，转而逐步上升并呈现加快发展趋势，这预示着劳动力供给的优势将不复存在，人口红利终将耗尽。

进一步分析，前苏东国家之所以拥有相对丰富的劳动力供给，除了人口自然增长的因素外，劳动力转移和经济转型调整也有重要的影响。

前苏东集团解体时，从事农业的劳动力在总就业人口中尚占有一定的比例，普遍都在15%—30%之间，个别国家甚至一度超过40%。这就意味着，随着农业现代化的推进和农业生产率的提高，将有庞大的剩余劳动力被释放出来，并向非农产业转移。

与此同时，在前苏东国家经济转型调整过程中，不仅存在着经济结构转型升级带来的"摩擦性失业"，也存在着企业深化改革中效率追求所引起的减员增效，这些都对就业市场形成冲击。前苏东国家转型开始后，一些国家的失业率迅即超过了10%，有的甚至达到15%—20%。这就形成了丰富的劳动力储备，确保劳动力的供给能够源源不断。

除了在劳动力数量上具有优势外，前苏东国家劳动力受教育程度与发展中国家相比也普遍较高。这主要是由于20世纪八九十年代以后，苏东国家纷纷采用了西方教育模式，中、高级教育得到了很好的普及和发展。这就显著提高了劳动者的素质。比较而言，在整个发展中经济体中，中东与北非地区、拉美和加勒比海地区，以及欧洲（东欧）与中亚地区的熟练劳动力占比均处于较高的水平。

前苏东国家供给强大的劳动力队伍足以将劳动成本控制在较低水平。利用欧盟统计局公布的小时劳动力成本数据，可以对欧盟国家内部各国的劳动力成本进行比较系统的比较分析。按照欧盟统计局1999年的定义，每小时劳动力成本由每小时直接成本和额外成本两部分构成。直接成本包括工资、加班费、轮班费和定期性奖金，还包括节假日薪金、特殊津贴，如圣诞节奖金、其他补助及实物支付等。额外成本指雇员全年收入中包含的其他成本，包括由雇主支付的各种社会保险、雇员病休期间的薪金、其他社会福利性支出及职业培训支出，等等。从表3-5可以看出，苏东国家的劳动力成本平均每小时不到4欧元，比欧洲主要工业国家中劳动力成本最低的葡萄牙还要低40%左右。

表3-5　　　　欧盟主要国家小时劳动力成本的比较　　　　单位：欧元

国别	1997年	1998年	1999年	2000年	2001年	2002年	2003年	2004年	2005年	2006年	2007年	2008年
比利时				26.61	27.89	29.17	29.58	30.3	30.62	31.43	32.56	33.66
保加利亚			1.1	1.22	1.23	1.29	1.32	1.39	1.47	1.55	1.65	1.89
捷克	2.97	3.26	3.41	3.86	4.64	5.39	5.47	5.85	6.63	7.14	7.88	
丹麦	23.4	24.63	25.92	26.53	28.54	29.06	30.3	30.7	31.98	33.09	34.74	
德国	23.3	23.6	24	25	25.6	26.2	26.8	26.9	27.1	27.6	27.8	
爱沙尼亚	2.13	2.42	2.6	2.85	3.22	3.67	4.01	4.24	4.67	5.5	6.6	7.51
希腊	9.77	9.77	10.61	10.98	11.62	12.46	13.37					

续表

国别	1997年	1998年	1999年	2000年	2001年	2002年	2003年	2004年	2005年	2006年	2007年	2008年
西班牙	14.23	14.06	14.22	14.22	13.07	13.63	14.21	14.76	15.22	15.77	16.39	
法国	22.52	22.94	23.57	24.84	26	27.04	27.68	28.46	29.13	30.08	31.06	31.78
意大利	18.92	18.3	18.68	18.99	19.27	19.99	20.64	21.39				
塞浦路斯	7.83	8.16	8.41	8.95	9.31	9.76	10.37	11.1	11.65	11.98	12.46	13.31
拉脱维亚	1.59	1.71	1.85	2.22	2.29	2.39	2.37	2.52	2.77	3.41	4.41	5.42
立陶宛	1.7	1.98	2.31	2.63	2.78	3	3.1	3.16	3.56	4.21	5.09	
卢森堡	21.26	21.56	22.52	24.48	25.39	26.21	27.02	29.97	31.1	31.98	33	33.63
匈牙利	3.15	3.02	3.14	3.63	4.04	4.91	5.08	5.49	6.06	6.34	7.13	
荷兰	19.13	20.18	21.14	22.31	23.88	25.19	26.45	27.23	27.41			
奥地利	21.93	22.02	22.71	23.05	23.65	24.13	24.98	25.32	25.72	26.01	26.33	26.5
波兰	3.38	3.73	4.05	4.48	5.3	5.27	4.7	7.74	5.55	6.03	6.78	
葡萄牙	7.4	7.6	7.99	8.13	8.6	9.1	9.6	10.2	10.6	10.97	11.32	11.73
罗马尼亚				1.41	1.57	1.67	1.6	1.76	2.33	2.68	3.4	
斯洛文尼亚	7.9	8.51	8.94	8.98	9.51	10.09	10.54	10.41	10.76	11.37	12.09	
斯洛伐克	2.61	2.91	2.76	3.07	3.26	3.59	4.02	4.41	5.33	6.41		
芬兰	20.3	20.4	21.37	22.1	23.59	23.82	24.78	25.34	26.7	27.2	27.87	29.38
瑞典	23.79	24.17	25.34	28.56	27.33	28.57	30.03	31.08	31.55	32.16	33.3	
英国	17.69	19.16	20.84	23.71	24.51	25.24	23.56	24.71	21.8	22.9	23.54	

资料来源：欧盟统计局（Eurostat）。

在看到前苏东国家丰富、低成本且具有较高素质劳动力资源优势的同时，也应看到20世纪90年代以来产业外包或离岸生产的新趋势。

随着经济全球化和新技术革命的推进，由跨国公司主导的生产要素全球化配置和产业全球化分工趋势日益明显，越来越多的跨国公司通过价值链的切片化，在全球积极寻找一种产品不同生产环节最适合的生产基地，导致国际产业转移的空间扩大、速度加快。

前苏东国家正是凭借特殊的低要素成本优势，赢得了国际资本的青睐，成为极具吸引力的外国直接投资目的国。从联合国贸发会议所统计的转型国家（主要是前苏东国家）吸收FDI的情况看，1980年以前，FDI流入量基本为零；1980—1990年间，仅有极少量的FDI流入；但自1991年起，FDI流入大幅增加，从1990年的0.75亿美元持续上升至

1997年的103亿美元。之后由于亚洲金融危机对全球资本流动的负向冲击，流入量有所减少；但2002年之后，又重拾升势，从113亿美元上升到2008年的1210亿美元。近年来，只是由于遭受全球金融危机的冲击，如此迅猛的上升势头才受到抑制（见图3-3）。

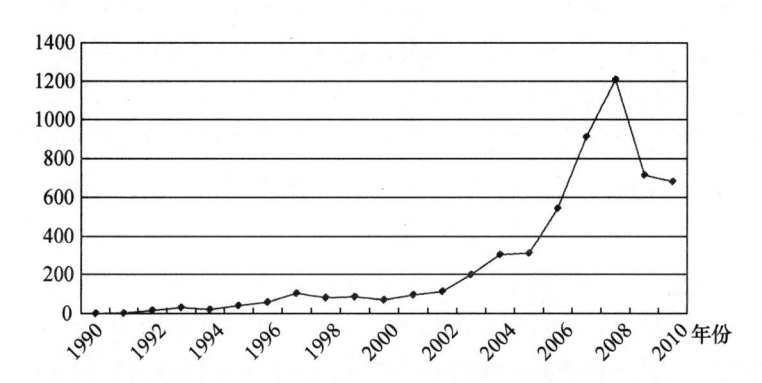

图3-3 转型国家FDI流入的变化情况（单位：亿美元）
资料来源：联合国贸易与发展会议（UNCTAD）数据库。

前苏东国家在吸引全球制造业链条加工装配环节不断转移的过程中，其制造业生产和出口都呈现快速发展的态势。从联合国工业发展组织（UNIDO）发布的竞争性工业业绩（CIP）指数的有关构成指标看，无论是人均制造业增加值和制造业增加值占GDP比重，还是人均制成品出口，20世纪90年代以来，前苏东国家都快速增长。

同时应看到的是，在国际制造业转移的过程中，除了传统的劳动密集型产品，资本、技术密集型产品的劳动密集型环节也被加速外包到生产成本较低的发展中国家，使其成为资本、技术密集型产品的加工组装和出口基地。正是在此背景下，前苏东国家中高技术出口占制成品出口的比重也普遍增长迅速。

需要指出的是，国际产业转移的重点不仅仅是制造业的加工装配环节，也包括服务业的转移。从近年来的发展趋势看，全球跨国投资更多向服务类部门集中。从流量上看，2005—2007年与1989—1991年相比，投资到服务业领域的FDI从50%上升到59%。从存量上看，服务业吸收FDI的比重则从1990年的47.4%提高到2007年的64.9%。而在全球服务业跨国转移中，研发设计的全球化、非核心服务环节的国际离岸外包（off-shoring）是近些年成长最快的领域。联合国贸发会议估计，近几年来，全球服务外包市场以每年20%—30%的速度递增。

就前苏东国家而言，由于劳动者较高的教育水平和较低的工资成本，同时由于与目标客户更为靠近，且在文化和语言上更具优势，他们逐渐成为许多欧洲企业的服务业务外包目的国。这就形成所谓服务近海外包（near-shoring）模式。在积极承接服务外包的过程中，前苏东地区服务出口快速增长，服务出口占GDP的比重也保持较高的水平。

最后，需要指出的是，前苏东国家劳动力的国际化，不仅体现在与产业转移相关的贸易领域，也体现在人口跨境流动方面。由于人均收入和工资水平上存在明显差距，加上地理位置相近，前苏东集团解体后，流入相邻欧洲国家的人口不断增加。欧盟的统计数据显示，截至2000年年底，欧盟原有成员国共接收了约85万来自中东欧国家的移民，占欧盟当时人口总量的0.2%，其中约有80%的移民定居到了与中东欧国家接壤的奥地利或德国；这85万移民中，劳动人口大约有30万人，占欧盟当时劳动力人口的0.3%。以进入原联邦德国的中东欧人口而言，1950—1979年的30年间为10.2万人，1980—1989年的10年间为10.1万人，1989年一年为37.7万人，1990年一年则达39.7万人。这就意味着，前苏东国家不仅通过吸收流动的资本要素与本地劳动力结合参与全球分工，还通过流动的劳动要素与国际资本结合参与全球分工，从而呈现出劳动/资本要素结合的双重图景。

东亚生产网络和全球价值链重组

如前所述，美国的经常账户逆差主要来源于其商品贸易逆差。如果仔细分析美国的商品贸易结构，还会有更惊人的发现。根据美国商务部对中美商品贸易逆差结构的统计，中美商品贸易中美国的逆差主要来自中国的制成品出口。2007年，该项目形成的逆差约为2700亿美元。同时，在初级产品贸易上，美国对华呈现出顺差，2007年约为125亿美元。也就是说，美国对中国主要出口原材料，中国对美国主要出口工业制成品。这种格局似曾相识。在历史上，经济霸权国家与外围地区的经济关系模式，正是前者用工业品换取后者的廉价原材料。难道中美的经济地位已经易位？遗憾的是，事实并非如此。这种现象的发生，实际上与国际分工模式的演进以及国际分工的新模式有关。

国际分工模式经历了从产业间分工到产业内分工，再到产品内分工的演变，相应的，国际贸易形式也由产业间贸易和产业内贸易最终演变为产品内贸易。跨国公司的发展在这一贸易模式的演变中发挥了革命性的主导作用。

跨国公司于19世纪末在欧美发达国家中出现，这些跨国公司的形成与其母国在此前的海外殖民扩张、资本和商品输出有直接关系。在最初的殖民浪潮之后，由于资本积累的增加，发达国家的很多大公司开始相继向海外投资，在国外设立工厂和分公司。德国的费里德里克·拜耳化学公司1863年在科隆地方建立了子公司，1865年又购买了美国奥尔班尼的苯胺工厂，成为第一家现代意义上的跨国公司。第二次世界大战之后，跨国公司通过新建投资、并购等手段向全球扩张。随着国际直接投资的快速增长，跨国公司更是建立了全球生产体系。自20世纪90年代以来，由于经济全球化和信息技术革命降低了交易成本，跨国公司得以将产品价值链进一步分解，将同一产品的不同工序、生产和服务环节拆分为不同阶段，根据不同国家在产品价值链上的资本密集、劳动密集、技术密集等不同环节上具有的比较优势，分别安排到最有利于获得比较优势或竞争优势的国家和地区，并通过产品内贸易连接，以充分利用各国的要素禀赋，并通过企业内统一的指令协调，进一步降低交易成本。这样，国际分工日益向产品内分工演变的进程，同时促进了全球价值链的不断重组。以手机生产为例，2001年年初，爱立信公司宣布，该公司今后只负责手机的技术设计和市场营销业务，并将设在巴西、马来西亚、瑞典和英国的手机制造工厂，以及部分美国工厂交由总部设在新加坡的Flextronics公司接管经营。一般而言，手机制造的价值链由研发、设计、生产、供应、营销、销售和售后服务7个环节组成，爱立信公司将其中的生产和供应环节外包，自己则控制着价值链的主要环节。

形成产品内分工模式的主要原因包括：生产技术进步使价值链可以被分割成细小的、可转移的零部件；通信和运输技术的创新使得各国间的时空距离更加缩短，并使得速度、效率明显提高，协调成本大为降低；另外，各国采取的贸易自由化政策，也大大降低了贸易和投资壁垒等。

产品内分工在东亚生产网络形成中具有重要的作用。以当前的中国、东亚与美国之间的贸易为例。20世纪80年代以来，随着美国与东亚经济体对中国大陆直接投资的迅速增加，美国、中国和东亚间形成了一个产品内分工网络。其中，美国、日本、韩国从事研发、设计等资本与技术密集型生产环节，生产并出口关键零部件；东盟与中国台湾从事生产与出口零部件系统或模块的环节；中国大陆从事劳动密集型加工组装并提供少量组件的环节；中国香港从事面向美国等海外市场的营销服务环节；而美国同时又成为最终产品的目标市场（陈继勇、刘威，2008）。表3-6的零部件贸易数据是对这一分工模式的较好反映。数

表3-6　　　各经济体之间的零部件贸易净出口情况　　　单位：亿美元

年份	中—日	中—韩	中—东盟五国	日—韩	日—东盟五国	韩—东盟五国	中—美	日—美	韩—美	美—东盟五国
1995	-56.70	-6.30	0.17	42.94	268.36	45.21	-3.63	303.99	26.55	-6.83
1998	-56.55	-14.26	-14.05	27.32	140.91	45.28	-6.02	192.44	-10.97	-33.06
1999	-76.15	-22.51	-12.67	45.13	151.32	42.53	-7.11	225.12	-15.41	-38.14
2000	-92.95	-34.65	-28.02	47.67	185.93	28.87	2.80	251.38	5.58	-34.20
2001	-93.34	-33.49	-34.82	34.9	135.17	6.75	0.53	198.27	-8.99	6.46
2002	-119.36	-47.25	-54.27	40.65	140.35	10.28	19.28	176.97	-10.95	11.28
2003	-183.69	-91.69	-104.95	46.45	140.43	13.25	46.25	187.49	-15.24	47.17
2004	-227.71	-145.55	-139.91	50.34	155.31	20.68	60.53	226.16	-4.4	34.79
2005	-233.23	-223.96	-187.21	44.05	161.64	9.66	94.49	237.71	-3.51	17.92
2006	-269.08	-263.65	-224.2	39.22	146.6	26.73	127.48	214.41	6.16	17.26
2007	-296.75	-280.81	-278.82	29.47	163.48	15.59	155.8	215.54	13.37	58.38
2008	-300.38	-254.87	-233.38	33.73	180.65	-0.69	161.18	213.82	10.24	86.44
2009	-309.27	-265.27	-191.69	40.94	157.10	-4.47	118.61	153.15	16.32	4.95
2010	-393.12	-401.66	-334.21	43.86	250.95	—	189.15	215.13	—	8.62

说明：这里零部件的统计是 Broad Economic Categories（BEC）分类方法中资本品的零部件（BEC-42）和运输设备零部件（BEC-53）之和；双方之间的净出口以"—"前显示的国家统计的数据为准（如中—日贸易，以中方统计为准）。韩国统计的对所有国家2010年的贸易数据缺失。

资料来源：http://comtrade.un.org。

据显示，中国对日本、韩国和东盟五国的零部件贸易都表现为逆差，且1995—2010年逆差均呈大幅上升的趋势。同期，韩国和东盟五国对日本也表现出了一定的逆差，但逆差程度较为稳定。

从最终产品贸易数据（见表3-7）可以看到，在东亚内部，2010年，中国对日本、韩国和东盟五国均表现为逆差；日本对韩国表现为顺差，对东盟五国则表现为逆差。这在一定程度上说明了东亚区域内中国、韩国和日本是主要的最终产品消费市场的事实。而东亚各经济体对美国都表现为顺差，其中，中国对美国的顺差近年来呈大幅上升趋势，而日本、韩国和东盟五国对美国的顺差则相对稳定；中国对美国的顺差远高于日本、韩国和东盟五国对美国的顺差的总和。2010年，中国对

表3-7　　　　各经济体之间的最终产品贸易净出口情况　　　单位：亿美元

年份	中—日	中—韩	中—东盟五国	日—韩	日—东盟五国	韩—东盟五国	中—美	日—美	韩—美	美—东盟五国
1995	51.32	-29.75	-4.22	96.50	45.18	24.43	89.73	157.25	243.44	-241.8
1998	70.40	-73.36	-14.13	5.55	-59.05	5.66	217.02	331.21	227.83	-322.58
1999	62.62	-71.68	-23.69	23.43	-59.51	0.38	232.28	397.55	296.01	-356.09
2000	94.40	-84.50	-31.03	54.85	-75.01	-21.79	295.02	463.30	378.06	-387.83
2001	114.87	-75.09	-25.94	46.10	-112.18	-13.23	280.84	389.63	313.57	-339.96
2002	69.04	-83.08	-38.57	90.19	-83.97	-9.23	408.61	438.79	329.43	-371.75
2003	36.29	-138.64	-84.49	122.58	-91.40	-13.74	540.57	387.96	343.69	-394.18
2004	19.53	-198.68	-88.94	171.77	-74.86	-26.06	743.48	423.75	430.27	-414.30
2005	69.02	-193.16	-50.89	178.10	-99.14	-18.24	1049.90	467.72	414.99	-472.62
2006	28.58	-188.37	-23.94	190.20	-147.75	-24.02	1317.39	563.72	433.20	-493.98
2007	-22.13	-192.39	33.09	240.80	-133.39	1.43	1480.41	516.61	458.84	-486.89
2008	-44.30	-127.19	73.04	266.43	-159.18	39.13	1551.40	383.85	465.01	-417.32
2009	-20.99	-223.45	48.45	211.95	-94.81	28.84	1316.79	193.98	378.03	-303.37
2010	-163.8	-294.07	-25.63	294.01	-89.36	—	1621.31	298.83	—	-281.26

说明：这里最终产品贸易净出口数据是由Broad Economic Categories（BEC）分类方法下所有项目净出口总额减去零部件贸易净出口数据得到。其他说明同表2-1。

资料来源：http://comtrade.un.org。

美国最终产品顺差是1995年的18倍，而同年中国对日本、韩国和东盟五国的零部件逆差是1995年的18倍。可以看出，中国贸易格局符合加工贸易"两头在外，大进大出"的特点（即进口大量的零部件与半成品，加工之后将最终产品出口到国外），中国对美国的贸易顺差，实际上只是总和了整个东亚地区对美国的贸易顺差而已。

我们可以通过图3-4更直观地观察东亚区域与美国的贸易模式。该图清楚地告诉我们：中国作为东亚区域生产网络的枢纽，承担着整个东亚地区对美国的贸易收支不平衡。

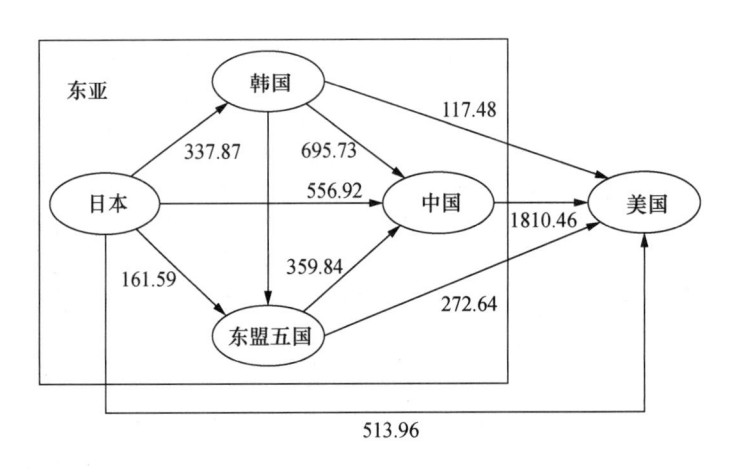

图3-4 东亚区域生产网络的贸易结构（2010年）

说明：该图数据是BEC分类方法下所有项目净出口总额，即表3-6和表3-7数据之和。

资料来源：http://comtrade.un.org。

在上述格局下，中美之间的贸易逆差若仅就两国之间的经济关系来进行分析和判断，显然过于简单和浅表，而且可能产生误导。唯有将中美两国的贸易关系置于整个全球价值链及其发展变化的框架中去分析，我们才能对这一结果有正确的理解。

全球价值链蕴涵着地区间价值分工的不平等，价值链中利润最丰厚的两端，即下游的市场营销和上游的关键零部件，往往属于核心企业或地区，中间生产部分则被置于外围企业或地区，后者的利润显然处于被压榨的状态。比如，根据市场研究公司iSuppli公布的数据，一台16G

的 WiFi 版的 iPad 售价为 499 美元。苹果公司支付给中国厂商的代工费大约是 11.2 美元，占整个成品销售价格的 2.2%，仅比 iPad 内部的铝外壳的价格 10.5 美元高一点。一个 iPad 的成本大约是 259.6 美元。售价与成本的差价 239.4 美元，这就是苹果公司的创意和设计所得。除了这种利润格局以外，iPad 的案例还揭示出中美贸易逆差存在的高估问题。iPad 在深圳组装，完成其在生产链上的最后一个环节，然而，贸易顺差却因此全部记在中国头上。不妨设想一下，如果 iPad 在美国组装，就需要从日本购买芯片，从中国台湾购买显示屏，向其他各个经济体采购零部件。倘若形成这种产业链，如今集中记在中国账上的对美贸易顺差，就会分散成为各个相关经济体对美国的贸易顺差（张辉，2006）。显然，基于目前分工格局之上的这种统计，高估了中国的顺差自不用论，它模糊了问题的本质更为严重。这很容易将人们的认识引向歧途，从而加剧了解决全球经济失衡的难度。

4

技术创新、生产率变动、全球失衡

> 国家竞争力的唯一意义就是国家生产力。竞争力指一国（或产业、企业）在世界市场上均衡地生产出比其竞争对手更多财富的能力。国家经济的升级需要生产力的持续成长。
>
> ——迈克尔·波特

上一章揭示了全球分工体系与全球失衡的关系。我们看到，两大因素决定了一国在全球分工中的地位，一个是实体经济因素，即一国的技术创新及其产业化的能力；另一个是货币金融因素，即一国的金融优势及其在全球金融体系中的地位。本章着重探讨技术创新、生产率变动与全球经济失衡的关系，下一章则集中探讨货币金融因素对全球经济失衡的影响。

创新与金融：技术变迁的宏观模型

迈克尔·波特在《国家竞争优势》中指出："国家竞争力的唯一意义就是国家生产力。竞争力指一国（或产业、企业）在世界市场上均衡地生产出比其竞争对手更多财富的能力。国家经济的升级需要生产力的持续成长。"也就是说，在全球分工体系中，一国所处的位置，在很大程度上取决于其科技实力的强弱及其相应生产力水平的高低。

生产力或生产率的重要性无论如何强调也不过分。20世纪80年代兴起的新增长理论，就将生产率或创新视为增长的根本源泉。而诺贝尔经济学奖得主保罗·克鲁格曼也曾略带幽默地指出，从长期看，生产率提高并非经济增长的全部动力，但几乎是全部动力。

上述论断的逆命题也是成立的，就是说，一个经济体或全球经济遭遇衰退或危机，归根结底也是由于生产率的衰落。20世纪70年代的滞胀危机与生产率的下滑直接相关。亚洲金融危机被认为是遭遇危机国家经济结构扭曲、缺少创新动力所致。本轮国际金融危机也和新世纪以来生产率增长的放缓有关。世纪之初纳斯达克市场的狂泻，事实上已预示了一场大危机的临近，只不过，当时人们还普遍对创新和随之而来的生产率的提高抱有信心，因此，世界在一定程度上隐忍了美国虚拟经济的繁荣和贸易逆差的恶化。然而，美好的预期并未如期而至，相反，制造业的生产率在IT泡沫以后出现了下滑，加之住房市场泡沫破灭，一场大规模的危机终于降临。

作为现实的经济过程，科技创新与金融创新几乎是一对孪生兄弟。它们密切交织，互相激动，共同发展。创新的实现固然需要强大的金融予以支撑，风险投资的故事更需要创新的素材来编织。没有科技大发展的憧憬，显然也不会有对于新经济繁荣的期待，也就没有对于风险投资的疯狂。这是一切新技术发展过程的正常现象。

我们不妨以经济史与技术史为线索来分析创新与金融之间的互动。在这一方面，佩蕾斯（Perez, 2009）的研究给我们提供了丰富的素材，从中我们可以建立起技术变迁的宏观模型。

佩蕾斯认为，从技术创新到技术扩散，一般会经历四个阶段，即孕育期、导入期（installation period）、拓展期（deployment period）和成熟期。而在不同的时期，金融资本与生产资本将会发挥不同的作用；技术变迁本身也会遭遇不同的社会经济范式，或协调或冲突（见图4-1）。

从图4-1可以看出，每一次科技创新的巨浪都有两个非常不同的重要时期，即导入期与拓展期，且每一个时期都会持续二三十年。事实上，正是这种创新浪潮的起伏跌宕，形成了科技创新的周期；而科技创新的周期则在更深的层面上影响甚至主导了经济社会变动的周期。

先来看新技术的导入期。导入期是技术创新的兴起，这时候有大量投资进入新技术领域。这些投资往往是风险投资，它们都是被新技术将可能演绎出的致富故事所吸引而进入，从而出现对于新技术的过度投资以及重大的技术泡沫。早期的铁路泡沫，以及新世纪的互联网泡沫，就

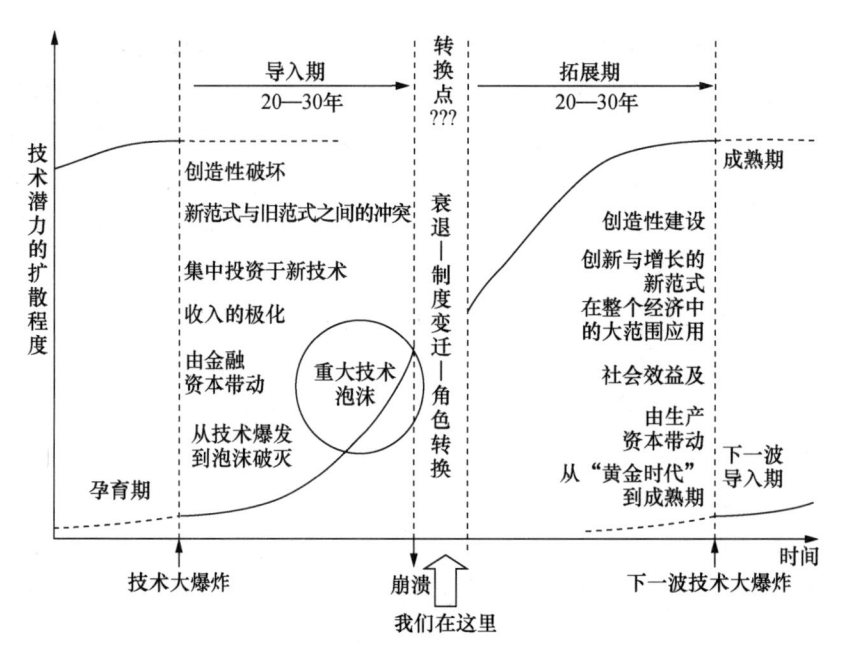

图 4-1 技术创新的不同阶段

（导入期 20—30年；转换点???；拓展期 20—30年）

纵轴：技术潜力的扩散程度
横轴：时间

导入期阶段标注：
- 创造性破坏
- 新范式与旧范式之间的冲突
- 集中投资于新技术
- 收入的极化
- 由金融资本带动
- 从技术爆发到泡沫破灭
- 重大技术泡沫
- 孕育期

转换点阶段：衰退—制度变迁—角色转换

拓展期阶段标注：
- 成熟期
- 创造性建设
- 创新与增长的新范式在整个经济中的大范围应用
- 社会效益及
- 由生产资本带动
- 从"黄金时代"到成熟期
- 下一波导入期

横轴节点：技术大爆炸 — 崩溃（我们在这里）— 下一波技术大爆炸

资料来源：Perez（2009）。

是非常典型的事例。

在导入期，金融资本取得了控制权。这主要是因为，在每次技术创新的成熟期，鉴于生产资本在原先革命性的技术经济范式下对固定资本、供销网络和管理经验进行了大量投资，并对这种成功产生了自满心理，因而锁定在那些潜力已趋于枯竭的技术经济轨道中，并顽固抵制新范式的创新。而金融资本则避免了这种锁定性联系，它本质上是灵活的、自由自在的，并且具有投机性和短期盈利倾向。由新技术革命所产生的新型企业家们只有技术能力和拓展的野心，但缺乏资金和政治力量，而这恰好是金融资本所拥有的。这就是为什么金融资本在导入期逐渐接管了经济领导权的原因。金融资本运用金融力量，包括利用金融创新，来支持新技术企业家，并对已经成为障碍的制度框架或旧范式发起挑战。同时，由于每次重大技术革命都伴随着新型基础设施的大规模建设，因此，在过去二百多年间的历次技术创新中，都出现了由金融资本所主导的对新型基础设施过度投资的狂潮，大量的资金涌入到这一过程中，从而不可避免地产生投资泡沫。

不仅如此，新技术的出现还会导致并加重收入分配的两极化。大量财富集中于新技术领域（投资者，以及其他从业者，包括那些掌握了新技术的熟练工人以及与风险投资相关的金融从业者）。这是一个"创造性"破坏的时期，新旧范式的冲突越来越明显：旧范式是服务于传统技术的，而一旦新技术出现，这种旧范式就变得不适应了，因此需要有新的范式来促进新技术的应用和发展。

再来看技术创新的拓展期。随着技术泡沫的破灭，人们逐渐醒悟到，过去引导变革的金融资本因为其投机和寻求短期利润的行为，现在已经成为经济增长的障碍。通过这种"创造性毁灭"，虽然泡沫破灭了，但新的基础设施却保留了下来，新范式逐步被人们接受了，主导产业也开始建立起来。这客观上要求生产和市场有所扩张，进入技术拓展期。不过，这种扩张要想实现，至少必须满足三个条件：一是长期投资决策要在没有股票市场压力的情况下做出，从而金融资本必须向生产资本移交经济的领导权；二是生产的扩张反过来要求需求扩大，而这种需求扩大往往要以收入分配的调整为前提，这意味着需要福利型政府政策的支持；三是为了从普遍的增长中获益，社会价值观要从个人主义的生存竞争转变为对合作和集体福利的强调。

在佩蕾斯看来，以上三点就是技术创新由导入期向拓展期转型的条件。一旦这些条件被满足，技术创新的拓展期就到来了。在拓展期，新范式所包含的财富创造的潜力被挖掘出来，产生了使整个社会普遍受益的经济增长。不过，从旧范式到新范式的转换往往面临激烈的冲突和利益的调整，包括政府与市场力量的重新平衡。在导入期强调自由放任的市场经济以及由此所导致的收入分配的两极分化（这本身恰恰也是新技术产生的激励所在），在拓展期则需要转向强调政府的协调作用和平衡功能。而只有缓解收入的两极分化，才可能满足普遍的社会需求，从而有助于推动新技术的广泛应用。

和技术变迁相对应的范式转换一直在进行着，技术创新周期某种程度上在引领着社会经济周期。回顾历史我们看到，由于技术革命的内在动力，自英国工业革命以来，大约每隔二三十年，自由市场和政府干预的地位就像钟摆一样向相反方向摆动。

在技术创新导入期开始时，由于旧范式的束缚，经济增长放缓甚至陷入停滞。为了唤起经济自身的内在动力,自由市场意识形态开始处于上升地位。例如在20世纪70年代欧美发达经济体的滞胀危机中,所谓"凯恩斯主义的终结",导致了新自由主义的兴起。但到了拓展期开始时,这一方向就又颠倒过来。而对于自由放任的过度强调,也导致了严重的社会、经济和政治冲突。这时,只有通过剧烈的金融危机,才可能大大削弱金融资本的权力,恢复并加强政府管制的力量以及对公共福利的关注。比如20世纪30年代的大萧条就曾导致了凯恩斯主义的兴起,而本轮金融危机也使得市场原教旨主义者变得灰头土脸,政府干预在世界各地重振雄风。

从图4-1还可以观察到,当前我们正处在由导入期向拓展期转型的关键点。而能否成功转型则取决于前面提到的三个条件。我们认为,在当下,这三个条件可以适当地解读为:首先,金融资本要向生产资本移交经济领导权。在发达经济体,特别是金融过度发展的美国,需要加强金融监管,发起"金融瘦身"运动,全面启动金融去杠杆化过程;而在新兴经济体,也应强调金融要为实体经济服务。其次,必须解决好收入分配问题。"占领华尔街"运动体现出少数富人与绝大多数普通民众之间的冲突(即所谓1%对99%)。这一运动之所以在美国迅速蔓延并在很多国家得到呼应,表明收入分配两极分化问题已经是普遍性的全球问题。特别是自20世纪80年代经济全球化进一步深入发展以来,这一问题愈演愈烈。面对此状,需要政府这只"看得见"的手来发挥作用,即需要重新平衡政府与市场的力量。再次,在技术导入期对个人利益的强调,现在则要让位于对集体福利的重视。这意味着个人利益与集体福利的重新平衡。

从创新与金融之间的互动关系可以看出:一方面,金融是创新的支持力量,正是金融资本推动了技术创新进入导入期;另一方面,金融扩张也来自于科技创新的支撑,虚拟经济最终是要为实体经济服务的,风险投资的发展必须靠创新来推动。尽管美国金融部门的扩张和金融创新的发展也与放松金融管制有关,但若无科技创新揭示出美好憧憬,扩张和创新将缺乏动力;甚至即便管制放松本身,也体现出政府监管者对于科技创新故事的认同。

创新与生产率变动"纵容"外部失衡

科技创新不仅助推了美国金融业的狂飙突进，同时也提供了一种支撑，使得美国的外部失衡不致迅速达到不可持续的程度。在后面的章节中我们会指出，金融的大发展和金融优势恰恰"纵容"了美国的外部失衡。不过，从实体经济角度分析，科技创新或生产率变动，才是更为根本的影响力量。

当科技创新密集出现时，经济进入繁荣期。此时投资需求旺盛，经济形势良好，人们预期收入增长，消费需求也相应增加。该国会减少储蓄、增加投资和消费，如果国内储蓄不能满足投资和消费需求，就会从外部借入资源，从而引起经常项目盈余减少或逆差增加。随着创新放缓，以及创新的扩散结束从而进入衰竭期时，经济就会陷入衰退。此时，人们预期收入下降，致使消费减少，储蓄增加，以备将来收入下降时能平滑消费。厂商也相应会减少投资，从而导致经常项目盈余增加或赤字减少。

根据国民经济核算理论，国际收支余额可以表示为国内储蓄同投资的差额。如果该余额出现正值（顺差），即表明本国向外国提供贷款。而如果是负值（逆差），则表明本国自外国借入贷款。按此逻辑，外部失衡，无论是正向失衡还是负向失衡，都是经济主体（居民、企业和政府）根据未来的预期收入做出的储蓄与消费决策导致的结果。因此，从长期看，收入（如以 GDP 衡量）增长前景是纠正外部失衡的根本力量。因此，一国在一定时期出现逆差并不一定是坏事，相反，这也许恰恰表明人们对该国未来的收入较为乐观（Engel and Rogers，2006）。而这个收入增长的背后支撑，恰恰是科技创新或生产率变动。从这个角度看，创新或生产率变动，可能是启动外部失衡的重要因素。

20 世纪末以来的美国故事大致符合这一论断。事实上，自 90 年代以来，美国的经济增速一直高居发达国家的前列。据麦迪逊（Maddison）的数据显示，1991—2008 年，美国 GDP 实质增长高达年均 2.73%，快于英国的 2.37%，法国的 1.82%，德国的 1.69% 以及日本的 1.24%。而在长期增长的核心动力——技术进步方面,美国也表现不俗。如图4-2所示,在过去的近20年间,美国制造业劳动生产率的增长领先于日本与欧洲等发达经济体,这成为其高速增长的主要来源。又如图4-3所示,在引领"新经济"浪潮的信息与通信产业(即ICT)上,美国的相对优势更为突出(尤其在20世纪90年代中后期)。总之,整体地看,这一时期,美国虽然经历了世纪之交的IT泡沫破裂(仍可参见图4-3),

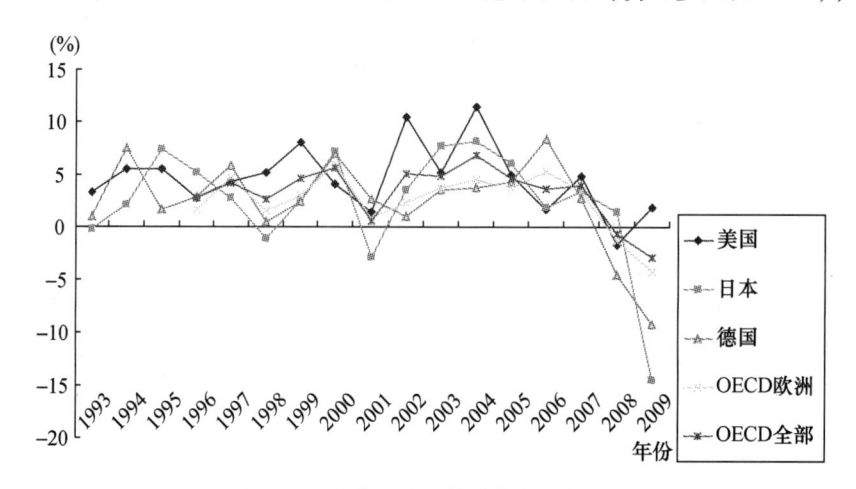

图4-2 制造业单位劳动产出年变动率

资料来源:OECD。

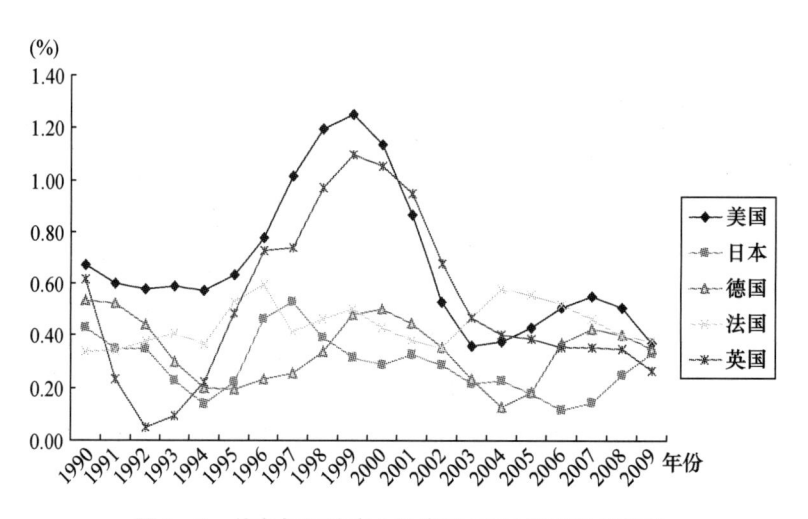

图4-3 信息与通信产业投资对GDP增长的贡献率

资料来源:The Conference Board Total Economy Database。

但其经济增长的实际表现和由技术进步反映的增长质量与潜力,都在发达经济体中显得卓尔不群。人们对美国持久繁荣所抱有的乐观预期因此也就变得顺理成章。相应的,美国人自然有充足的理由和能力坐享来自世界各地的廉价资金,为其"寅吃卯粮"式的消费埋单了。

严谨的理论分析也证实了美国的生产率变动与其外部失衡的密切关联。例如,Glick 和 Rogoff(1995)的一项早期研究表明,一国整体经济的生产率(如以全要素生产率衡量)每上升 1 个百分点,就会使该国经常项目余额占 GDP 的比重减少 0.15 个百分点。Bussiere 等(2005)[①] 以美国生产率水平提高为线索来探寻其经常项目赤字的原因,认为美国生产率的增长,提高了美国资产的预期回报率,促进资本流入使得美元币值升值,进而产生经常项目持续赤字。Cova 等人(Cova et al.,2009)进一步区分了贸易部门和非贸易部门的生产率变化对外部失衡的不同影响。根据所谓巴拉萨—萨缪尔森效应(Balassa-Samuelson effect),相对于其他国家,当本国可贸易品部门的生产率进步快于其非贸易品部门,非贸易品的价格会上升,导致本币升值。然而,相反的情形也存在,即本国可贸易品部门的生产率提高和居民对本国产品的偏好,也会引起本币贬值。因此,关于生产率变动对汇率从而对经常项目收支的最终影响,决定于以上两种力量平衡的净结果(关于此机制可参见 Engel and Rogers,2006)。在分析美国、欧洲、日本等国数据的基础上,Cova 等人发现,主要在巴拉萨—萨缪尔森效应的作用下,美国(相对外国)提升较快的非贸易部门是造成美元实际汇率升高,以及外部收支逆差加剧的主要原因。

2011 年,霍夫曼等人(Hoffmann et al.,2011)定量地揭示了收入预期同外部失衡的关系。通过构建动态增长模型并进行参数校准,霍夫曼等人发现,预期的劳动生产率变动对美国国际收支余额的影响,远远大于其他变量的影响(如经常被讨论的世界利率水平)。在图 4-4 中可以看出,如果仅仅考虑生产率预期这一因素,霍夫曼等人估计出的美国经常项目余额理论值同实际值基本吻合[②]。此外,通过对中美贸易的

[①] M. Bussierp, M. Fratzscher and G. J. Muller, "Productivity Shocks, Budget Deficits and the Current Account", *European Central Bank Working Paper Series*, No. 509, 2005.

[②] 此外,还可参考 Engel 和 Rogers(2006),以及 Bems 等(2007)等研究。

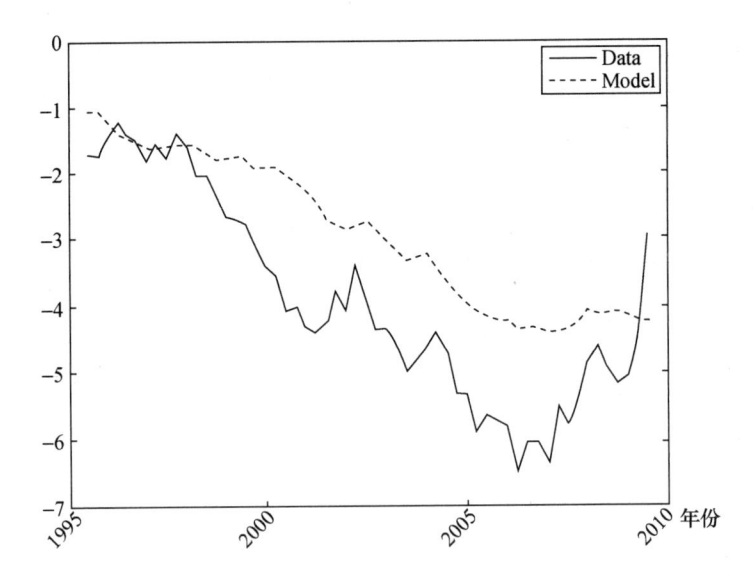

图 4-4　美国经常项目余额占 GDP 百分比的实际值与校准估计值（1995—2010 年）

资料来源：转引自霍夫曼等（2011）原文图 11。图中实线表示实际值，虚线表示估计值。

具体分析，张若雪、袁志刚（2010）认为，美国的逆差实质上是其科技创新能力较强，居于产品价值链的高端，而将加工制造等低端环节向中国等发展中国家转移的结果。因此，对中国而言，尽管处于盈余状态，其调整外部失衡的需要反而更为紧迫。

"例外"的持久繁荣？

以上分析似乎告诉我们：美国对国际收支逆差乃至外债积累的承受能力，在很大程度上取决于美国未来收入增长与技术进步的前景。更具体地讲，只要经济能长久繁荣，技术能持续进步，美国就无须担忧当前的外部失衡。但这一前提能够成立吗？

回顾历史不难发现，自脱离英国独立以来，美国凭借崭新的政治制度、丰富的自然资源、独特的地理位置，以及络绎不绝的来自世界各地的移民资源，迅速崛起，并在 19 世纪末期后来居上，超越英、法等老牌殖民帝国，成为世界第一经济强国。而自第二次世界大战以来，美国的优势更是远远超越经济层面,在政治、军事、科技、文化等诸多领域"全面开花",长时间占据"世界全能冠军"的头衔。一时间,所谓美国可以跳出大国盛衰周期宿命,保持长久繁荣的"例外论"(American Exceptionalism)甚嚣尘上。它不仅鼓舞了一代代"美国梦"的追随者,甚至还演变为某种宗教情结,深深地影响着美国社会的各个阶层。美国前总统里根就曾动情地把美国比喻为《圣经》中的"山巅的闪光之城"①,永受上帝垂青而屹立不倒。不过,事实证明,这种例外论难以成立,危机最终还是无情地降临了。

从实体经济视角特别是产业结构变迁、生产率变动以及经济增长角度,我们可以看出,美国长期外部失衡是难以持续的。

产业结构方面,美国已经进入后工业化时代。2008年,制造业占GDP的比重只有10%多一点,服务业所占比重为66%。进一步考察会发现,在服务业中,金融业特别是FIRE(即金融、保险房、地产三类)所占比重增长很快。此外,信息产业也有较快的增长,特别是20世纪90年代中期以后到2000年,占比达到4.7%(见表4-5)。

表4-5　　　　　　　　　美国的产业结构　　　　　　　　单位:%

项目	1950年	1960年	1970年	1980年	2000年	2001年	2002年	2003年	2004年	2005年	2006年	2007年	2008年
私人部门	89.2	86.8	84.8	86.2	87.7	87.6	87.2	87.1	87.2	87.4	87.5	87.4	87.1
农林采矿公用事业	11.0	7.9	6.1	7.6	4.2	4.1	3.9	4.4	4.7	4.8	5.0	5.2	5.5
建筑	4.4	4.5	4.8	4.7	4.4	4.6	4.6	4.5	4.6	4.9	4.9	4.4	4.1
制造业	27.0	25.3	22.7	20.0	14.5	13.2	12.9	12.4	12.2	11.9	12.0	11.7	11.5
信息	2.7	3.0	3.4	3.6	4.7	4.7	4.6	4.5	4.5	4.2	4.2	4.2	4.4
金融	11.4	14.1	14.6	15.9	19.7	20.3	20.5	20.5	20.4	20.4	20.4	20.4	20.0
政府部门	10.8	13.2	15.2	13.8	12.3	12.4	12.8	12.9	12.8	12.6	12.5	12.6	12.9

资料来源:美国经济分析局(BEA)。

---

① 即 A shining city upon a hill,语自《圣经》中对耶路撒冷的比喻。

从大的产业格局上看,美国制造业衰落、金融业扩张是一个较长时期的现象。数据表明,第二次世界大战结束之初,美国制造业占GDP的比重为1/4,而金融业占比仅为10%。到2008年,出现了一个大逆转,制造业占比下降到11%,而金融业占比却上升到20%(见图4-5),金融业对GDP的贡献是制造业贡献的2倍。从就业来看,制造业就业最高为1979年的2061万,到2008年下降到1315万。与此同时,金融业的就业则从1929年的141.5万上升到2008年的783万。两者此消彼长的关系非常明显(见图4-6)。

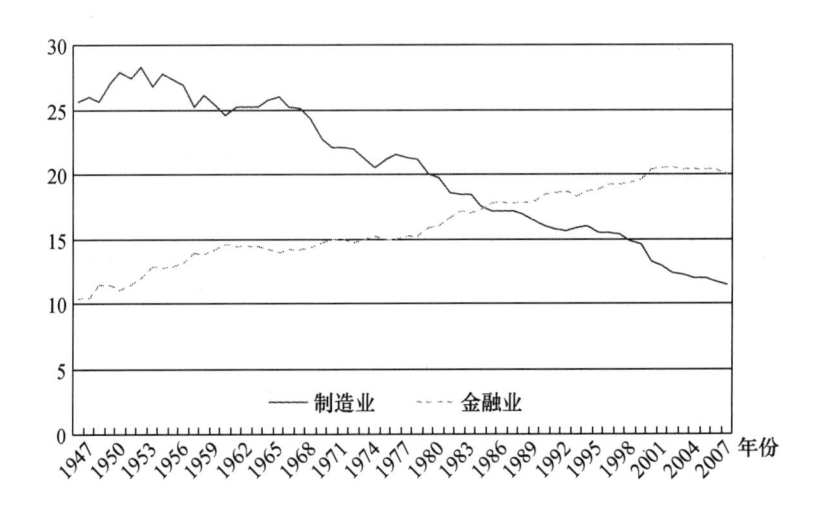

图4-5 美国的制造业与金融业(占GDP的百分比)

资料来源:美国经济分析局(BEA)。

值得注意的是,在科技创新方面,制造业的贡献要远大于金融业。尽管金融业也有创新,但根源于其虚拟经济的本性,该领域的某些创新(比如次贷以及更为复杂的金融衍生工具)有时候非但没有改善风险的配置和提高生产率,相反却可能导致金融资源误配并加剧风险。并且,金融部门的过度膨胀和制造业的萎缩,事实上体现了社会中分配性努力的加强和生产性努力的减弱,自然的,在一定程度上也会削弱实体经济中的创新动力。

生产率变动方面。在美国经济增长的黄金时代,1948—1973年,非农部门企业的多要素生产率(即MFP)为2.0,达到了历史最高水

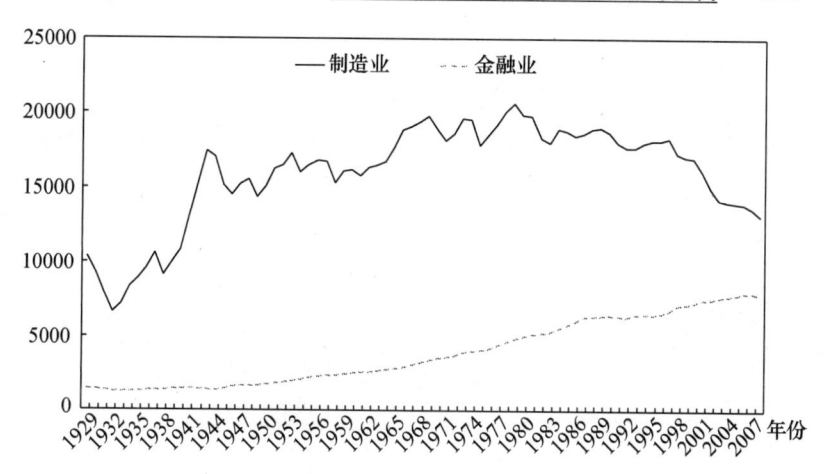

图 4-6 美国的就业状况（1929—2008）

资料来源：美国经济分析局（BEA）。

平。进入20世纪70年代的滞胀时期，直到90年代中后期新经济的繁荣之前，美国的MFP一直都居于低位，在0.4—0.5之间徘徊。1995年以后，随着新经济兴起和IT技术的广泛运用，MFP开始有大幅提高，1995—2000年，MFP达到1.1。而进入新世纪，MFP更有了进一步提高，为1.4。这为美国新世纪的经济繁荣以及外部失衡的加剧提供了支撑（见图4-7）。不过，进一步分析，这样的判断也存在问题。图4-8与图4-7的一个重要区别在于，在制造业领域，2000年以后相对于2000年以前，MFP是下降的，而图4-7中非农企业的MFP，2000—2007年是高于1995—2000年的。对这种偏差的合理解释就是，在前面的非农企业中包含了金融业的MFP。换言之，如果以制造业部门多要素生产率来衡量，MFP在新世纪（2000—2006）的下降，恰恰可以看做它不能支撑金融业扩张与外部失衡的重要因素。正是立论于此，我们将本轮危机视为生产率下滑的结果。

经济增长方面，美国的颓势日益显现。一方面，美国自身的增长势头开始出现放缓迹象。据著名经济学家戈登（Gordon，2008）的研究显示，美国实际GDP在1875—2008年的年趋势增长率（或潜在增长率）为3.42%。其中，增长最为迅速的时期为1928—1950年，年均高达5.04%。但此后几乎一路下滑，到1987—2007年，增长率已经降为2.86%。而在次贷危机初现的2007—2008年，增长率更是跌到了2%。

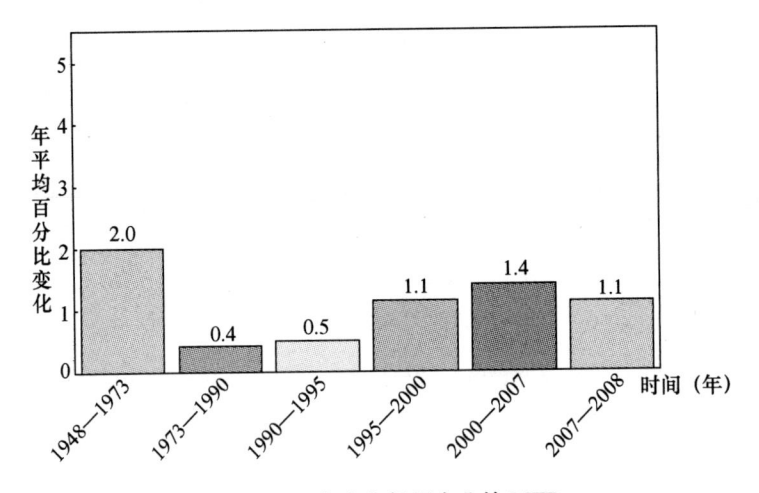

图 4-7 非农业部门企业的 MFP

资料来源：美国经济分析局（BEA）。

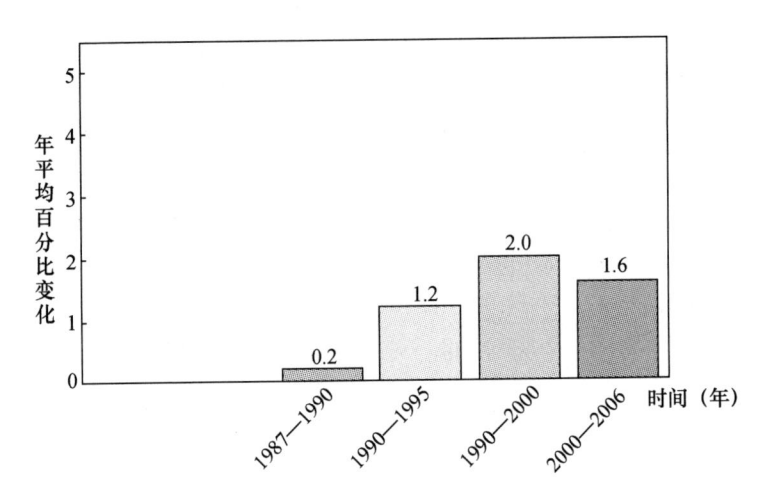

图 4-8 制造业部门的 MFP

资料来源：美国经济分析局（BEA）。

根据对劳动生产率、工时、就业、劳动参与率和人口结构等多个指标的测算，戈登进一步预测：在 2008—2028 年，美国将步入历史上增长最为缓慢的时期：其 GDP 年均增长率将放缓至 2.35%（人均 GDP 增长率为1.45%）①。此外还应注意到，戈登认为，未来二十年，随着信息与通信技术的日益普及，其对生产率的直接拉升作用将有所减弱（可参见图4-3）。美国经济的整体技术进步也会受累于此。事实上，从图4-2中可以看出，随着金融海啸的袭来，美国连同欧洲、日本等发达经济体在制造业中的技术进步已经呈现出放缓的态势。而与此同时，如图4-4所示，随着收入预期转为暗淡，美国的国际收支失衡开始得以纠正。

技术革命与经济长周期

从20世纪90年代中期以来的新经济繁荣直到2007年3月次贷危机爆发，美国所经历的这波上升周期让世人侧目。当然，其中的创新与技术进步是不可或缺的。而且，正是由于技术进步的放缓难以支撑失衡的加剧，导致了次贷危机的爆发。这是前文的基本逻辑。如果将这一逻辑链条延伸，那么我们将要面对的问题则是：在未来的技术革命中，美国将扮演什么样的角色？而这又将会形成怎样的全球再平衡前景？

我们不妨首先审视18世纪末以来的经济长周期的动态（见图4-9）。

第一次世界经济长周期的上升期出现在1795—1825年。在这次上升期中，发端于英国以蒸汽机为代表的基础技术创新以及纺织技术的发展，是其显著标志。这期间，西方社会曾经历了运河狂热以及英国的大跃进。

第二次世界经济长周期的上升期出现在1850—1873年。这主要归功于钢铁和铁路方面的革新。此次周期经历了铁路狂潮以及维多利亚时代的繁荣，但区域范围还主要局限在英国。

第三次世界经济长周期上升期出现在1890—1913年。电气、汽车制造等技术的创新，不仅使电气、汽车和化学工业快速发展，而且也推动了工业化国家产业的升级，并最终把汽车工业培育成当时的主要产

---

① 当然，美国的增长乏力有可能在长期继续下去：据美国联邦社保基金（OASDI）的预计，在2015—2085年，美国的GDP年均增速仅为2%。

第二篇 全球失衡：实体经济视角

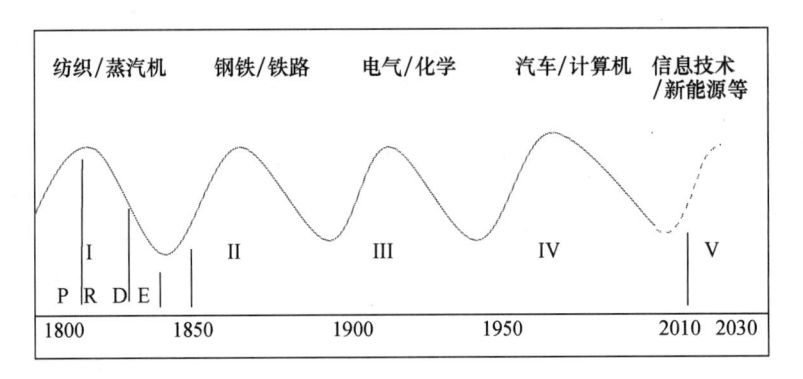

```
纺织/蒸汽机    钢铁/铁路    电气/化学    汽车/计算机    信息技术/新能源等

         I            II           III          IV              V
      P R D E
      1800        1850         1900         1950         2010  2030
```

图 4-9 18 世纪末以来的世界经济长周期

说明：P 表示繁荣；R 表示衰退；D 表示萧条；E 表示复苏。

资料来源：笔者自制。

业。这些技术创新在英国、美国、德国同时推进，创新的地域范围不断扩大，出现了欧洲的所谓"美好时代"（Belle Epoque），以及美国的"狂飙突进年代"（Progressive Era）。值得指出的是，此后，欧美发达经济体经历了第一次世界大战、大萧条和第二次世界大战。这些破坏性冲击固然终结了第三次长周期的上升势头，但也有"清洁场地"的功能，从而为第四次长周期积蓄了力量。

第四次世界经济长周期的上升期发生在 1945—1973 年。这一时期科技创新来源于更多的领域，包括电子计算机、生物、航天和新材料等领域的创新和应用，促进产业结构更加优化。这一上升期对应着发达经济体战后增长的黄金时代。从 20 世纪 50—70 年代，全球经济增速达到 5%。这是长周期中的繁荣期。后来出现了石油危机与滞胀，这可以算是一个衰退期。对于发达经济体而言，90 年代是萧条期。本来，2000 年的美国互联网泡沫的破灭，可以看做是上一个康德拉季耶夫周期的句号，但由于这个泡沫破灭的影响并没有想象的那么大，特别是，自 20 世纪末期以来，以中国为代表的广大新兴经济体全面卷入全球经济发展浪潮，使得周期得以推后。但是，该来的一定会来到，2007 年，以次贷危机爆发为起点，全球经济开始在谷底踯躅。

危机固然是一个时期的终点，同时也是一个新周期的起点。因而我们倾向于认为，以此次危机为契机，第五次世界经济长周期开始启动。

第五次世界经济长周期的上升期，将发生在 2010—2030 年（Gore，

2010）。这与佩蕾斯所谓的技术拓展期正相契合。这一时期的创新主要在于信息技术，生物技术以及新能源、新材料等方面的突破。其中，信息技术在经历了20世纪90年代中后期的繁荣发展后，将以一种全新的方式再次崛起：它将继续推展其在物理技术层面的变化，同时，将在网络化层面展示其无穷的潜力。特别是后者，出现了类似Twitter和Facebook这样的网站，这种以社交传媒（social media）为重要方式的互联网发展，代表了一种思维创新、一种人类交流方式的革命，成为当今创新的先锋。

以科技创新为根本动力的经济长周期描绘出未来的全球增长图景，而经济的失衡与再平衡无非只是长周期的节奏而已。从长周期的角度，我们认为，未来一段时间，将是全球范围内结构调整、产业重组以及新技术革命周期的一个起始阶段，在这一阶段中，全球将趋向新的均衡。在这个再平衡的过程中，新兴经济体与发达经济体在某些领域和产业发展上将处在同一个起跑线上。这使得包括中国在内的广大新兴经济体有可能抢占战略性新兴产业制高点，在未来的新均衡中占据有利位置。

仍然是新一轮技术革命正在酝酿

危机往往能催生重大科技创新和革命。为了克服危机，社会对科技创新的需求更为迫切，创新投入增加，创新战略导向更加明确，从而加快科技革命的到来。例如，1857年的世界经济危机加快了以电气革命为标志的第二次技术革命，1929年的世界经济危机以及第二次世界大战引发了以电子技术、航空航天和核能等技术突破为标志的第三次技术革命。那么，危机冲击会让美国新技术革命很快到来吗？

美国从战略层面提出新时期的国家发展要把科技创新放在最重要的位置。首先是大力发展高新技术产业，继续领军全球科技。2009年4月27日，奥巴马在美国国家科学院第146届年会上指出，20世纪美国之所以领导了世界经济，是因为美国领导了世界的创新。他进而宣布了在科学研究、创新等方面的新计划和投资，将把美国GDP的3%投资于研究和创新，这超出了美国在1964年创造的科研投资最高值，加上

7870亿美元的经济刺激计划中投向科技领域的1200亿美元，当前美国用以支撑高新产业发展的"科技新政"的支出超过了"阿波罗计划"和"曼哈顿计划"。其次是营造宽松的创新环境，美国重新审视制造业，全面推进对传统工业的高端化再造。在经济全球化的背景下，美国应成为全球经济的总部，主要从事研发、投资、教育、高端服务，将战略性竞争聚焦于"创新"、"创业"与"创造"。

其实，早在2006年，《美国竞争力计划》就已指出：美国的经济力量及其在全球范围的领导地位，很大程度上取决于生产并利用最新科技开发成果的能力。报告将这种能力归因于三类力量：科学研究、强大的教育体系和一个鼓励企业家成长、鼓励冒险与创新的社会环境。它将国家竞争力建立在两块基石上：一是科学技术；二是整体国民素质。美国科学院提出的一份咨询报告《站在风暴之上》认为，随着高级知识的全球扩散以及低成本劳动力的出现，美国在市场、科学和技术方面的优势开始受到侵蚀。如果没有强有力的力量巩固美国竞争力的基础，美国将很快失去自己的卓越地位。因此，美国的最高目标是：通过发展源于天才科学家和工程师的新工业，为全美国公民创造全新的、高质量的工作。

波特（2009）从竞争战略角度提出美国的可能转向，也强调了科技的重要性。他认为美国联邦政府忽视了以下几个重要问题：（1）对于科技方面的投入在下降。（2）对于竞争的重视还不够。对反垄断的放松，导致市场上还有不少垄断。（3）在经济金融快速发展时期，监管跟不上。（4）教育资源不能得到很好利用，物流基础设施也不完善。（5）联邦政府对于能够推动经济增长的区域分散化与专业化支持得不够。因此，美国要想重拾竞争优势，就需要在以上几个方面有大的改进或者转变。

在以上这些发展战略中，新技术革命无疑是重中之重，也是美国的生命线。目前来看，美国在短期出现新技术革命的可能性很小。主要有以下几个原因：（1）信息技术方面还可能有创新，但都不会是根本性的，而是在一些更细小的领域有所发展，有所补充，有所革新。这包括新的网络理论，网络云计算，网络安全与智能管理，人机交互与语言文字图像的智能处理，海量数据挖掘与管理，自旋电子、分子、量子器件，光电子、量子、基因计算等。（2）生物技术方面也会有创新，但生物技术与信息技术不一样，与以前的蒸汽机、电气等技术革命不一样，这些对人体来说一般是无害的，而生物技术直接涉及人体，关乎人类伦理、种族等问题，较为复杂。一项研究方案的通过可能要费很多周折，难以达成一致，从而影响创新速度。（3）低碳技术。全球变暖和人类的可持续发展，都要求我们要改变无节制耗用化石能源和自然资源的发展方式，进入资源节约、高效、清洁、可循环利用的时代。这要求在一些基本科学问题上取得突破。例如，先进可再生能源和核能的开发，高效制氢与存储技术，不可再生资源的高效、清洁和循环利用，水资源高效利用及清洁循环，生物资源开发利用，深部地球、海洋和空间资源的开拓等，总之要促进低碳技术的发展和革新。但由于涉及很多的既得利益集团，很好的想法很难形成法案，从而，想在低碳技术领域加大投资，面临重重障碍。此外，在国际上，发达国家帮助发展中国家，也存在这样那样的障碍，即存在所谓碳政治问题。从这个角度看，低碳技术进步不会很快。

再有，由于美国加强金融监管与金融瘦身运动，使得金融方面的约束和限制增加，私人部门的重大创新缺少大量资金支持。尽管美国政府有意识地在这方面加强了投入，但总体上，对于新技术的投入可能不足。

由此我们判断，短期内美国难以出现新技术革命。而新兴经济体在创新方面的实力正在显现。比如，中国在交换技术领域的领军企业华为已与瑞典的爱立信正面交锋，即便是在欧美发达国家的市场也都如此；白色家电制造商海尔则生产出了新颖、成本低廉的迷你冰箱。印度塔塔汽车（Tata Motors）推出了价格仅为 2500 美元的 Nano 汽车，定义出了低成本汽车的新标准。巴西航空工业公司（Embraer）成为世界级的小型商用喷气式飞机制造商。南非酿酒商米勒公司（SAB Miller）以本地作物高粱代替昂贵的进口麦芽，生产出了低价啤酒。甚至在商业环境特别艰难的俄罗斯，也不乏商业创新：软件集团卡巴斯基实验室（Kaspersky Laboratories）在出口世界一流的自有品牌安全软件。

与之相应的，新兴经济体的研发投入上升很快，而发达经济体则呈萎缩状态（见图 4-10）。以中国为例，中国研发支出占 GDP 的比重从 2000 年的 0.90% 提高到 2010 年的 1.75%。仅就新兴经济体而言，中国研发投入占GDP的比重已经处于最高的水平。就中国研发投入占全球的份额而言，从2002年的5%增加到2007年的接近10%，几乎增加一倍，仅落后于美国（2007年占全球研发投入的35%）和日本（2007年占全球研发投入的14%）。跨国企业也在推动新兴国家的研发，主要是在中国和印度。在西门子的3万名研发员工中，有12%在亚洲，高于5年前的7%。在中国开设研发中心的大约100家大企业中，美国软件集团微软（Microsoft）位居榜首。通用电气是在印度设立研发中心的50多家企业之一。

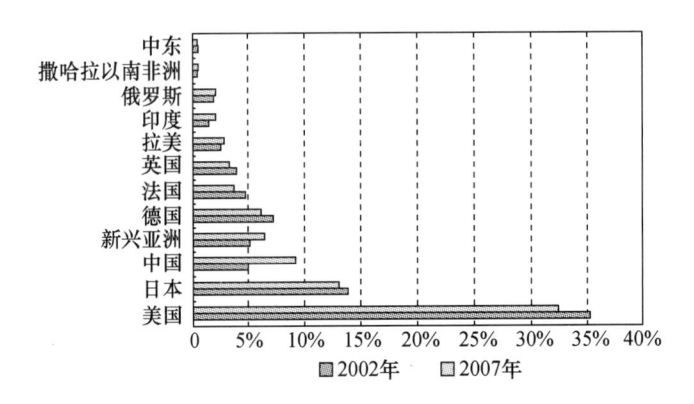

图4-10 各国（或地区）研发投入占全球的份额

资料来源：UNESCO，渣打银行研究部。

新兴经济体的创新一开始并不被看好。它们往往被扣上模仿者的帽子，这不禁让人想起20世纪70年代的情况。那个时候，人们常常对在全球市场大踏步前进的日本企业嗤之以鼻，认为它们是生产低成本、低质量产品的山寨企业。但后来，它们被视为创新者而受到了全球市场的认可和尊重。

我们认为，新兴经济体在创新领域的崛起将改变未来技术革命的路径和全球技术的版面。我们完全有理由相信，未来将不再是美国一家"独领风骚"的时代，甚至整个西方世界也将变得暗淡。美国同新兴经济体实力的此消彼长还将继续，甚至加速。特别是，新兴经济体生产率提高的速度比美国更快，新兴经济体与美国之间技术距离在缩短。鉴于科技创新是引致外部失衡的重要因素，全球技术版图的变化，将会成为新一轮全球再平衡的根本力量之一。

第三篇

从失衡到危机

第三篇

导　语

全球失衡的直接表现，是各国国际收支账户的不平衡，但是，追根溯源，各国国际收支不平衡的根源，则在于各国国内储蓄与投资的不平衡。这种对应关系，可以在宏观经济恒等式上清楚地看出来。在开放经济中，若一国储蓄小于其国内投资，该国的国际收支就会产生逆差，即需要借用他国的储蓄来实现国内宏观经济平衡；反之则相反。这种内外联系告诉我们：分析全球失衡问题并寻找再平衡之道，我们的研究视野必须深入到各国国内的发展方式及经济结构层面。

本篇顺着全球及各国的储蓄、投资状况，以及储蓄缺口及投资缺口的变化动态，对全球失衡分三个历史时段进行了更深入的分析。我们的分析显示：1973年之前，全球各国间的贸易差额关系符合经典发展经济学的理论范式；1973—1998年，由于新兴市场经济国家的崛起和美国经济地位的相对下落，全球进入了一个经济结构调整时期。此间，储蓄/投资缺口交替出现，并无明显的趋势。自1998年以来，趋势发生了与1973年之前相反的变化：发达经济体一方出现了储蓄缺口，与之对应的是贸易逆差和资本流入；而新兴市场经济国家则出现了投资缺口，与之对应的则是贸易顺差和资本流出。正是这种趋势的长期化，以及美国等发达经济体未能就造成此长期化的原因进行调整，导致矛盾日积月累，终于在2007年引发了此次百年不遇的全球经济危机。

如此看来，所谓再平衡，实质上就是要求各国下决心调整自己的国内经济结构，调整自己的经济发展方式。这显然是一项困难重重、矛盾重重的任务。正因为其困难重重、矛盾重重，所以，全球经济的恢复将延续相当长的时间。

5

内外失衡与货币霸权

> 有人依然记得,伊曼纽尔·康德1795年所写下的,国际信贷体系由单一国家操纵是"通向永久和平的最大障碍"。
> ——《纽约时报》1973年2月19日①

上两章的分析更多侧重于从实体经济层面,主要是国际分工体系与科技创新的角度来理解全球贸易与失衡;本章将从货币金融层面,特别是货币霸权角度来审视全球失衡与经济危机。

全球失衡:第二次世界大战结束以来的"故事新编"

2005年末,一个新概念开始在国内外广泛传播,这就是"全球失衡"(global imbalances)。2005年2月23日,国际货币基金组织总裁拉托在题为"纠正全球失衡——避免相互指责"的演讲中正式使用了全球失衡一词。② 拉托在演讲中指出,全球失衡是这样一种现象:一国拥有大量贸易赤字,而与该国贸易赤字相对应的贸易盈余则集中在其他一些国家。拉托还进一步明确表示:当前全球失衡的主要表现是,美国经常账户赤字庞大、债务增长迅速,而日本、中国和亚洲其他主要新兴市场国家对美国持有大量贸易盈余。

表5-1记录了1990—2010年包括日本在内的东亚经济体与美国的

---

① 《货币危机被视为只是一系列危机中的一个》,转引自赫德森(2008),第333页。
② 2005年2月23日,拉托在Foreign Policy Association主办会议上的演讲(会议在纽约召开)。

经常账户的差额。显然，所谓全球失衡，在相当程度上可以归结为东亚经济体与美国之间的经常项目失衡。

表 5-1　　东亚经济体与美国经常项目差额占 GDP 比重　　单位：%

经济体	1999年	2000年	2001年	2002年	2003年	2004年	2005年	2006年	2007年	2008年	2009年	2010年
日本	2.62	2.56	2.14	2.87	3.22	3.74	3.64	3.91	4.82	3.22	2.82	3.57
新加坡	17.07	10.86	12.88	12.89	22.70	16.97	21.11	24.82	27.34	14.58	19.04	22.21
中国台湾	2.67	2.73	6.45	8.75	9.82	5.80	4.82	6.99	8.94	6.87	11.37	9.43
印度尼西亚	3.72	4.83	4.30	4.00	3.45	0.61	0.10	2.98	2.43	0.03	2.58	0.89
韩国	5.30	2.78	1.67	1.31	2.42	4.48	2.20	1.48	2.08	0.34	3.94	2.80
马来西亚	15.69	9.05	7.85	7.96	11.98	12.09	15.00	16.44	15.92	17.48	16.50	11.82
菲律宾	-3.77	-2.93	-2.45	-0.36	0.36	1.87	2.01	4.55	4.94	2.18	5.81	4.49
泰国	10.17	7.60	4.43	3.69	3.35	1.72	-4.33	1.12	6.35	0.79	8.29	4.64
中国大陆	1.45	1.71	1.31	2.44	2.80	3.55	7.13	9.34	10.64	9.65	5.95	5.21
中国香港	6.28	4.14	5.87	7.58	10.39	9.48	11.35	12.08	12.34	13.69	8.60	6.58
美国	-3.22	-4.18	-3.86	-4.30	-4.67	-5.31	-5.92	-5.99	-5.11	-4.66	-2.68	-3.21

资料来源：IMF、IFS 相关统计。

尽管全球失衡是几年前才提出的新概念，但是，它所反映的经济事实则是自第二次世界大战结束以后、布雷顿森林体系建立以来的老故事。

前已述及，布雷顿森林体系可以被简单概括为"美元与黄金挂钩、其他国家货币与美元挂钩"的"双挂钩"制度。在这个体系中，美元占据非常独特的地位：它既是美国的货币，也是世界的货币。作为美国的货币，美元的供应必须充分考虑美国的货币政策需要、黄金储备的规模以及国内经济的运行；作为世界的货币，美元的供应则必须适应国际贸易和世界经济发展对交易手段和储备资产的不断增加的需要。美元的这种双重存在，蕴涵着深刻的内在矛盾。一方面，恰如一国之经济发展需要不断增加货币供应一样，国际经济的发展同样需要不断增加作为国际支付手段和储备资产的美元的供给；而美元的不断增加供给，唯一地只能通过美国不断产生国际收支赤字来实现。所以，从20世纪60年代开始，美国连年产生巨额的国际收支逆差并积累了巨额的国际债务。另一方面，美国长期巨额的国际收支逆差以及由之导致的美元供应的大规模增加，反过来又会对其货币的国内价值的稳定性进而对其经济的稳定性造成不利影响，并影响到美元兑换黄金的承诺。这是一个根本性的不可解决的矛盾。这个问题，被从理论上概括为"特里芬难题"（特里芬，1960）。① 可以看出，所谓全球失衡，无非就是"特里芬难题"的又一种表述而已。历史事实是，"特里芬难题"的长期存在，终于使得美国和国际社会均无法承受。所以，从20世纪70年代开始，始而是美元法定价值的不断贬值，继而是国际社会的一系列挽救行动，最终演化为整个布雷顿森林体系的崩溃。

1974年的"牙买加协议"正式宣告了布雷顿森林体系的终结。但是，与布雷顿森林体系相比，改变的是"双挂钩"，即美国放弃了维持币值稳定的承诺和各国货币相继放弃了与美元的固定汇率制，但是，国际清偿力不足的问题则始终存在——由于美元依然是世界各国公认的国际货币和主要的储备资产，全球的储备资产供应仍然需要美国不断产生贸易赤字方能解决。图5-1记录了1970年以来美国的经常项目差额占GDP的比重。可以清楚地看到，1977年以来，除了少数年份，美国的经常项目交易始终处于逆差状态，而且有愈演愈烈之势。换言之，自布雷顿森林体系崩溃之后，"特里芬难题"所刻画的全球失衡现象依然继续。

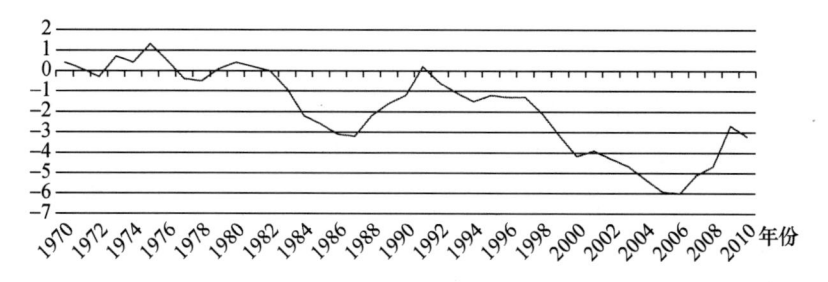

图5-1 美国的经常项目差额占GDP的比重（1970—2010年）
资料来源：美国经济分析局（BEA）。

---

① 罗伯特·特里芬：《黄金与美元危机——自由兑换的未来》，商务印书馆1997年版。

储蓄——投资视角下的全球失衡

全球失衡的直接表现是各国国际收支账户的不平衡，但是，追根溯源，各国国际收支不平衡根源则在于各国国内储蓄与投资的不平衡。从理论上说，在开放经济中，总供给由居民储蓄、政府储蓄和进口构成；总需求则由居民投资、政府投资和出口构成。根据国民收入恒等式，居民储蓄与政府收入之和等于一国之总储蓄，居民投资与政府支出之和则等于一国之总投资；一国总储蓄与一国总投资之差等于净出口。若一国储蓄小于其投资，即出现储蓄缺口，该国就会以贸易赤字形式来"进口"别国储蓄以实现宏观经济均衡；反之，若一国储蓄大于投资，即出现投资缺口，该国便会以贸易顺差形式来"出口"本国储蓄以实现宏观经济均衡。这种内外联系告诉我们：分析全球及各国的储蓄、投资状况，以及储蓄缺口及投资缺口的变化动态，是分析全球国际收支不平衡原因的主要入手处。

2005年9月，国际货币基金组织在《世界经济展望》中分析了全球及主要国家的储蓄和投资的发展变化情况。这项研究覆盖了21个发达经济体和25个新兴市场经济国家，其中包括了5个石油输出国。鉴于上述46个国家的GDP总和超过了全球GDP的90%，可以说，该项研究的结论是全面和可靠的。

这项研究显示，20世纪70年代早期，全球储蓄与投资占GDP的比重随第一次石油危机爆发而急剧下降，并持续了十余年。[1] 自80年代初期开始至90年代中期，全球储蓄与投资保持了相对平稳。90年代后半叶以后，全球储蓄与投资再次下降，并在2002年达历史最低点。2002年之后，全球进入新世纪的繁荣，全球储蓄和投资再次上升。

---

[1] 若不特加说明，本书所说的储蓄与投资均指储蓄和投资占GDP的比重。

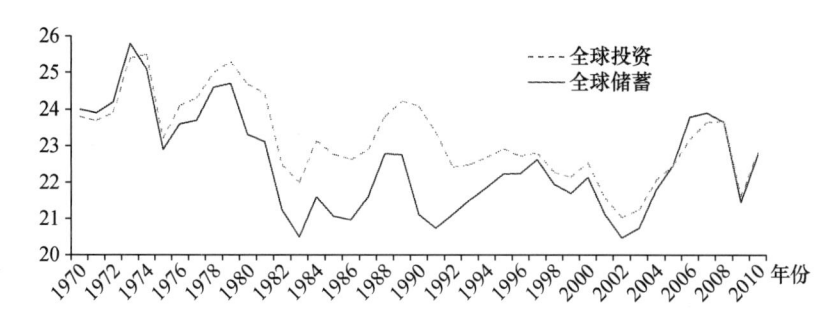

图 5-2 全球储蓄和全球投资（占 GDP 的比重）（1970—2010）

资料来源：IMF。

图 5-2 记录了 1970—2010 年全球的储蓄和投资的走势。① 分析其中储蓄与投资的相对走势是饶有兴味的。1970—1974 年，全球储蓄大于投资，与那个时期相对应的，是全球经济衰退。此后的很长一段时间，全球的投资大于储蓄，与之对应的，则是长期的世界性通货膨胀。20 世纪 90 年代后期亚洲金融危机之后，趋势发生转变，全球的储蓄与投资基本持平，此间，全球物价保持低位。从 2005 年开始，全球储蓄又超过了投资，致使流动性在全世界泛滥，此间的物价水平似无显著上涨，但资产价格却普遍飙升了。伯南克也敏锐地注意到这个现象，并在世纪初提出所谓全球储蓄过剩的观点（Bernanke，2005）。

以上所论，是全球的总走势。为了分析全球失衡现象，我们显然还必须深入到国家或国家组的层面，分析它们各自的储蓄、投资状况，以及相互之间的关系。鉴于如今被人们广泛关注的全球失衡现象主要发生在发达国家与新兴经济体和发展中国家之间，下面将主要分析它们之间的关系。

统计显示（见图 5-3），自 20 世纪 70 年代以来，发达经济体的储蓄率一直是下降的。美国、日本和欧元区各国是导致发达经济体储蓄率下降的主要原因。在日本和欧元区各国，其储蓄率的下降起初是由于公

---

① 从理论上说，合并的全球储蓄与投资应当完全相等。但是，有两个因素使得这两个指标的统计显示出差异。其一，统计误差；其二，本项研究的统计范围并未覆盖所有国家。特别是在 20 世纪 90 年代之前，由于客观上存在着一个包括苏联东欧地区、中国、朝鲜、越南等在内的社会主义阵营，而这些国家的统计既不完备，也不透明，所以，本项研究中的储蓄与投资统计表现出差异。

共储蓄率的下降,而后则主要归因于家庭储蓄率的下降。在美国,家庭储蓄下降是初期的主要原因,2000年以后,公共储蓄率下降(表现为财政赤字的增长)成为主导因素。同期,发达经济体的投资率同样处于下降趋势,只是其平均下降幅度略低于其储蓄率的下降幅度。

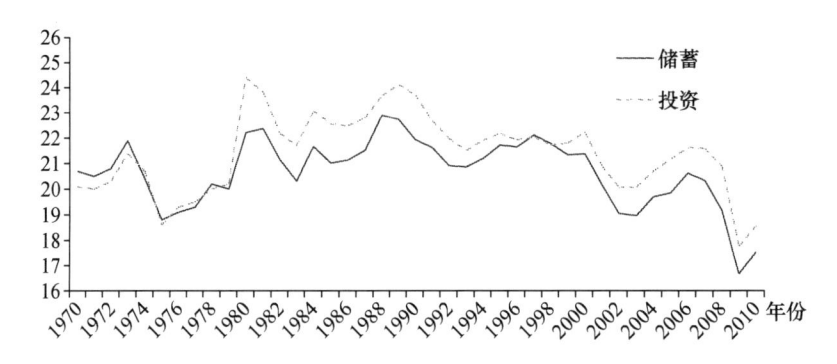

图 5-3 发达国家的储蓄和投资(1970—2010)

说明:1970—1979:发达经济体数据;1980—2010:发达国家数据。
资料来源:IMF。

在新兴经济体与发展中国家一方①(见图5-4),自1970年以来,其储蓄率和投资率在趋势上都是上升的,但是其间波动甚大。第一次波动发生在20世纪80年代中后期。拉美国家的债务危机以及苏东国家经济转型是下滑的主因。第二次波动发生在90年代末期。东南亚诸国主导了此次下滑,因为那里发生了金融危机。

从储蓄缺口的动态来看(见图5-5和图5-6),1998年之前,新兴经济体与发展中国家基本上处于储蓄缺口状态,与之对应的则是长期的贸易逆差和资本的流入,这意味着,此间,这些国家通过长期"进口"发达经济体的储蓄来促进本国经济的发展,而且确实获得了较大的成就。这种状态,比较符合发展经济学的经典理论。然而,1998年以后,缺口发生了逆转,新兴经济体与发展中国家出现了投资缺口,致使大量的储蓄流向了发达经济体。

---

① 1980—2010年为新兴和发展中国家数据。因此与之前的"新兴国家与石油输出国"的数据对接上有不一致的地方。前者涵盖的范围要大于后者,因此在数据上有一个跃迁。

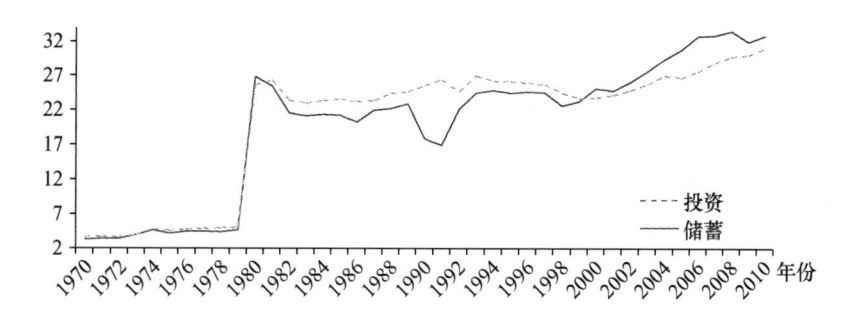

图 5-4 新兴和发展中国家的储蓄和投资（1970—2010）

说明：1970—1979 年：新兴市场经济国家和石油输出国数据；1980—2010 年：新兴和发展中国家数据。

资料来源：IMF。

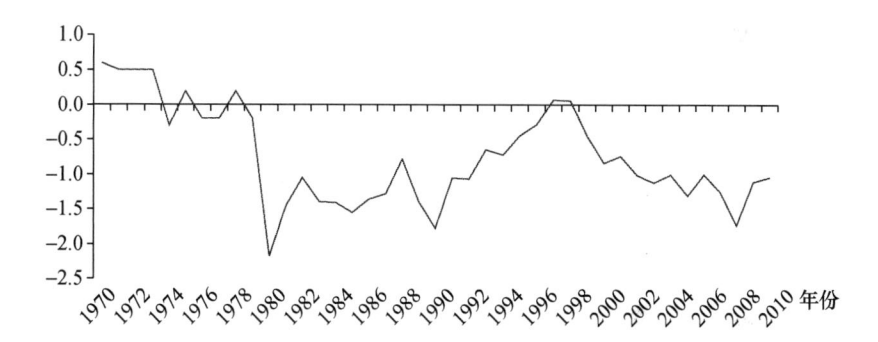

图 5-5 发达国家储蓄缺口（占 GDP 的比重）（1970—2010）

资料来源：IMF。

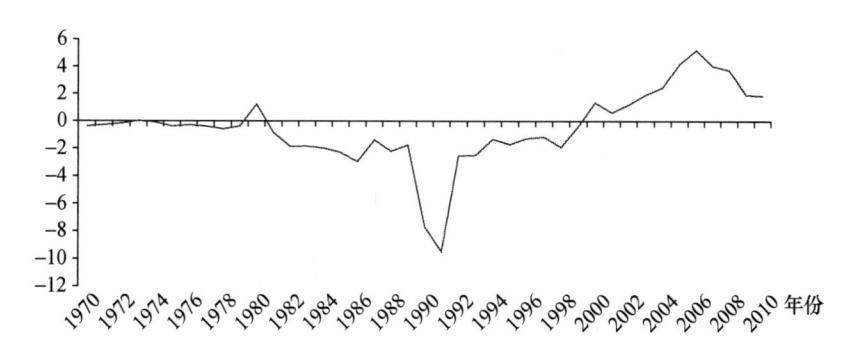

图 5-6 新兴和发展中国家储蓄缺口（占 GDP 的比重）（1970—2010）

资料来源：IMF。

20世纪70年代以来全球失衡的三个阶段

不妨总结一下,就储蓄与投资这两个最重要的经济变量的走势特别就其相互关系及其变化趋势而言,1970年以来的全球经济关系大约可分为三个阶段。

1973年之前为第一阶段。那时,发达经济体一方是投资缺口,与之对应的是贸易顺差和资本外流;在新兴市场经济国家和石油输出国一方,则是储蓄缺口,与之对应的是贸易逆差和资本流入。按照国际货币基金组织近日提出的概念,这也是一种失衡,只是,这种失衡是互补的,它符合经典的发展经济学理论。

1973—1998年的动态有些扑朔迷离。此间,在发达经济体和新兴市场经济国家之间并不存在比较明显的互补关系。注意到1973年开始布雷顿森林体系正式崩溃,美国经济进入长期萧条,而广大新兴经济体和发展中国家特别是亚洲新兴市场国家获得长足发展,我们可以适当地将这一时期确定为全球经济结构调整的时期。

1998年以来是第三阶段。此间,趋势发生了与1973年之前相反的变化:发达经济体一方出现了储蓄缺口,与之对应的是贸易逆差和资本流入;而新兴市场经济国家则出现了投资缺口,与之对应的则是贸易顺差和资本流出。还可以更具体地分析全球失衡的情况。图5-7刻画了作为总体的东亚和美国的贸易差额。可以看到,东亚国家的贸易顺差和美国的贸易逆差在绝对值上是比较接近的。因此可以粗略地认为,所谓全球失衡问题,主要发生在东亚国家和美国之间。这种"失衡"超出了经典发展经济学的解释能力,因而出现了本章在开头描绘的国际货币基金组织对于全球失衡的担心。

从储蓄和投资的对比关系中,我们还可以读出更多的信息。

全球储蓄大于投资(即伯南克所谓"全球储蓄过剩"),是导致全球低利率长期持续的一个重要原因。正是低利率,引致了全球范围内的资产泡沫以及后来的次贷危机。

更重要的是,全球范围内储蓄与投资的失衡,深刻反映出不同经济

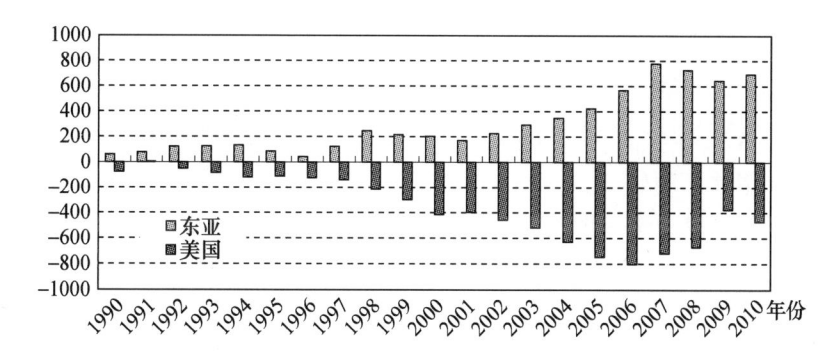

图 5-7　东亚和美国的经常账户差额（单位：10 亿美元）

资料来源：IMF、美国经济分析局（www.bea.org）。

体之间的储蓄投资关系的失衡：一方面，发达经济体储蓄短缺；另一方面，新兴经济体储蓄过剩，这表明，总体上，新兴经济体在储蓄转化为投资过程中还存在着体制障碍和非效率，从而需要通过发达经济体（特别是美国）作为"金融中介"来重新配置金融资源。在这个意义上，从投资储蓄视角所观察到的全球失衡，恰恰反映出不同经济体在金融发展程度上的差异。如果再往前延伸，我们还可以看到更深层的原因：那就是与金融发展水平密切相关的国际货币体系的主导权，或者说货币霸权的归属，在引导储蓄和投资在全球范围内的配置过程中，发挥着更为基础性的作用。

全球失衡是常态，货币霸权是根源

全球失衡并非新事物。尽管关于失衡问题的讨论在新世纪以来才占据了各类媒体的头条，但实际上，自有全球化以来，失衡便如影随形地存在着。为了更深刻地理解全球失衡的各方面特征，我们不妨将分析的视野回溯到第一次全球化的繁荣时代：1870—1913 年。

19 世纪西方民族主义思潮的兴起以及各国致力于建立统一的国家政府，导致 1859 年以后的 12 年时间里民族国家引人注目地强化。这一时期突出的政治统一和改革包括：新的德意志帝国的建立、意大利王国的统一、奥匈二元君主国的出现，以及沙皇内部变革序曲的奏响；美国内战后中央政权的胜利，一个独立统一的加拿大自治领的成立，以及日本帝国中现代政治和现代经济活动的开创。正是这些新鲜的事物，使得在地域内的思想交流、货物交流和人民往来比以往任何时候都来得频繁和容易（帕尔默，2009）。

民族国家的统一加上第二次工业革命的推动，为第一次全球化繁荣奠定了基础。正是从那时起，商品和劳务在全球范围内的移动规模日益增大；基于此，全球范围内的资本流动也大规模出现，各经济体之间的经济金融关联日益紧密。也正是在那个时候，有了大英帝国大量的对外投资，资本输出，以及相应的大量的商品输出。当时，英国是名副其实的世界工厂。当然，同样处在输出资本以及贸易盈余的国家还有法国和德国。而接受大量资本流入，以及大量进口从而出现经常账户逆差的国家，是所谓"新兴的大陆"，有北美的加拿大、南美的阿根廷以及澳洲的澳大利亚。

再向前追溯，我们当然还可发现失衡与再平衡的更早的证据。事实上，只要在不同经济体之间存在着借债和贷款，失衡几乎就不可避免。此类事例，在近代欧洲战争以及西方世界兴起过程中，俯拾皆是。只是，这些失衡只发生在较少的一些国家之间，覆盖的范围还较小，远未能达到"全球化"的程度。

认识到以相互依存为基本特征的全球化经济的发展，一定包含着产生失衡的内在驱动力，我们就很容易得出这样的结论：在全球化经济时代，失衡与再平衡是全球经济运动的一种"常态"，这种运动的常态，是世界周期性运动的一个典型化表现。曾几何时，一些学者认为经济周期可能要消失了，特别是 20 世纪 90 年代中后期美国新经济的繁荣所带来的高增长与低通胀局面，将这种乐观情绪推到极致。以致一些历史学者进一步总结，由于宏观经济领域内的周期问题逐步消失以及微观领域内市场化成为根本方向，社会政治领域内民主化成为一种潮流（尤其是在柏林墙倒塌，苏东剧变之后），因此，历史都可以终结了。但是，本轮金融危机的高调降临，让这些学者意识到，历史远未终结，世界经济仍是在重复着其曾经的节奏：周期问题也还不断出现，失衡问题也还不断产生，危机更是难以避免。

以上分析同时表明，失衡本身并不可怕，因为它是世界经济运行无法摆脱的一个状态。问题在于，过度的失衡会带来危机。而失衡也好，危机也罢，追根溯源，都与货币霸权有着千丝万缕的联系。这一点，从大萧条开始，历经70年代滞胀危机、90年代亚洲金融危机，直至本轮金融危机，都能很清晰地看出来。

大萧条：都是黄金惹的祸？

如果说第一次世界大战是西方列强经济发展失衡的恶果，那么更为不幸的是，战争的结束非但没有带来新的均衡，至少在以金本位为基础的国际货币体系中，失衡的态势甚至更加恶化，并最终酿成了1929年空前（而不绝后！）的经济灾难。时至今日，尽管关于这场"大萧条"的起因与扩散众说纷纭，莫衷一是，但似乎越来越多的研究表明，不合时宜地坚持金本位可谓难辞其咎，甚至堪称罪魁祸首[1]。

首先，20世纪20年代的历史充分证明，金本位面对国际收支失衡的局面束手无策。这主要是因为，对于失衡，盈余国与赤字国的态度迥然相异。事实上，在"大萧条"来临之前的两三年间，世界黄金便已大量流向美国和法国（见图5-8），而无论是美联储还是法兰西银行，面对黄金涌入局面，并未放任以货币供给增加开始的"休谟机制"，而是采取"冲销"政策，使黄金不断在国内沉淀而不至于造成通货膨胀和经济过热。法国的例子更为惊人：在1926—1929年的4年内，其黄金储备占世界总量的比重由7.7%上升至15.8%，翻了一倍还多。此后，由于市场对英镑前景和美国股市的担忧，法郎一度成为国际避险货币而受到市场追捧，大量黄金更继续涌入法国（参见Patat和Lutfalla，1986）。到1932年，法国的黄金储备已经占到世界总量的27.3%！当时的世界舆论认为，法国是典型的黄金"只进不出"之地[2]。与此同时，在金本位的固定汇率体制下，赤字国家面临的则是其货币基础不断

---

[1] 支持这一观点的有众多世界大师级的经济学家，如弗里德和施瓦茨（1963）、艾肯格林（1992，2008）、克鲁格曼和奥伯斯法尔德（1998）、伯克南（2004）等人。

[2] 最近，Irwin（2010）的一项研究表明，由于大量抛售外汇和频繁采用"冲销"政策提高黄金储备，法国对1929—1933年世界经济危机的责任甚至超过美国。

受到蚕食的局面，为维持其货币制度的黄金基础，他们只能采取卖出资产、提高利率的紧缩性货币政策来减缓黄金外流。然而，事实表明，此举不仅无力扭转失衡，反而"有效"地造成通货紧缩与失业。这不仅催生了"大萧条"，更为其在世界范围内——主要是实行金本位制的国家——蔓延提供了渠道①。

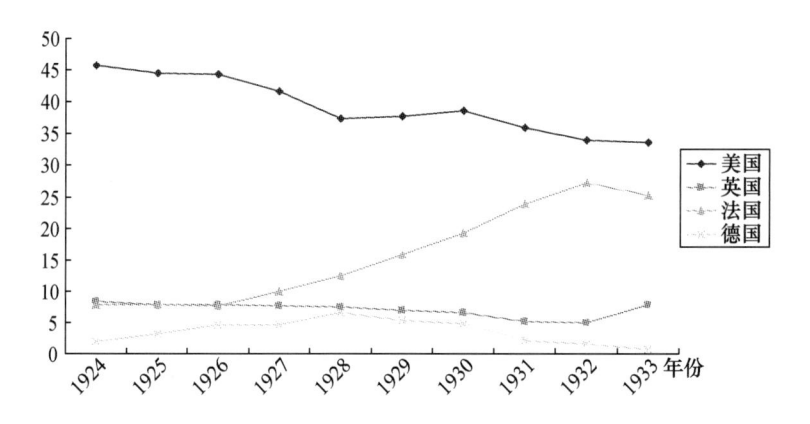

图 5-8　主要工业国黄金储备在世界总量中的占比

资料来源：艾肯格林（2008）。

其次，世界大战带来的经济困境与债务危机，使各国难以保证按照法定比率自由兑换黄金，而这正是维系金本位的根基。市场也开始怀疑中央银行坚持金本位的决心与能力，而且，这不幸很快就变为"自我实现"的预言。英国可能是西方大国中第一个在危机中放弃金本位的国家。其起因在于，1925年恢复金本位时，英国固执地将英镑与黄金和美元的比价定在战前水平上，但实际上，英镑的币值被普遍认为高估了大约10%（Officer，2008）。市场的回应是理性而无情的，绝不会顾及英镑往日的辉煌。英国出口企业的国际竞争力被严重削弱，失业率攀

---

① 为此，弗里德曼和施瓦茨（1963）举例说，在当时实行银本位的中国几乎完全没有受到"大萧条"的冲击。而艾肯格林（1992）的研究则更清楚地表明，越早脱离金本位的国家，如英国、日本、瑞典等（均在1931年），受到经济危机的影响越小。相反，法国、比利时、瑞士等所谓"黄金集团"成员，到1936年还在坚持金本位，而这些国家日后的经济下滑也最严重。

升至 8% 以上，而大量黄金开始外流①。终于，在 1931 年 9 月，英格兰银行的黄金储备在投机者的大举进攻下几近枯竭，不得不沮丧地宣布退出金本位，并使英镑贬值。随后，美国成为下一个攻击目标。在担心美元未来贬值的情绪下，市场开始大量抛售美元，换取黄金。这不仅使美联储的黄金储备减少，还造成了储户挤兑美元存款，大批私人银行因此倒闭（Bernanke，2004）。最终，美国在 1933 年 3 月放弃金本位，随后美元开始贬值。

为了实现国内经济目标，为了应对危机，走出萧条，那些"体面"的国家再也顾不上所谓的脸面，纷纷允准本币贬值。而要做到这一点，前提就是放弃金本位。从图 5-9 可以明显地看到，无论是英镑区（英国于 1931 年放弃金本位，一些国家开始盯住英镑，形成英镑区，其货币跟随英镑贬值），其他贬值国，以及后来成为贬值国的美国，货币供应都有一个较快的增长。而且，放弃金本位与货币供应量的增长几乎同时发生。与之相反，那些固守金本位的国家，在大萧条非常严重的 1931—1935 年，货币供应量都是下降的。

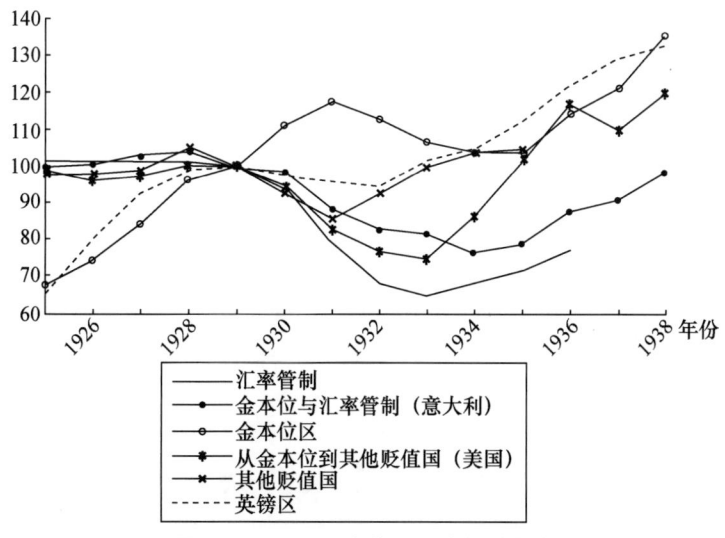

图 5-9　不同汇率体制下的货币供应

资料来源：引自 Almunia、Bénétrix、Eichengreen、Rourke 和 Rua（2009）。

---

① 同法国的例子形成鲜明对比的是，在 1924 年，英国的黄金储备占全世界的 8.3%，而到 1931 年，只占 5.2%。

资料显示，放弃金本位的国家的财政状况也好于固守金本位和实行汇率管制的国家（见图5-10）。对此，伯南克直截了当地指出：走出大萧条的秘诀就是放弃金本位。在伯南克看来，由于那些摆脱了金本位制的国家有效地解除了货币再膨胀的外在约束，所以它们可以在一定程度内利用这种自由。历史也证实了伯南克的断言：那些较早放弃了金本位制的国家，其经济比那些固守金本位制的国家复苏得更早、更快、更强劲（伯南克，2007）。

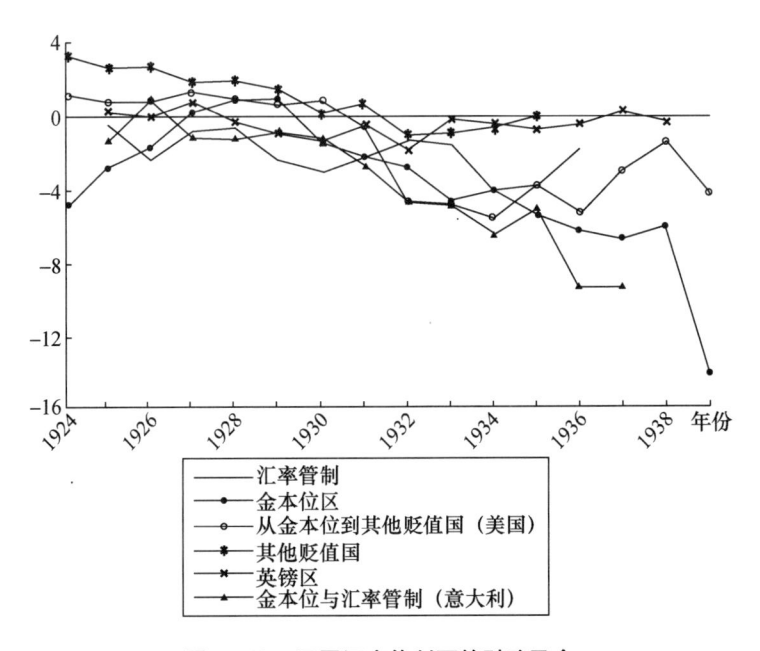

图5-10 不同汇率体制下的财政盈余

资料来源：引自 Almunia、Bénétrix、Eichengreen、Rourke 和 Rua（2009）。

大萧条的另一种解释：霸权的缺失

以上的分析指出，传统的国际货币体系，即金本位，已经不能适应经济变化的需要。更准确地说，这样一种机制被证实无法应对突如其来、规模日益增大的危机。一方面，金本位使得失衡不能迅速得到自动纠正，从而导致失衡加剧，危机延续；另一方面，在出现危机的时候，金本位更是一个障碍，使得货币当局手足无措。结论是，唯有摆脱金本位这个枷锁，各国才能获得自由，去处理危机并最终走出危机。

阐释大萧条的因果关系，在经济学界被誉为"圣杯"。作为一家之言，金德尔伯格（Kindleberger，1973）也试图对大萧条做出解释。他认为，正是霸权的缺失，使得大萧条成为世界性的。

金德尔伯格的著名理论是所谓"霸权稳定论"（这在第一章中已有提及）。尽管霸权听起来多少有些贬义，并不那么让人放心，但在金德尔伯格看来，霸权是这个世界所需要的，而且，霸权的存在会使得这个世界更加稳定。在对20世纪30年代大萧条的研究中，金德尔伯格认为，大萧条之所以成为世界性的，是因为没有一个大国有能力并且有意愿承担制止危机的责任，以终止以邻为壑的政策，特别是无人愿意充当阻止金融危机蔓延开来的最后借贷者的角色。金德尔伯格（1973）就此写道："这次萧条波及面这么宽、程度这么深、持续时间这么长，是由于英国没有能力、美国又不愿意在三个方面承担责任以稳定国际经济体系，致使该体系处于不稳定的状况。这三个方面是：一、为跌价出售的商品保持比较开放的市场；二、提供反经济周期的长期贷款；三、在危机时期开放贴现窗口。"

金德尔伯格认为："一个全球金融体系如果有两个中心，或是虽只有一个中心，但领导权正处在被一国放弃而由另一国接受的过程中，那么该体系是不会稳定的。"他举例说："一个不高明的司机驾驶一辆汽车，比两个总是在争夺方向盘的极为出色的司机来驾驶要强一些。"金德尔伯格认为："用两个争夺驾驶盘的出色司机来进行比拟，虽然生动，但却不大恰当。更确切一些说，不稳定性看来是因为一个司机越来越虚弱，而另一个司机对开这辆车又缺乏足够的兴趣。"

就当时的现实而言，两次世界大战之间的国际金本位体系正处于新老霸主交接并存之时，真正强有力的领导尚未问世。1913年诞生的年轻的美联储尽管实力雄厚，但在孤立主义的影响下，主要聚焦于国内事务，而对管理世界货币体系、承担最后贷款人（Lender of Last Resort）职责，既缺乏经验，又不抱有多大兴趣。而经过战火蹂躏后，历史悠久、经验丰富的英格兰银行（1694年诞生）则显然是有心无力了。

布雷顿森林体系崩溃与20世纪70年代的滞胀危机

西方20世纪70年代的滞胀危机,终结了战后1/4世纪的黄金增长时代。从经济周期角度看,这不过是新的轮回。但如同对待大萧条一样,经济学界忍不住要对长期的滞胀问题追根溯源。人们发现,除了两次石油危机冲击、放松金融管制等影响因素外,首要因素的恐怕是"尼克松冲击",即:1971年8月15日,尼克松宣布美元与黄金脱钩,布雷顿森林体系彻底崩溃。从此,世界进入一个浮动汇率的时代,而全球经济发展也同时跌入了低谷。

表5-2显示,发达经济体(七国集团和经济合作与发展组织)无论是投资增长率还是出口增长率,1972—1984年的平均水平都要低于1959—1971年的水平。而世界经济的增长率也从战后黄金时代的5%左右跌落到滞胀时期的3%左右。

表5-2　　　　　　　　　全球投资与出口　　　　　　　　单位:%

	七国集团	经济合作与发展组织
总投资的年增长率		
1959—1971	6.1	6.0
1972—1984	2.5	2.3
出口的年增长率		
1959—1971	7.8	8.5
1972—1984	6.2	6.3

资料来源:OECD,Economic Outlook 各期;IMF,international financial statistics 各期。

布雷顿森林体系在其创立之初就隐含着无法解决的内在冲突,即存在前文已多次提到的"特里芬难题":一方面,出于流动性的考虑,各国需要持有美元作为国际储备与结算货币,这使得美元会不断流出美国并在外国沉淀,如此,势必需要美国出现持续的经常项目逆差。另一方面，大量积聚在海外的美元虽然满足了各国的流动性需要，但又使各国怀疑，出现逆差的美国能否履行按官方价格将美元兑换黄金的承诺。这样一来，就形成了一个既要"流动性"，又要"信心"，两者不可兼得的局面①。

历史充满有趣的巧合。特里芬教授大作《黄金与美元危机》出版的1960年，正是"美元荒"时代的结束和担忧美元相对黄金贬值时代的开始（克鲁格曼、奥伯斯法尔德，1998）。此时，美国私人资本开始有规模地外流，并由此加剧了境外美元的泛滥。1961年，为维护布雷顿森林体系规定的美元与黄金的挂钩机制，美国连同德国、英国、法国等西方7国在伦敦成立"黄金总库"（London Gold Pool），用以平抑市场对35美元兑1盎司黄金这一官价的冲击。然而，随着1965年美国对越南战争介入的升级和国内"伟大社会"计划的实施②，美国财政支出剧增，通货膨胀率一路攀升，经常项目盈余则开始减少③。市场因此对美元贬值的担忧进一步加剧，开始大量抛出美元，囤积黄金。到1968年，"黄金总库"解体，国际黄金市场出现双轨制，即官方定价与市场定价并存。这标志着美元与黄金之间的挂钩开始松动。与此同时，欧洲国家似乎也越来越不满美国坐享"过分特权"（Exorbitant Privilege）④，而自己却要为外汇储备的增减而忙碌。其中，尤以法国的反应最为激烈。1965年，戴高乐总统将法国所持有的大部分美元兑换成黄金，这几乎一下子"掏空"了美联储的黄金储备。至此，布雷顿森林体系解体的宿命已经清楚地摆在眼前了。

1971年8月中旬，英国和法国即将抛售美元兑换黄金的消息，或许是压垮美联储捍卫金本位决心的最后一根稻草（Eichengreen,

---

① 当然，对"特里芬难题"也有一些争议。如 Aizenman（2010）指出，在20世纪60年代，正当美元无可争议地充当国际储备与核算货币之时，美国的经常项目基本平衡，甚至略有盈余。可见特里芬提出的两难之选并不具有必然性。

② 此指由约翰逊总统提出的旨在消除贫困和种族歧视的社会计划，涵盖教育、医疗和城市建设等方面。

③ 对此，艾肯格林（2008）指出，尽管从表面数字上看，此时美国的通货膨胀同法国、日本等发达国家相比并不严重。但相对于其缓慢的经济增长，美国的通胀率还是过高了。

④ 此语出自在20世纪60年代任法国财政部部长的德斯坦（1974—1981年任法国总统）。

2008）。尼克松总统终于被迫关闭"黄金窗口"，美联储不再自动向外国中央银行出售黄金换回美元，并且还规定：对所有进口商品开征10%的附加税，逼迫贸易伙伴对美元升值。同年12月，世界主要十大工业国达成《史密斯协定》，同意将每盎司黄金35美元的官价调至38美元（后又调高到42.5美元），而美元对马克、日元和瑞士法郎等西方主要货币贬值10%，允许的汇率浮动区间也由正负1%扩大到正负2.25%，同时美国取消开征的进口附加税。尽管如此，"所有这些措施在支持对美元的信心方面没有一个是成功的"（语见金德尔伯格，2006）。事实上，在整个1972年，美元的跌势都未止步，美国的经常项目赤字也在不断恶化。到1973年3月，主要工业国货币兑美元的比价开始自由浮动，以固定汇率为核心的"布雷顿森林体系"彻底解体了。

　　行文至此，对"布雷顿森林体系"的"死亡鉴定"还远未结束。其实，特里芬的两难悖论不过是终结美元霸权的表面因素。而这一切的根本原因，则在于第二次世界大战后资本主义经济发展导致的全球失衡。从图5-11可以看出，美元独步天下的时代也正是美国经济优势下降的时代，而同期，德国与日本的经济快速崛起，其货币也开始与美元争锋。作为"中心"的美国越来越难以支撑美元的世界货币地位，而作为曾经的"外围"，德国与日本成为名副其实的出口大国和顺差大国，其前途命运与国际货币体系息息相关，自然不会甘居被美元支配的地位。随着这种国际经济格局的转变，他们必然要求货币体系与时俱进地作出调整。而当在原有的"布雷顿森林体系"框架内的调整空间丧失殆尽之后，只有发生剧变一途。联想到上文描述的古典金本位历史，不免让人惊叹：美元霸权的命运同英镑霸权的命运何其相似！

　　"尼克松冲击"固然不是70年代滞胀的唯一原因，但至少是一个重要的导火索。麦金农认为："20世纪后期，人类经济史一个最主要的难解之谜是：自1970年代开始，几乎所有发达经济体的真实经济增速一致普遍的大幅度下降。此时正逢浮动汇率时代之来临。二者之间有着怎样的因果关系呢？是各国经济首先出现低速增长，然后才不得不实行浮动汇率？还是普遍的汇率动荡导致了真实经济增长的普遍放缓？"他坚持认为："全球真实经济增长持续下滑，源自国际货币和金融动荡，尤其是汇率动荡要负重要责任。我们有理由相信：1970年代以来生产

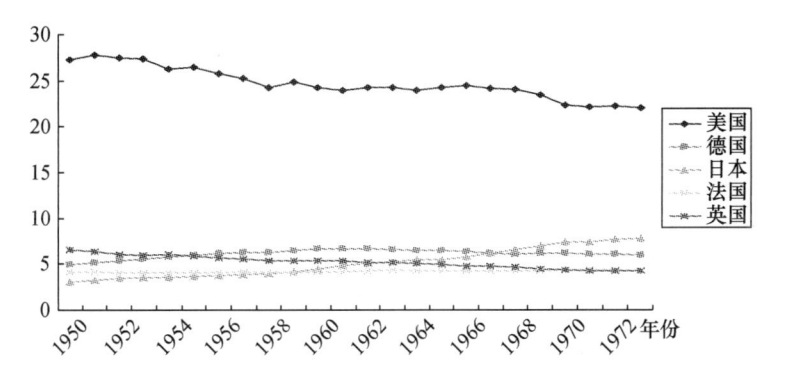

图 5-11 主要西方国家 GDP 在世界总量中的占比（1950—1973）

资料来源：麦迪森（2006）。

力和产出增速的持续放缓，乃是价格信号紊乱之后果。通胀和通缩交替出现，汇率持续偏离经济基本面，长期利率动荡不宁，则是造成价格信号紊乱的主要因素。价格机制失灵自然会降低资源配置效率，尤其是降低真实投资之效率。"①

"原罪"与亚洲金融危机

从 1997 年的亚洲金融危机到 2007 年的美国次贷危机，相隔仅有十年时间。如果作一些对比，我们就会惊奇地发现：亚洲金融危机不过是本轮国际金融危机的一次全面预演——危机中暴露出来的问题，特别是国际货币体系与美元霸权，如今仍在深深困扰着我们。

20 世纪 90 年代中期，亚洲是外国资本的宠儿。因为在该地区存在着得天独厚的优良投资环境：首先，居民储蓄率非常高，这不仅便利投资者筹资，而且，一旦发生金融危机，政府亦可依赖；其次，政府财政收支状况相对良好，大多数国外债款均发生在私人部门；再次，国内货币"准钉住"美元，使得投资相对安全；最后，亚洲国家从未发生过

---

① 转引自向松祚《美元本位制和浮动汇率"七宗罪"》。这是作者 2010 年 8 月 17 日在中国人民大学"欧元走向何方——动荡中的欧元和世界经济国际研讨会"以及 9 月 6 日重建布雷顿森林体系委员会（Reinventing Bretton Woods System Committee）和中国国际经济交流中心（CCIEE）联合于北京举办的"国际货币体系改革国际研讨会"上的发言。

金融危机（参见莱因哈特与罗格夫，2010）。

另外，20世纪80年代末90年代初，随着泡沫经济的破灭，日本为了同泡沫破灭后的通货紧缩作斗争，开始向东亚输出更多的资本，并且把生产向东亚转移，努力在东亚建立日元区。零利率政策产生了日元利差交易。现在看来，大量流动性进入东亚国家，只是在更大的范围内复制了日本的泡沫而已。亚洲国家的决策者没有充分认识到这种资本流入带来的风险。他们本以为鱼和熊掌可以兼得——即使在维持本国货币与美元软挂钩的情况下，也可以既获得资本的流入，又享受无限的繁荣。然而，亚洲的金融体系虽以美元为基础，却没有最后的美元贷款者，因为美联储和国际货币基金组织都无法或者不愿承担这样的角色（沈联涛，2009）。

亚洲金融危机的金融根源，还是要追溯到国际货币体系的缺陷与美元霸权上。正如麦金农（2009）所说，美元的强势中心货币地位，使得那些处于外围的货币，包括日元，明显处于不对等地位[1]。

美国是世界上最大的债务国，但它却不怕负债。今天，我们看到欧洲主权债务危机在不断恶化，总有一个疑问萦绕在胸：何以美国不会出现主权债务危机，尽管它的公共债务占GDP的比重较之欧洲有过之而无不及？原因在于美元霸权。美国政府借债，只要用美元就能偿还。在极端情况下，美国政府只要开动印钞机就能还债——事实上，这种极端情况经常发生。正因如此，几乎没有人设想，有一天美元也会像亚洲金融危机期间的泰铢、林吉特或港币一样，受到真正的攻击，换言之，迄今为止，多数人仍不相信，美国会出现真正意义上的货币危机。

其他国家就没有这么幸运了。理论上说，美国之外的所有国家都会出现货币错配[2]风险。这种状况，在麦金农研究亚洲国家情况时就已明

---

[1] 麦金农：《美元本位下的汇率：东亚高储蓄两难》，中国金融出版社2009年版。

[2] 所谓货币错配指的是：一个经济行为主体（政府、企业、银行或家庭）在融入全球经济体系时，由于其货物和资本的流动使用了不同的货币来计值，因而在货币汇率变化时，其资产/负债、收入/支出会受到影响的情况。根据戈登斯坦（Goldstein）教授的定义（戈登斯坦：《控制新兴市场国家货币错配》，社会科学文献出版社2005年版），"在权益的净值或净收入（或二者兼而有之）对汇率的变动非常敏感时，就出现了所谓的'货币错配'。从存量的角度看，货币错配指的是资产负债表（即净值）对汇率变动的敏感性；从流量的角度看，货币错配则是指损益表（净收入）对汇率变动的敏感性。净值/净收入对汇率变动的敏感性越高，货币错配的程度也就越严重"。

确指出,他称之为亚洲国家的"原罪"。即由于本币没有成为国际支付手段,加之国内债券市场先天发育不良,在负债方面,经济主体在国际金融市场上得不到本币计值的贷款,在国内金融市场得不到长期借款,也不能对自身的美元债务风险进行对冲,同时,其国内投资,还面对着货币错配(比如,赚取泰铢的投资项目要以美元来融资)和期限错配(比如,长期项目要以短期贷款来融资)风险。

不止于此。此次全球金融危机之前,人们普遍认为麦金农描述的那种货币错配"原罪"只存在于亚洲及其他不发达国家之中,但是,危机的严酷事实却告诉我们,即便像欧洲和日本那种可以在国际上发行本币计值债券的经济体,当危机深化到一定程度之时,它们也难脱韩国、泰国在亚洲金融危机之时的厄运。当欧洲国家痛苦地发现,它们的金融体系必须依靠美联储发起多国央行货币互换活动(参见本书第二章)方能渡过难关之时,它们同时也无奈地发现,虽经多年努力,在国际货币体系中,欧元仍然不过是美元的婢女而已。

从"大稳定"到长期失衡

与20世纪80年代出现的拉美债务危机和90年代出现的亚洲金融危机不同,发达经济体在本轮危机爆发前经历了一个所谓的"大稳定"(Great Moderation)时期。"大稳定"主要是指经济周期波动率的下降。这段大稳定经历,在美国开始于80年代初,在其他发达经济体始于80年代末。值得注意的是,大稳定与长期失衡(外部失衡)同时并存,成为一些发达经济体的重要特征,这在美国表现得最为典型。对比图5-12与图5-13不难看出:差不多从1984年开始,美国GDP的标准差就在不断下降(如图5-12中的阴影部分),这标志着大稳定;与此同时,美国净国外资产头寸占GDP的比重却在不断下降(在图5-13中,同样用阴影标出),这反映的是长期失衡。

于是,如下问题便可合理地提出:在这两个相伴而生的现象之间,

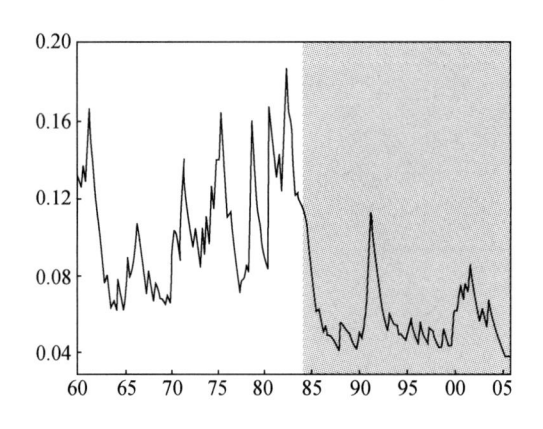

图 5-12 美国 GDP 的标准差

资料来源：转引自 Perri 和 Fogli（2006）。

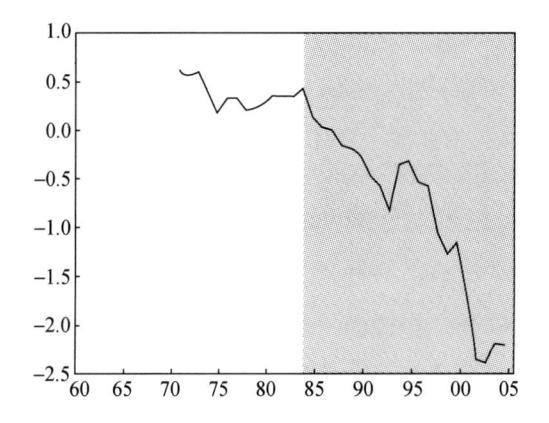

图 5-13 美国净国外资产头寸占 GDP 比重

资料来源：转引自 Perri 和 Fogli（2006）。

有没有因果性关联呢？Perri 和 Fogli（2006）[①] 的研究表明，如果一个经济体的经济波动率比其他经济体要低，那么其自身的预防性储蓄就会下降，结果会导致其外部失衡状况的永久性恶化。通过实证研究，他们发现：美国周期波动性的下降可以解释美国外部失衡的 20%。也就是说，大稳定是引起持续失衡的重要因素（解释 1/5）。当然，引起外部

---

① Perri, Fabrizio and Fogli, Alessandra, "The 'Great Moderation' and the US External Imbalance", NBER Working Paper, No. 12708, 2006.

失衡的其他因素还有很多，比如美国金融体系的优势、美元霸权、国际分工与贸易格局以及生产率冲击等。

大稳定的存在，标示着发达经济体曾经历了一段前所未有的宏观经济稳定时期。这既归因于大量新兴市场经济体渐次融入由发达经济体主导的全球化的经济，也归因于发达经济体内部经历了有利的经济结构变革并采取了更有利于经济稳定发展的良好政策框架（Bean，2009）[①]。然而，在下文中我们会看到，正是大稳定的好时光，埋下了后来危机的种子。

大稳定持续的时间越长，人们越会忘却风险和危机的存在，这导致风险贴水变得极低。同期，短期与长期真实利率水平也变得很低，这虽然与美国的宽松货币政策有关，更归因于类似中国这样的高顺差国日益深深地卷入全球化浪潮之中，并为全球带来了久违了的高储蓄率。低利率与看起来很低的风险，使得金融机构杠杆率变得非常高。而且，这些高杠杆率往往出现在表外业务中，这是为了规避表内业务的资本监管要求。由于出现了大量的金融创新和形形色色的衍生工具，潜在风险与危机就此产生。随着次贷危机爆发，大稳定几乎是"迅速地"转化成了大危机。

失衡的可持续性

关于全球失衡，新世纪以来涌现了大量文献。如果就失衡是否可持续为划分标准，这些文献大体可以分成两组，一组是均衡派，即认为适度的失衡是可持续的，是全球市场均衡的一个结果；另一组是不可持续派，认为失衡不可持续，需要立即作出调整，而且要付出代价。

先来看均衡派。库珀（Cooper，2006）认为，美国的巨额赤字至少还会持续一二十年，而且不会处于令人担心的境地。全球化是人们进行跨期交易的自然结果，人口变动特别是老龄化会使储蓄增加，直到其高

[①] Bean, Charles, "The Great Moderation, the Great Panic and the Great Contraction", Schumpeter Lecture, Annual Congress of the European Economic Association, Barcelona, 25 August, 2009.

峰过后，因此，所谓的"全球不平衡"是不存在的，这种不平衡并不是非均衡的状态。

杜利等（2002，2004a，2004b）则指出，亚洲的固定汇率区域作为新的外围，重建了以美元为中心的布雷顿森林体系。在这一体系中，外围国家通过低估本币、实施资本管制和鼓励国家资本输出，实行出口导向型发展战略。国家资本输出是以积累中心国家储备资产的方式实现的。外围国家之所以愿意持有低收益的储备资产，是因为其国内资本市场效率低下，需要以 FDI 的形式利用中心国家的资本市场。储备资产可以看做是一种国际抵押，为中心国家的私人投资进入外围国提供了担保，这对应于中心国家的经常账户赤字。这种战略的成功实施，将使得外围国家的经济发展逐步接近中心国家，并最终实现金融自由化，进入中心国家的浮动汇率体系。20 世纪 60 年代的欧洲、80 年代的日本和今日的亚洲新兴经济体之后，在可以预见的将来，还有很多国家要效仿这一发展战略。因此，美国的经常账户赤字是成功的国际货币体系的基本特征，是健康的和可以持续的。

Caballero 等（2008a）是少数将全球失衡和全球流动性过剩联系起来进行研究的学者。他们提出了两个关键假设：不同国家的经济增长率不同，以及不同国家的金融资产供给能力不同。他们的模型包括：U（美国）、E（欧洲和日本）和 R（其余经济体）。其中，U 和 E 有提供"硬资产"（Hard Assets）[①] 的能力，他们在吸收全球储蓄方面是竞争关系，R 则不具备这种能力；R 的经济增长强劲，有大量剩余储蓄，E 的经济增长慢于 U。模型显示，如果 E 的经济增长越慢，或者 R 的资产提供能力越弱，U 的经常账户赤字就越大，其资产在全球资产组合中所占比例也就越大，全球的利率水平也就越低。这一研究建立了失衡和流动性过剩之间的关联，即确认，二者均为全球经济结构变化的产物。随着国际金融危机的爆发和蔓延，Caballero 等（2008b）对上述模型进行了扩展，重点探讨流动性过剩如何导致了资产价格泡沫和大宗商品价格的剧烈波动。应该说，某种程度上，Caballero 等人的研究仍然继承了一

---

① 所谓硬资产是指国际金融市场上值得依赖的能够保值和作为抵押的资产。比如美元债券、欧元债券等。显然，这些硬资产只有发达国家可以提供，而且很大程度上，是储备货币国才能提供。

些主流学者的看法,即美国具有发达的金融市场,能够提供所谓的硬资产。因此,失衡与低利率是一个均衡的结果。

其实,强调美国金融市场的优势以及均衡论的思想可以追溯到20世纪70年代。当时有一种理论来解释美国的外部失衡。这就是所谓的金融中介理论。

金融中介理论认为:美国的国际收支赤字只是一种统计幻觉。美国经济就如同一个全球金融中介,它们借入短期存款,再将之投资于长期资产,主要是按揭贷款。就如同一家储蓄银行,美国从外国的美元持有者借入短期存款,再将这些资金重新投资于长期项目,例如用于收购欧洲的公司。外国的投资者选择他们的美元借给美国银行的外国分行,而不是将其兑换成本国货币,部分是为了寻找抵御外国货币贬值的安全性,部分是因为欧洲的信贷市场不如美国的那样成熟,欧洲的股票市场也不如美国的开放和活跃。同样,外国中央银行选择将其美元盈余投资于带息的美国国库券,而不是黄金,因为后者没有利息,实在只是"劣质投资品"。美国的跨国银行转而将其欧洲美元借给美国的跨国公司,希望为它们的对外投资活动(包括收购外国公司)融资。该理论表示,根据定义,"资产和负债必须均为自愿持有。经济理论关于其他领域的均衡定义就是,买卖现有的流动商品和服务,以现有价格持有现有的资产证券,它也应该同样适用于解释国际收支平衡。在作为世界货币的黄金储备缺乏增长的情况下,外国目前对流动的美元资产和黄金出现积极的净需求,这意味着根据流动性的界定,美国的赤字不仅与外汇市场的均衡相一致,而且是外汇市场均衡的必要条件"。金德尔伯格等人也指出:美国的赤字并不代表一种不均衡状态,事实上,它是健康的世界经济所需要的[1]。

正是从这个角度,美国官方提议,国际收支平衡中的经济均衡概念应该从衡量实际的贸易供给和需求状况转向衡量赤字随着时间的推移是否会继续……[2]换句话说,无论美国的收支平衡状况如何,不论它是盈余还是赤字,不论它是短期的还是长期的,都应该被定义为事实上的

---

[1] Despres, Emile, Kindleberger, Charles P. and Salant, Walter S., "The Dollar and World Liquidity: A Minority View", *Economist*, February 5, 1966, pp. 526–529.

[2] 转引自赫德森(2008),第298页。

均衡。

Cabbolero等人的均衡理论，某种程度正是这一理论的延伸与精致化。

当然，并不是所有学者都持上述看法。也有一批学者认为，失衡是不可持续的。Obstfeld和Rogoff（2000）较早指出了美国经常账户赤字的不可持续性和相应调整将带来的不利影响。在随后的系列研究中（Obstfeld and Rogoff，2004，2005），他们进一步完善了该理论框架，并且强化了以前的观点。他们认为，美国经常账户赤字发生突然逆转的可能性越来越大，这种调整将会使美元实际汇率急剧大幅贬值，从而给世界经济带来巨大风险。他们的研究没有深入探寻失衡的根本原因，也没有注意到与此相伴的流动性过剩的问题，因此，他们没有预料到最终的调整会以资产价格泡沫破裂和金融危机开始。布兰雷等（Blanchard et al.，2005）将美国的经常账户赤字归咎于两大因素：美国对国外产品的需求上升，国外对美国资产的需求上升。他们的模型显示，这两个因素的变动可以解释美国经常账户和美元汇率的变动。他们也探讨了美元汇率急剧贬值的影响，认为这对美国经济造成的损害不大，相反，会对欧洲和日本经济造成很大的负面冲击。

麦金农（2005）将全球失衡归咎于国际美元本位。在他看来，由于历史原因，国际间的产品贸易和资本流动主要以美元计价，这使得美国成为"唯一可以有本国货币巨额负债的国家，它不易遭受债务以外币定值的其他国家一般会遭到的风险"。这种情形下，美国国际借款面临的是软约束，这最终造成了美国的低储蓄率。因此，与其说美国可以提供"硬资产"，不如说由于美元的特殊地位，美国面临的是国际借款的软约束。

虽然这些研究提出了很多有启发的见解，但是，研究者并没有对美元霸权给予充分关注，同时也没有讨论美元的特殊地位在全球失衡和金融危机中扮演的重要角色。可以说，恰恰是美国扩张性的财政和货币政策是造成此次全球失衡、金融危机及危机向全世界蔓延的根本原因，美元的特殊地位或美元霸权在此发挥了重要作用。

从失衡到危机

布雷顿森林体系崩溃40年来，全球失衡呈现出大幅波动的特点（见图5-14）。

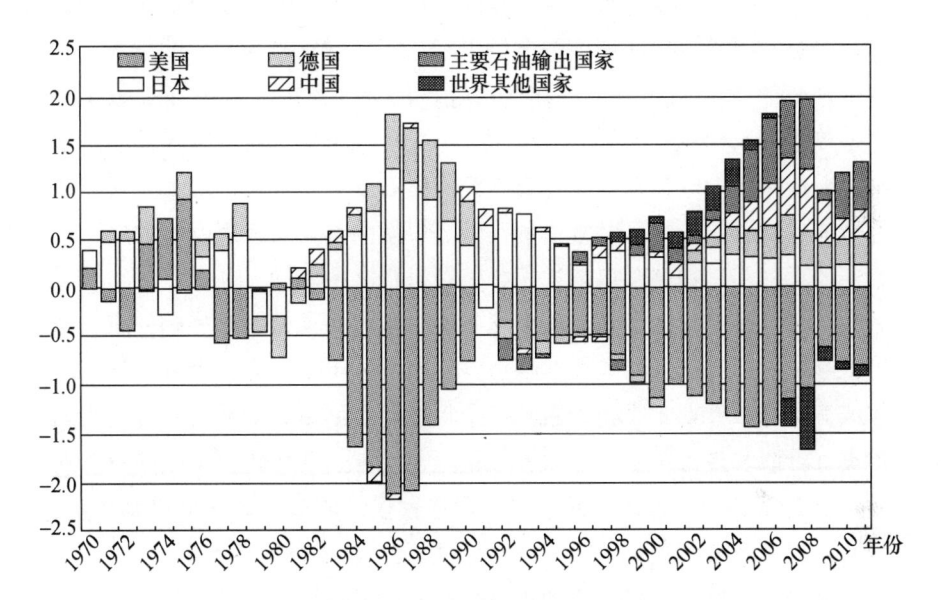

图5-14 全球失衡占全球GDP的比重（1970—2010）
资料来源：OECD，*Economic Outlook* 87以及各国数据来源。

20世纪70年代中后期，全球失衡初现端倪，其后便逐步加剧，到80年代中期，达到一个高峰。作为主要的对应双方，一方面，美国的逆差在1986年、1987年连续两年超过全球GDP的2%；另一方面，日本和德国的顺差之和也前所未有地达到占全球GDP的1.8%的高水平。全球失衡在1986年达到顶峰，而后逐渐得到纠正，到90年代上半叶，达到新的低点。与这一过程对应的是，从80年代初开始，美国、日本和德国等发达经济体国内连续爆发危机，并相继引发了以新自由主义为圭臬的大规模改革。这个纠正过程在不同国家产生了不同的结果：美国因此重新获得了竞争优势，并开启了一个使全球很多国家受惠的新增长周期；德国则面向欧洲寻求出路，加快了其欧洲一体化的进程；日本似乎不那么幸运，著名的1986年广场协议之后，那里长期陷入低迷，至今尚未完全恢复。

值得关注的是，在20世纪八九十年代失衡恶化到缓解的过程中，潜行着一个新兴经济体和发展中国家相继崛起、发达经济体影响力下降的历史进程。这一进程开始改变全球经济格局，其间虽有亚洲金融危机爆发，南强北弱的总趋势一直没有改变。全球大势的改变自然也改变了全球失衡的图景。自亚洲金融危机以来，美国的贸易逆差持续增大，其占全球GDP之比直线上升；在此次危机的前几年中，甚至连续数年达到了接近1.5%的新高度。在另一方，德国和日本依旧保持着其顺差国地位，但包括中国在内的其他新兴经济体和主要石油输出国，则显然成为全球失衡总图景中日益重要的因素。失衡的恶化最终引发了危机，一个新的再平衡过程就此启动，至今仍在进行之中。

从是否可持续的角度讨论全球失衡，显然必须回答这样的问题：从可持续转向不可持续的阈值在哪里？从图5-14刻画的两个巨大的波动曲线显然可以看到：失衡积累到一定程度便会崩断，需要有一次危机的荡涤，方能实现再平衡。然而，如果说20世纪80年代，美国的贸易逆差达到全球GDP的2%，方才引发调整过程，那么，此次危机则显示，失衡的规模尚未达到80年代中期那个程度，世界便已难承其重。

这说明，那个使得失衡从可持续转向不可持续的阈值，是一系列因素的综合结果，而且，这些因素随时间推移而变化着。这中间，不仅要看被涉及的经济体自身的承受力，也要看全球格局的总体状态。例如，20世纪80年代，美国的失衡曾高达占全球GDP的2%以上，当时的日本和德国，在广场协议和卢浮宫协议等一系列双边和多边协议的压力下，被迫进行了调整。由于涉及且需要调整的经济体较少，而且都同属西方阵营，这一调整显然要容易一些，从而世界可容忍的失衡程度便可能高些。今天，需要调整的经济体骤然增多，特别是一些新兴经济体包括石油输出国，它们显然并不容易"被调整"。再者，或许更重要的是，如果说80年代的失衡还主要局限在贸易领域，表现为经常项目失衡，那么，今天的失衡则是全方位的，特别是在贸易失衡的推动下金融过度发展所形成的金融失衡（financial imbalances），则显然要复杂得多。

近年来，关于失衡不可持续之阈值的研究，产生了一系列有意义的成果。

有人提出，经常项目余额占 GDP 比重的 2% 或 4%，或可视为某种阈值。日本在广场协议后形成的《前川报告》强调，经常项目顺差必须调整到不影响国际和谐的程度。该报告并没有提出具体目标值，但指出应该占 GNP 的 2% 左右（宫崎勇，2009）①。那个时候，日本经常项目顺差占其 GNP 比重是：1985 年为 3.7%，1986 年为 4.4%，到 1989 年为 2.1%，调整目标终于实现。与之类似，2010 年的 G20 首尔峰会提出了"参考性指南"，其中要求顺差国经常项目盈余占 GDP 比重不超过 4%（相应，要求逆差国经常项目逆差也不超过 GDP 的 4%）。但事实上，美国经常项目逆差占 GDP 的比重一度高达 6.5%，但危机显然并不是在那年爆发的。

Milesi-Ferretti 和 Razin（1996）② 对经历过持久外部失衡的一些发达经济体和新兴市场国家作了实证分析，检验了一系列可承受性的指标，最终认为，确实存在着某种可承受性（阈值），但那时，要给可承受确定一个明确的界限，存在较大的困难。Caroline L. Freund（2000）③ 把 Milesi-Ferretti 和 Razin（1998，2000）在上述基础上，将分析的视野扩展到全部发达经济体。她认为，经常项目对 GDP 的比率达到 5%，应是一个典型界限。Guy Debelle 和 Gabriele Galati（2005）④ 则发现，平均而言，当经常项目失衡达到国内 GDP 的 4%—5% 时，失衡不可持续，调整便应开始。

关于经常项目失衡累积的界限问题，更有从跨期分析法出发的研究。这些观点透过失衡的表象，深入分析失衡的经济内容及其对一国经济发展的作用。他们认为，赤字是由于（或者导致了）投资的增加，

---

① ［日］宫崎勇：《日本经济政策亲历者实录》，中信出版社 2009 年版。

② Milesi-Ferretti, Gian Maria and Assaf Razin, "Sustainability of Persistent Current Account deficits", NBER Working Paper, No. 5467, 1996.

③ Caroline Freund, "Current Account Adjustments in Industrialized Countries", International Finance Discussion Papers, No. 692, 2000.

④ Guy Debelle and Gabriele Galati, "Current Account Adjustment and Capital flows", BIS Working Papers, No. 169, Monetary and Economic Department, February, 2005.

而投资是增长的基本动力,就此而论,我们没有理由担心它,更没有必要采取政策行动予以调整。从国际贸易和国内消费的跨期平滑角度来说,我们不必对一国在某一段时期内出现经常项目失衡大惊小怪,因为,跨越这段时期后,由于前一段时期的国内投资带动了国内增长,该国将出现与前一阶段方向相反的经常项目失衡。这意味着,从动态角度看,在足够长的时期内,一国总能实现平衡,从而,全球失衡不至造成灾难性的全球危机。如果不考虑失衡调节的成本,并假定所有的失衡皆由可能导致经济发展的因素造成,则跨期分析法的观点是正确的。但是,由于某些国家在全球经济中占据举足轻重的重要地位,其失衡的调整必然会对全球经济造成巨大冲击;或者,某些国家经济比较脆弱,自身难以承担失衡调整的成本,因而其经常项目的失衡在其他国家的压力下往往会带来巨大的调整成本。在这些情况下,经常项目的失衡问题是不容忽视的(竹俊,2007)[1]。

尽管我们还很难给出失衡限度的准确阈值,但至少,长期全球失衡所带来的国际分工与经济结构的扭曲可能引发危机,却是毋庸置疑的。大量的经验分析表明了这一点。

Jordà、Schularick 与 Taylor(2010)通过对 14 个国家 1870—2008 年长达 140 年历史的研究,指出,外部失衡与经济危机有着密切的关联。他们的经验分析表明,信贷增长对危机有重要的解释力。但如果把外部失衡考虑进去,会提高这个解释力。而且,考虑到外部失衡变化对信贷增长有促进作用,外部失衡能够预测危机。此外,他们的研究还进一步指出(见图 5-15),一般来说(整个样本期),失衡会持续 28 年(标准差为 24)。而如果考虑到 1940—1973 年间根本没有危机发生的情况,因而把这段去掉,少了一些样本期后,他们得到的结果是,失衡会持续 15 年(标准差是 8)。

Frankel 和 Saravelos(2011)则提出预测本轮危机的一些预警指标[2]。他们首先总结了现有文献中对于 2008 年之前各次危机的预警指

---

[1] 竹俊:《论创新与经常项目失衡》,博士学位论文,西南财经大学,2007 年。

[2] Frankel, Jeffrey and Saravelos, George, "Can Leading Indicators Assess Country Vulnerability? Evidence from the 2008-2009 Global Financial Crisis", HKS Faculty Research Working Paper Series, RWP11-024, June, 2011.

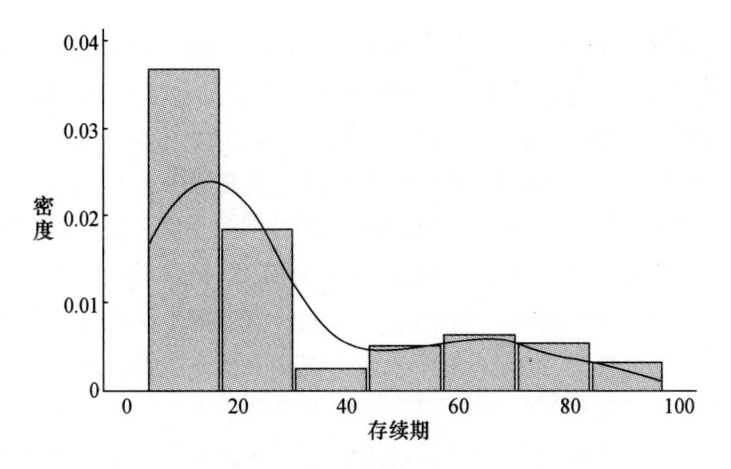

图 5-15 危机之间存续期的经验分布 (1870—2008)

资料来源:Jordà、Schularick 和 Taylor (2010)。

标的研究情况（见表 5-3），发现，在其考察的 83 篇文献中，外汇储备以及实际汇率是两个最重要的预警危机的指标。在超过一半的文献中，它们均具有统计上的显著性（外汇储备显著的有 50 篇，实际汇率显著的有 48 篇，由于同时显著变量有多个，外汇储备变量与实际汇率变量二者之间并不是相互排斥的）。

表 5-3　　2008 年之前各次危机的预警指标的总结

先行指标	总计	先行指标	总计
外汇储备	50	实际利率	13
实际汇率	48	债务构成	10
GDP	25	预算盈余	9
信贷	22	贸易条件	9
经常项目	22	传染	6
货币供应	19	政治/法律条件	6
进出口	17	资本流动	3
通货膨胀	15	外债	3
股票收益	13	研究总数	83

资料来源:转引自 Frankel 和 Saravelos (2011)。

接下来，他们选择一组变量来预测 2008—2009 年的危机。最终发现，2007 年外汇储备的水平是统计上非常显著的预警指标，能够预测哪个经济体更易受到本轮危机的冲击，这和之前的文献总结是一致的。另外，近期汇率的过度升值也是一个重要的危机预期指标，因为它往往会导致未来的货币贬值，并且是危机期间外汇市场压力的一个重要预测指标。由于外汇储备是衡量外部失衡的重要指标（有时候，汇率水平也是对外部失衡状况的一个度量，只不过，管制的汇率在反映外部失衡上会有一些失真），Frankel 和 Saravelos 的研究再次表明，外部失衡是引起危机的重要因素。

通过对大萧条、滞胀危机、亚洲金融危机以及此次新世纪危机的简略分析，我们粗线条地勾画出货币霸权、失衡与危机之间的关联。我们认为：货币霸权的最大特征在于，霸权国家和其他国家在国际货币体系中的地位不同，从而权利和责任不对称。比如，霸权国家只须持有少量国际储备，就可以轻易地影响全球货币供给、利率和汇率水平；霸权国家总是不自觉地利用这种特殊地位来谋求额外收益，尤其是在全球化的黄金时期；霸权国家可以通过影响和控制资本流动，来攫取利益和转嫁危机，等等。因此，霸权总是享有额外的好处。但是，对此，主流学者们或无意识，或有意忽视。我们同时也愿强调的是：货币霸权在特定时期可以稳定经济，使得规模控制在某种限度之内的失衡得以持续。但由于货币霸权缺少硬约束，因此，霸权掌握者会利用过度特权，实行双赤字扩张，这会加剧全球范围内的失衡。渐渐的，失衡问题会在一个时点突破全球经济可接受的阈值范围，导致经济动荡，直至经济危机。从更深层次上看，只要货币霸权存在，并且这个霸权缺少硬约束，那么，或早或迟，它都会使全球的失衡引向危机。这是世界经济的宿命。从这个角度看，改革现有的国际货币体系与约束美元霸权的重要性，无论如何强调都不过分。

第四篇

再平衡的机制

第四篇

导　语

完备的国际货币体系至少包括三大基本要素，即：储备货币选择、汇率决定机制以及国际收支不平衡的调整机制。

如果我们确认储备货币多元化已为既成事实，而且今后的发展趋势是巩固这一格局，那么，未来国际货币体系改革的重点，将集中在汇率决定机制和国际收支不平衡调整机制方面。也就是说，各国间宏观经济政策的协调，构成未来国际货币体系改革的主要内容。

第6章是对国际宏观政策协调的理论探讨，重点分析金本位制和浮动汇率制的"自动"调节功能。

面对人的诸种恶行，人们总是希望找到一种能够自动发挥作用的制度，希望它能中立、公平、对称地发挥调节国际收支失衡作用。金本位制和浮动汇率制就一直被认为是这样的两种制度。然而，证之历史，所谓自调节云云，如果不是臆想，也纯粹是一种理论假设。

在国际经济领域，那种自发调节的自由市场经济从来就没有真正存在过。也许，从理论上说，金本位制和浮动汇率制都是很好的制度，但遗憾的是，它们从来都没有被认真遵守和真正实施过，因而，被人们向往的那些自动调节机制，基本上就没有真正发挥过作用。其实，现实世界远比经济理论和经济模型复杂得多；在理论和现实之间，横亘着一条很难逾越的鸿沟。固然，科学的分析路径需要我们遵循"抽象—具体"的逻辑，即：抽象出某种"纯正"状态，全面分析其基本特征；然后渐次增加现实因素，逐渐逼近现实状态。但是，倘若我们赖以出发的理论基础在现实中甚至很难找到其近似状态，我们便有理由怀疑，经典教科书提供的理论模型可能并未触及现实问题的主要方面，其抽象过程存在缺陷。

历史记载的事实是，在金本位时代，以英国为首，几乎所有国家都不按照"博弈规则"行事，致使传说中的金本位自动调节机制始终难展长才。在浮动汇率时代，美国常常压迫别国改变汇率，其他国家则往往因"恐惧浮动"而实行某种形式的盯住制。因此，在所谓金本位时期和浮动汇率时期，起关键作用的并不是教科书罗列出的那些自动调节机制，而是英镑霸权和美元霸权，以及基于霸权形成的国际协调机制。

第 7 章研究国际政策协调机制中的汇率问题。章名为"货币国策和美元霸权收益"，意在明确地点明：在冠冕堂皇的自由市场的口号之下，潜藏着的是国家利益的冰冷考量。

在国际宏观政策协调机制中，汇率始终居于中心地位。我们总是被告知：浮动汇率最符合自由市场精神，它可以自动调节贸易失衡，隔离外部冲击的影响，保证国内货币政策的独立性。这一理念也常常被从反面阐释：在全球资本流动越来越频繁、规模也越来越大的情势下，面对冲击，新兴市场经济国家甚至发达经济体都无法维持任何意义的固定汇率制。

且不论支持浮动汇率制的理论存在严重缺陷，现实世界中汇率以及汇率战所起的作用，也让我们对鼓吹浮动汇率的真实意图存有怀疑。历史事实是，汇率常常被"中心国"拿在手中，作为攻击并迫使他国调整国内经济政策的武器。在这个过程中，中心国悄悄地实施着自己的"货币国策"，即"通过操控货币环境来影响其他国家的政策"。

问题的复杂之处在于，汇率作为"中心国"对付他国之武器的事实，常常被一些装扮为公理的精致理论包裹着。这些理论被那些中心国家高擎着，作为国际公器来号令天下，并据以对他国的国内政策评头论足，甚至胁迫后者对其国内政策进行调整。善良的人们不明此理，常常扮演为虎作伥的角色。美国当局围绕汇率的所作所为，为我们的论断提供了绝妙的注脚。从 1988 年开始，美国财政部便每年两次向国会提交《国际经济与汇率政策报告》，以经常项目和外贸余额变动为主要依据，判断贸易伙伴是否操纵汇率，并提出相应的反制措施。最初被列为汇率操纵国者，是德国、日本、韩国和中国台湾省，到了 21 世纪初，中国大陆便成为主要被指责的对象。最近，当德国对美贸易顺差稍有增大时，美国立刻剑指德国，全不顾自己忠实盟友的利益和面子。

第 8 章分析宏观经济政策的国际协调。我们提供的资料及其分析显示，所谓宏观经济政策的国际协调，本质上也是强势国家迫使弱势国家进行国内政策调整的又一渠道。长期以来，一些国际组织也被某些国家用来作为从事大国货币博弈的工具，国际货币基金组织、世界银行、世界贸易组织，等等，概莫能外。

值得注意的是，从 2011 年底开始，《跨太平洋伙伴关系协定》(TPP)、《跨大西洋贸易与投资协定》(TTIP)、《多边服务业协议》(PSA) 以及《日欧经济伙伴关系协定》等续开谈判，明确地向世界传达出一个信号：发达经济体作为一个集体，已经不满足于目前的全球化模式及其运行规则；为了夺回全球治理的主导权，他们正结成新的"神圣同盟"，力图树立新规。这意味着，一个新的国际货币体系和全球治理博弈，已经全面展开。

6

关于再平衡的两个神话

如果我们只相信自由放任的方法，就想当然地认为存在顺利运转的自发调节机制能够保持均衡，那是一个"教条主义错觉"，它忽视了没有任何理论给予合理解释的历史经验的教训。

——约翰·梅纳德·凯恩斯

凯恩斯于 1934 年出版了他的成名作《货币论》，其中有一段表述至今仍值得玩味。在引述了当时英国的主流经济学家们有关自由放任的高谈阔论之后，他不无揶揄地指出："它们并不认为它的自由放任主义实际所获成就是由于它一时的特殊地位而来的，而认为是由于放任主义本身具有无以复加的价值。至于其他国家未能仿效而行的问题，被认为说明了它们的持政之道恶劣，正像它们对保护关税的成见一样。"这是说，当时英国的多数经济学家并没有意识到，正是也只是特殊的金融地位给英国带来了额外的好处。历史总是惊人的相似，把这段话套用在当前一些美国经济学家的身上，似乎也同样贴切。麦金农指出："那些身处世界货币体系中心的美国人，包括最专业的经济学家们，是身在福中不知福，他们并不知晓美元本位是如何运作的，而那些外围的、处在准自治的欧洲之外国家的人们，却非常清楚，有时候还很恐惧它。"[①]（McKinnon，2005）

英国和美国是世界历史上仅有的两个真正掌握过全球霸权的国家。抛开政治、军事和一般的经济因素，单从国际金融层面分析，英镑霸权

---

① Ronald I. McKinnon, "Trapped by the International Dollar Standard", *Journal of Policy Modeling*, Volume 27, Issue 4, June, 2005, pp. 477–485.

和美元霸权的相似之处颇为耐人寻味。然而，主流经济学并没有充分揭示这方面的事实和机制，相反，一些自动调节的理想化情景被当成事实来宣扬，并因此而进一步歪曲和掩盖了事实真相。由于霸权国家在经济理论研究方面也往往处于主导或主流地位，主流理论的这种倾向性自然不难理解。

在国际货币体系方面，有两种制度安排经常被宣扬为可以自动调节国际收支失衡，第一个是英镑霸权时期的国际金本位制，第二个是美元霸权时期的浮动汇率制。鉴于这两种机制至今仍被人们宣传为国际货币体系的"理想国"，在此，我们不妨称之为有关全球经济再平衡的两个神话。

需要补充的是，在这两个神话之间有一个布雷顿森林体系。按照设计和规定，该体系下的任何调整都是需要借助国际货币基金组织来协调的。就各国而言，维持内外均衡主要依靠的是资本管制，而很少运用汇率手段。因为，根据规定，改变汇率平价，需要和国际货币基金组织磋商，但这会泄露可能贬值的信息，引起市场动荡。虽然，小幅调整平价可以不与国际货币基金组织商议，但在资本流动活跃的情况下，小幅调整也会导致市场认为是当局进一步调整平价的信号，这恰恰是德国与荷兰在 1961 年汇率重估的教训。因此，布雷顿森林体系时期，主要的调整机制还是资本管制，以及在资本管制日益失效情况下的各国政府与中央银行之间的合作（Block，1977）①。

金本位制的"黄金时期"（1870—1914 年）

作为大英帝国维多利亚时代辉煌成就的一个侧面，1870—1914 年的国际金本位制被许多经济史家大加褒奖。奥菲瑟（Officer，1986）在其著名的有关国际货币制度的论著中，曾在显著位置引用了三位当代著名历史学家关于金本位的褒扬之辞：（1）纽约的外汇市场达到了前所未有的稳定。……汇率的任何可感知的对平价的背离，都倾向于引发黄

---

① 下一章我们对于国际货币政策协调将作更深入的探讨。

金的流入和流出。(2) 1885年之后汇率（英镑/美元）非常稳定。(3) 但是，英镑/美元汇率的行为大致符合"博弈规则"（rules of the game），并且在1914年以前的大约35年中保持在黄金输送点之内。显见，金本位的运行机制已经被罩上某种神圣的光环。

这些引语事实上肯定了经济史上的一项"传统智慧"，即1870—1914年的国际金本位制的运行是有效的。但，奥菲瑟（1986）如实指出，这些事实是有争议的。有学者指出，在所谓金本位制的黄金时期，政府经常干预市场运行，也多次出现汇率超出黄金输送点（violations of gold points）的情形。在国际经济学方面颇有建树的Obstfeld（2000）的见解比较中肯，他指出，"即使在伟大的维多利亚时代，这种近似无摩擦的调整和统治者的经济干预为'博弈规则'所约束的图景也是十足的夸张。……但是经典范式（国际金本位制）可以作为一个有用的理论基准"。不过，遗憾的是，在很多情况下，抽象的理论基准被当成了历史事实。

在肯定国际金本位制良好运行的背后，还有一层不常被揭示的潜在含义，即国际金本位制是中立的和公平的。在这一体系中，任何国家的地位都是对称的，在市场机制自发调整贸易失衡的过程中，任何国家都无法获取额外利益。

简言之，1870—1914年的国际金本位成为国际货币体系历史上的第一个神话。它兼具效率和公平，可以自动调整经济的内外失衡，促进经济增长和贸易发展，成就了资本主义发展的黄金时期。

在国际金本位制神话的缔造者中，除了提供事实的经济史家，还有提供机制、构造模型的经济学家。其中，被经济学家们经常提及的机制有三个，即价格—铸币—流动机制，收入—铸币—流动机制以及金本位"博弈规则"。这些机制非同小可，它们都和著名的经济学家有关，并构成国际经济学教科书的经典内容（如Krugman and Obstfeld, 2000; Salvatore, 2004）。

价格—铸币—流动机制（price-specie-flow mechanism）。这一著名的机制，最早是休谟在同重商主义者论战时提出的。重商主义者主张，国家应该持续保持顺差，使得国外金银不断流入，因为金银是国民财富的体现、支柱和商业繁荣的关键。休谟则指出，由于金银流动会导致两国价格发生相对变化，持续顺差是不可持续的。对金银流入顺差国而言，其国内货币供给会增加，从而导致国内物价上升（货币数量论）；物价上升又会导致进口增加、出口减少，最终自动平衡该国的顺差。反之，金银流出的逆差国的货币供给会减少，从而物价下降，物价下降会导致出口增加、进口减少，最终使得该国的逆差自动平衡。

收入—铸币—流动机制（income-specie-flow mechanism）。这一机制推理的关键背景是古典货币数量论，因此堪称一个古典机制。该推理过程的关键环节是价格黏性，可以看做是一个新凯恩斯主义的机制。这一机制认定：金银流入顺差国，会导致该国货币供给增加。这会使该国的真实余额和总需求上升（价格黏性）。需求扩张会增加进口，从而自动平衡该国的顺差。反之，金银流出逆差国，会导致该国货币供给减少，这会使该国的真实余额和总需求下降。需求萎缩会减少进口，从而自动平衡该国的逆差。

金本位"博弈规则"。如果说，前两个机制分别关注实体经济的价格和数量调节，那么，金本位博弈规则重点关心通过资本市场发挥作用的调节机制。该规则认定：当逆差国面临黄金流出时，货币当局发行货币的准备金减少，促使其卖出资产、收缩银根，这会使得该国利率上升从而吸引外国资金流入，弥补其外部赤字。反之，当顺差国面临黄金流入时，货币当局发行货币的准备金增多，导致其买入资产、膨胀信用，这会使得该国利率下降从而促使本国资金外流，缓和其外部盈余。赤字国倾向于进一步紧缩银根，盈余国则倾向于进一步放松银根，这被称为金本位制下的"博弈规则"。据说，这个词最早也是凯恩斯提出的（Krugman and Obstfeld, 2000）。

以上著名经济学家们阐述的上述精巧机制，为金本位制神话提供了坚强的理论支撑。有意无意之间，理论和现实之间的界限模糊了，经济现实越来越倾向于被描绘成基准理论所规定的理想情形。

自动调节机制：神话还是事实？

遗憾的是，这些精巧机制描绘的并不是全部事实，甚至主要不是要事实。仔细考察前述三个经典机制就会发现，其传导链条的第一环都是货币供给变动。在价格—铸币—流动机制中，货币供给变动导致相对价格变动；在收入—铸币—流动机制中，货币供给变动导致相对收入变动；在"博弈规则"中，货币当局甚至要进一步强化货币供给变动，加速调整过程完成。因此，货币当局是放任甚至进一步强化货币供给变动，还是采取冲销（sterilization）政策对冲货币供给变动，就成为一个关键问题。如果政府采取违背"博弈规则"的冲销政策，那就掐断了传导链条的第一环，所有机制都无所施其技。

现在的大量研究表明，金本位制下的"博弈规则"在1914年之前经常被违背（Krugman and Obstfeld，2000；施瓦茨，2008）。各国货币当局经常进行冲销操作。在历史上，英国、法国和普鲁士都曾悍然带头出手阻止黄金外流，然后一些小国也群起仿效。这方面的文献堪称汗牛充栋，我们在此不做系统梳理。如果说克鲁格曼、Obstfeld、施瓦茨的研究只能代表当代观点，那么我们可以参考凯恩斯1934年出版的著作《货币论》中的论述。在该书的第七篇中，我们不但得窥金本位制下的乱象，还可以从凯恩斯的思考中找到把握问题根本所在的思路。奇怪的是，以凯恩斯的威望和盛名，这些论述似乎没有引起后人应有的重视。

用现代的理论模式来概括，问题的实质就是所谓的"三元悖论"或"不可能三角"。在金本位制下，固定汇率加资本自由流动，意味着各国失去了货币政策的独立性。换言之，遵守金本位的"博弈规则"，是以放弃国内宏观经济目标为代价的。在西方主要国家，第一次世界大战前和第二次世界大战后的宏观政策思维有很大转变。政府将宏观政策重心放在国内目标上，关注通胀和失业之间的平衡，这是第二次世界大战以后的事情。在1914年第一次世界大战之前，政府在内部平衡方面的责任相对较轻，这才使其能够部分地容忍金本位制的调节机制。然而，这种容忍是有限度的。当国内目标和外部平衡出现严重冲突，以至于危及政府的统治之时，政府必定会选择违反"博弈规则"，甚至最终完全放弃金本位制。

调整的艰难主要体现在两个方面。第一，逆差国和顺差国责任不对等。对顺差国来说，遵守规则的后果是本国物价上涨和利率下降，这会降低本国的竞争力并且导致资本流出，这并不符合国内利益。凯恩斯

(1986年，下卷，第265页）对此心知肚明，因此在论及人们对美国和法国破坏"博弈规则"的批评时，他说道："如果指望这些国家为了实行一种更加适合于某些其他国家的信用政策而自动牺牲它们认为属于自有的利益，那便未免希望过奢。"因此，逆差国并不能指望黄金流动会把顺差国刺激起来，在半道迎接它们（凯恩斯，1986年，上卷，第295页）。逆差国则面对方向相反的问题。如果他们独自遵守规则，实施货币紧缩的后果往往是黄金流入有限，国内经济已无法收拾。因此，他们通常也不会遵守规则。第二，资本进出和商品贸易造成的失衡效果是不对等的。在资本自由流动情况下，资本对利率的反应非常敏感，国内外的任何利差都会迅速引发资本流动，相反，商品贸易对价格变动的反应则要迟钝得多。因此，利用资本流动来缓和商品贸易失衡，并非现实的选择，大量投机资金的快速进出，很可能不但会进一步加剧外部失衡，而且会对国内经济造成巨大冲击。这就使得一些国家不得不采取冲销政策来对冲这些影响，甚至采取资本管制来限制黄金流动。

金本位的实质是英镑霸权

金德尔伯格（2010）一针见血地指出了国际金本位的实质，"这是一个被管理的体系，管理中心是英格兰银行。……英镑汇票在全球交易或成为外国的紧密替代货币，而英镑利率则由伦敦操纵，所以金本位制就是英镑本位制"。施瓦茨（2008）的观点完全相同。他也是直截了当地指出，"由此，所谓19世纪末的金本位制实际上是一种英镑/信用货币本位"。他还进一步指出，"这种制度性结构注定了金本位在经济上并不是中立的"。既然英格兰银行是体系的管理者，那么英国有意无意间从中获益就不可避免。

为什么国际金本位的本质是英镑本位或者英镑/信用本位？要回答这个问题，首先要理解什么是货币。按照金本位的传统定义，货币由黄金和银行券构成，这些银行券有等量的黄金储备支撑，可以随时兑换成黄金。然而，如果认为在19世纪末的金本位下英国的货币供应还严格由黄金和银行券这两部分构成，那无疑是太天真了，因为，在历史上，信用货币的出现要早得多，它们早就构成货币供应中的一个显著部分。在 19 世纪末，英格兰的货币大致由四部分构成：黄金铸币、银行券、银行存款以及商业汇票。后两者是否属于货币，自始至终就被理论界质疑，但是，它们事实上发挥了货币的功能，却肯定无人怀疑。① 因此，当英格兰的《1844 年银行法》限制了银行券发行，但对汇票和银行存款却未加限制的时候，英格兰的汇票和存款便大量增加了（金德尔伯格，2010）。另外，1870—1913 年，全球贸易年均增长 3.3%，但，其间，1873—1892 年，实物黄金供应量年均仅增长 1.3%，1892 年之后至第一次世界大战前，年均增长稍有提高，但也只有 3.7%（施瓦茨，2008）。简单计算可得：整个金本位期间，贸易量增长了 4 倍，但实物黄金供应量仅增长了 3 倍，这还没有考虑黄金的非货币用途。

　　这些英镑信用货币的流通范围并不局限在英格兰境内，而是全球性的，大西洋两岸的商人通过融通票据进行着各种交易。在这种背景下，伦敦的金融中心地位必然发挥巨大作用。凯恩斯（1986，下卷，第 266 页）指出："在十九世纪后半叶，伦敦对全世界信用状况的影响是极占优势的，以致英格兰银行几乎可以自命为国际管弦乐队的指挥。"当时，英国的银行管理着全球的货币供给和贴现率，实际上成为了全球的中央银行，然而，这些银行的行为方式却是以盈利为目的的传统商业银行。施瓦茨（2008）指出："实际上，边缘国家把钱以低利率借给英国银行，这反映出英国银行固有的信誉和贷款的短期性。接着，同样是这些英国银行转过头来再把这些钱以高利率贷回给边缘国家，这反映出贷款的长期性和海外借款人所固有的信用不佳。"利率是信用的价格，当交易一方掌握着价格的决定权，交易的结果也就可想而知了。图 6-1 显示了 1870—1950 年英格兰银行的贴现率。一个有趣的事实是，在 1870—1914 年的金本位时期，该贴现率变动非常频繁，波动幅度也很大；而在 1914 年之后的大部分时间内则较少变动，开始长期保持稳定，1932 年 7 月至 1939 年 7 月 7 年保持不变，1939 年 11 月至 1951 年 11 月 12 年保持不变。

---

① 马克思在《资本论》（第三卷）研究信用问题时就曾明确指出：商业汇票是"真正的商业货币"。

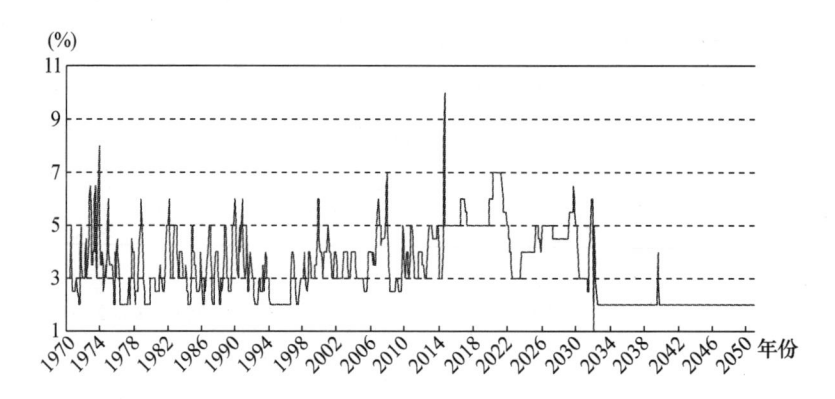

图 6-1 1870—1950 年英格兰银行贴现率

资料来源：英格兰银行（www.bankofengland.co.uk/statistics/rates）。

英国的这种金融霸权地位不容小觑。正如卡尔·波兰尼所强调的，"英国强权下的世界和平，有时经由坚船利炮的恐吓来获得其支配地位，然而，它更经常地是通过适时牵引世界货币网络的绳索来大行其道的"（Polanyi，1944）。

浮动汇率"神话"的新旧版本

从布雷顿森林体系崩溃前后至今，主流观点在汇率制度选择上历经嬗变。布雷顿森林体系建立之初，该制度的设计者们大都是固定汇率的拥护者；20 世纪 60 年代末，为应对美元危机，人们转而热衷于浮动汇率；80 年代早期，世界又开始偏向固定汇率；90 年代早期，转向二者之间的某种中间体制；亚洲金融危机后，多数人开始拥护所谓"两极论"（bipolar view），即或者采行不可更改的固定汇率（比如货币局制度、联系汇率制或美元化），或者采行真正的浮动汇率（Carmignani et al.，2008）。仔细考察这一转变过程，就会发现，主流观点对浮动汇率的推崇经历了两个时期，并相应产生新旧两个版本。旧版本是 60 年代的货币主义观点，主要针对发达经济体；新版本是 20 世纪 90 年代中后期产生的"两极论"或"角点解"（corner solutions），主要针对新兴市场国家开的药方。

浮动汇率最著名的支持者可能是弗里德曼。他指出（Friedman，1953），浮动汇率可以自动调节贸易失衡，隔离外部冲击的影响，保证国内货币政策的独立性。由于把浮动汇率和夏令时作对比，弗里德曼的观点有时也被称作"夏令时观点"，即面对外部冲击，与其调整国内各种价格，不如调整汇率，就好像在夏天，与其让每个人改变作息时间，不如直接调整时钟。到60年代末，大多数经济学家开始支持浮动汇率，同时，商界领袖和政府官员也受到很大影响（奥德尔，1991）。弗里德曼的观点是浮动汇率神话早期版本的代表作。它有两个显著特点：第一，强调浮动汇率下失衡的自动调节和货币政策的独立性。正如另一位货币主义者Johnson（1973）所强调的，"支持弹性汇率的一个基本理由是，它允许国家自主运用货币、财政和其他政策工具"。第二，早期版本和经济思想上的自由放任主义有天然的联系。比如，一个经常被引用的辩解是，既然（对内）管制价格会造成扭曲而妨害经济效率，为什么（对外）还要固定汇率制呢？

在充满天真的早期版本成为历史遗迹之后，浮动汇率神话在90年代中后期以"两极论"的新面目复活。如果说早期版本体现了主要发达经济体（尤其是美国）的"自我救赎"的趋向，那么新版本则是针对新兴市场国家和发展中国家开出的药方。Obstfeld 和 Rogoff（1995）较早提出了"两极论"。他们认为，面对高度发达的全球资本市场，在主权国家之间实行固定汇率制得不偿失，在浮动汇率和共同货币之间，几乎没有可行的中间地带。此前的英镑危机和墨西哥金融危机令人印象深刻，英格兰银行和墨西哥当局花费巨资欲稳定汇率而不可得，确实，"把浮动汇率的魔鬼塞回瓶子里，说起来容易做起来难"。此后的东南亚金融危机进一步强化了"两极论"。有很多经济学家撰文表示支持（如 Fischer，2001；Kenen，2000）。国际货币基金组织也推出了大量研究，除了从理论和经验方面论证浮动汇率的优势外，甚至开始讨论从某种形式的钉住汇率转向浮动汇率的具体操作步骤（Caramazza and Aziz，1998；Duttagupta et al.，2004，2005）。

较之旧版本，新版本既有继承，也有扬弃。首先，"两极论"的重心落在浮动汇率制上，鼓吹"两极论"实际上就是鼓吹浮动汇率制。两极论的固定汇率大致包含两种情况：一是共同货币区（如欧元区）；

二是实行美元化或联系汇率或货币局制度（如一些拉美国家和中国香港、新加坡）。就大多数新兴市场国家而言，这并非现实的选择。因此，"两极论"最终实质上成为浮动汇率论。其次，自动调节外部失衡和货币政策的独立性仍然是关键论据。这一论据也是旧版本的精华所在，是支撑浮动汇率的主要理论依据，其调节机制也是教科书的经典内容（如 Krugman and Obstfeld, 2000; Salvatore, 2004）。再次，以 90 年代的国际收支资本项目自由化为背景，全球资本流动越来越频繁，规模也越来越大。面对冲击，新兴市场国家的钉住汇率制日益显示出其极端脆弱性。90 年代末量子基金和老虎基金等国际游资声威大震，它们似乎可以轻易洗劫一国的中央银行，并使得该国货币最终崩溃。显然，资本项目自由化和浮动汇率制，实际上是捆绑兜售的，接受前者就必须进一步接受后者。复次，"两极论"的兴起是有现实依据的，许多支持者都会热心地指出，90 年代以来有很多经济体从各种形式的钉住汇率转向实行自由的浮动汇率。最后，旧版本中那种把固定汇率和政府干预、行政控制做类比，以自由市场教条来反对固定汇率的天真观点已基本被放弃。许多经济学家认识到，这一争论不能简单以激进对保守、国家干预对自由市场、凯恩斯主义对古典主义之类的阵营对垒来看待（克鲁格曼，2000；麦克勒姆，2001）。

总之，浮动汇率制的旧版本具有更多的理想主义色彩，新版本则更多地从经济现实入手。旧版本的"神话"许诺了一个自动调节的完美情形，当实践打碎这一梦想后，新版本的"神话"便露出了其狰狞面目：虽然浮动汇率不见得美好，但是回到固定汇率已经不可能了。从这个角度来说，Obstfeld 和 Rogoff（1995）的比喻非常贴切，一旦把浮动汇率的魔鬼从瓶子里放出来，再塞进去就不那么容易了。旧版本的完美调节和新版本的严酷现实混杂在一起，形成了新一轮的以新自由主义为其理论基础的浮动汇率思潮，并对各国的理论界和决策层产生了极大影响。

反对浮动汇率的观点

从经济思想的演变历史看，浮动汇率观点受人关注并成为主流只是近年来的事。国际金本位和布雷顿森林体系时期都是固定汇率观点占主流,两次世界大战之间的浮动汇率时期伴随着经济动荡和金融混乱,更使得浮动汇率声名不佳。因此,在20世纪60年代末,很多人对浮动汇率疑虑重重,往往把浮动汇率等同于不稳定的汇率,并且认为英国衰落的征象之一,就是不能维持黄金平价从而破坏了固定汇率的基础。奥德尔(1991)曾经提到,"1969年中期一些国家的商界和学术界专家们在瑞士比根施托克的聚会,可能促成了态度的转变。据一位支持扩大(汇率)伸缩性的与会者说,在会议开始时只有一位银行家或实业家赞成扩大伸缩性,而到会议结束时只有一个仍然坚决反对。多数与会者表示支持在某种程度上把更大的浮动幅度和浮动钉住结合起来。这种改变的大多数鼓吹者是美国人,而且大多数人认为美元仍是这个制度的固定的明星"。经济思想这种潜移默化的转变,往往是现实经济发生剧变的先导。

但是,全球经济的实践并没有为浮动汇率制增添光彩。20世纪80年代,在浮动汇率制运行了十多年之时,人们开始把糟糕的经济表现部分归咎于浮动汇率,掀起了一轮反对浮动汇率的热潮。在这方面,鲁迪格·多恩布什曾经做过的一项研究值得一提。他指出,经过十多年的浮动汇率实践,人们对浮动汇率下国内政策的自主性变得更没有信心了。因为大国的经济政策往往会对开放小国造成影响,使其在浮动汇率制下也无法获得政策的独立性。他的结论是,不管是何种汇率制度,都只是决定外部冲击的传导方式和最后效果,而不可能彻底隔离冲击(Dornbusch,1983)。确实,对很多国家来说,浮动汇率制既没有带来独立的货币政策,也没有带来国际收支失衡的自动调节机制,相反,汇率的短期剧烈波动反倒加大了维护国内经济稳定的难度。施瓦茨(2008)也特别指出,"这些关于浮动汇率的理论期许被证明是虚幻的,因为一旦解除资本管制,实现汇率浮动,货币政策就不再直接作用于整个经济体了"。

旧版浮动汇率神话的倡导者主要是货币主义者。早期货币主义者信奉"面纱论",认为货币供给变动只会使所有价格同比例上涨,不会影响实体经济。新版浮动汇率论者其实有着同样的"面纱论"信仰,只不过要相对隐蔽一些。新版浮动汇率论者在论证汇率调整的有效性时,暗中假定了所有商品的价格会随着汇率同比例变动。但，这一假定并非事实。现实中，商品至少可以分成三类：非贸易品、工业制成品和资源类产品，它们对汇率变动的反应是不同的。以日本为例，1985—1988年日元升值40%，同期出口价格指数下降31%，批发价格指数下降17%，消费物价指数却上涨了2%。这就好比在实行"夏令时"的时候，有人的时钟提前了60分钟，有人则提前了40分钟，有人甚至推后了20分钟。这当然会造成混乱和扭曲。因此，正如麦金农和大野（1997）所指出的，"如果说汇率变动不过是罩在固定的国内价格结构上的一层面纱，就等于说货币是一层对真实经济没有任何影响的面纱。这两种说法一样不能令人信服。汇率变动不但有巨大的现实作用，而且还是微观经济和宏观经济不稳定的主要根源。汇率并非被动地调整以理顺国内价格关系，而常常成为推动国内价格水平向一个方向或另一个方向变动的决定性变量"。

"两极论"宣扬者的一个重要论据是，20世纪90年代以来，有很多经济体从各种形式的钉住汇率转向实行自由浮动汇率，这说明中间汇率制度不可持续。然而，Calvo和Reinhart（2002）通过对39个国家的汇率、外汇储备和利率行为的考察发现，许多宣称实行浮动汇率制度的国家好像总是害怕浮动，而在实际经济运行中总是采取某种形式的钉住汇率。许多研究都指出，一国实际采行的（de facto）汇率制度与该国政府在法理上（de jure）宣布的汇率制度，经常出现不一致。也就是说，政府在汇率制度上往往言行不一，说一套做一套。那些宣布钉住汇率的国家，在实际经济运行过程中往往食言，反之，那些宣布汇率自由浮动的国家，却似乎总是害怕浮动，往往通过干预措施使汇率波动局限在某个区间内。因此，就如同金本位时期有些国家利用各种政策破坏"博弈规则"一样，在浮动汇率时期，也有国家利用各种政策来妨碍浮动。

对于有些国家不愿忍受汇率变动的原因，研究者提出了很多解释。Hausmann等人的研究指出，同样作为浮动汇率国家，G3（美国、德国、日本）的储备和利率波动小、汇率波动大，新兴市场则正好相反，它们的汇率波动小、储备和利率波动大，其他一些工业化国家则处在中间的位置。他们用货币错配（currency mismatch）和汇率的传递性

（pass-through）等两大原因来解释这一现象。货币错配越严重、汇率传递性越高，中央银行越关注汇率水平，并且会限制其波动（Hausmann et al., 2001）。道理很简单，货币错配越严重，汇率变动所造成的债权债务风险越大；汇率传递性越强，汇率变动就会迅速而完全地传递到本国经济的各个部分和各个领域，而一切应对调整都将由本国来完成。

简言之，浮动汇率论者的理想化辩解后面，隐藏着"面纱论"的本质。在全球化条件下，浮动汇率并没有带来货币政策的独立性，也没有带来国际收支失衡的自动调节。对货币错配和汇率传递程度高的新兴市场国家来说，为了避免金融风险和实体经济结构扭曲，将汇率波动限制在适当范围内，可能是最优选择。

针对浮动汇率制的四个相反事实

其实，除了理论上的反驳，20世纪70年代至今的经济现实也并不利于浮动汇率观点。在布雷顿森林体系崩溃后的浮动汇率时代，发生了四个值得关注的重要事实，即：汇率波动剧烈、外部失衡愈演愈烈、经济危机和金融危机频发、美国对外债权债务的净收益显著增大。

事实一：汇率波动剧烈。1973年布雷顿森林体系崩溃之后，主要西方国家开始实行浮动汇率制。浮动汇率的支持者一般认为，在浮动汇率制下，汇率水平会相对稳定。然而，事实否定了理论家的猜想。汇率制度转变之后，全球汇率出现了比固定汇率制度下大得多的波动。除了波幅增大之外，这一转变还有两个明显特征：持续性增强与实体经济的相关性减弱。这使得实际汇率往往发生持久性的背离，各类汇率预测也出现了普遍的失误。图6-2显示了1960年以来的美元/英镑、美元/马克（欧元）和美元/1000日元汇率走势。显然，从20世纪70年代初开始，三国汇率波动的幅度和持续性都明显增强。

事实二：外部失衡愈演愈烈。伯格斯坦（2005）在论及全球失衡时指出，"事实上，第二次世界大战以后，这至少是第五次出现类似情形：美元的急剧升值导致经常项目严重恶化，反过来又产生国内贸易保护主义的压力以及越来越深的对美元暴跌的担忧，然后，通过或多或少

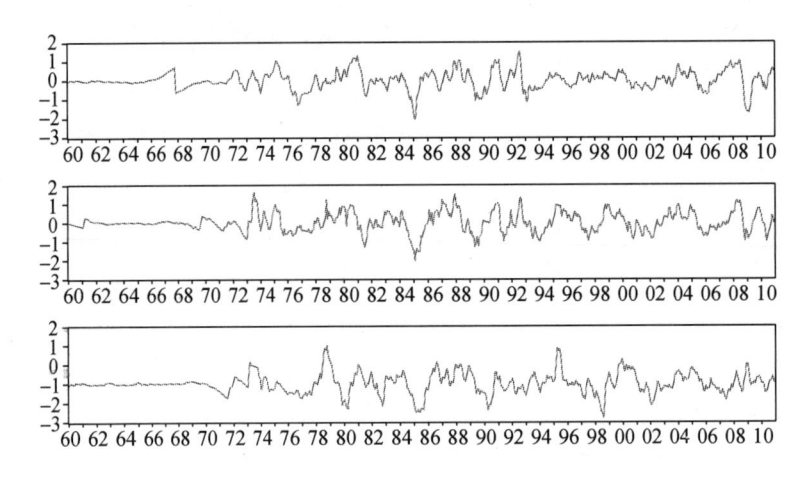

图 6-2　1960—2010 年主要国家名义汇率波动

资料来源：IMF，IFS 数据库。三图从上到下依次为美元/英镑、美元/马克和美元/1000 日元汇率。美元/马克 1999 年 1 月后为美元/欧元汇率。数据取对数后用 HP 滤波去趋，月度数据滤波参数取 14400。

无序的汇率重新调整和主要国家临时性的措施解决了问题"。他所说的这五个时期是：20 世纪 70 年代初、20 世纪 70 年代末、20 世纪 80 年代中期、20 世纪 90 年代中期和 21 世纪初。图 6-3 显示了美国、德国、日本、中国、英国五国经常账户差额占 GDP 的比重情况。显然，从 70 年代开始，国际收支失衡就越来越严重，我们并没有看到浮动汇率论者宣扬的自动调节机制在发挥应有的作用。

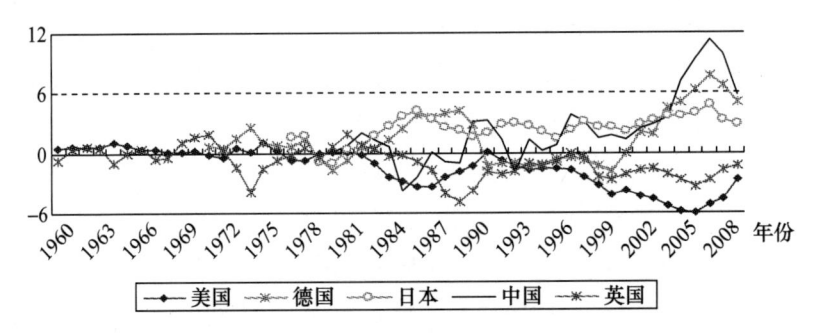

图 6-3　1960—2009 年主要国家经常账户差额/GDP（％）

资料来源：IMF World Economic Outlook Databases。

事实三：经济危机和金融危机频发。金德尔伯格注意到，1973年以来，全球经济和金融危机明显增多的事实。他明确指出，"尽管1945—1973年间曾经发生过几次经济衰退，但衰退的程度十分轻微。近期以来，随着1974—1975年爆发的世界范围的经济衰退，加上80年代金融形势紧张，金融危机迅速增多"（金德尔伯格，2007）。Reinhart和Rogoff（2008）对800年来的金融危机进行了全景式的翔实描述。他们将金融危机分为三类：银行危机、外债危机和内债危机。他们的数据显示，1945—1973年只发生过3次银行危机、15次外债危机，而1974—2006年则发生了上百次银行危机、72次外债危机。

事实四：美国对外债权债务的净收益显著增大。Gourinchas 和 Rey（2005）指出，汇率变动可以通过金融渠道迅速导致财富转移。例如，2004年12月，美国对外净负债2.5万亿美元，其中对外资产10万亿美元，负债12.5万亿美元。这些负债几乎100%以美元计价，资产则有70%以外币计价。其他条件不变，美元贬值10%将使相当于5.9%美国GDP的财富从世界转移到美国，同期美国的贸易逆差也才占GDP的5.3%。他们利用市场价格重估了1952年以来美国的对外资产和负债，结果发现，相对于负债，美国的资产有一个相当大的额外收益。而且，在布雷顿森林体系崩溃后，这一额外收益显著增大。因此，人们有理由认为，美国已经从世界的银行家转变为世界的投机资本家。

日本"金融败战"和"日元升值综合征"

以上四个事实之间有着可感知的微妙联系，这些联系需要进一步的国别研究来揭示，日本不幸正是适例。首先，美元/日元汇率的剧烈波动情况可以从图6-2中充分看出；其次，从图6-3可以看到，日本一直是重要的顺差国，而且很多时候是美国逆差的对手国；再次，自泡沫经济破灭以来，日本一直没有走出自身危机的阴影，而且每次大的外部危机都会对日本造成很大冲击；最后，在美国获得对外资产净收益的同时，日本的美元债权却不得不承受亏损。

表6-1列出了1980年以来日本经济的几个重要指标。从经济增长

方面看，"失去的十年"已经确信无疑地要升级为"失去的二十年"了。1991—2009年全球经济平均增长3.3%，而同期日本的平均增长率还不到0.8%。从图6-4可以清晰地看到，日本目前的经济总量仅是1980年的1.6倍。如果从1991年开始，日本能获得全球平均的增长水平，那么，到2009年，其经济总量差不多将是1980年的3倍。从价格和利率水平看，其物价多年负增长，通货紧缩情况严重；虽然央行贴现率多年维持在接近零的水平，但是经济依然乏力，出现典型的"流动性陷阱"。财政刺激计划也不能有效启动经济，加上老龄化等问题，使得政府不堪债务重负，债务/GDP比重已经接近200%，成为新的棘手问题。最后，日本作为长期顺差国，官方和民间均积累了巨大的外汇资产。

表6-1　　　　　　　　1980—2009年日本主要经济指标

年份	经济增长率（%）	通货膨胀率（CPI,%）	中央银行贴现率（%）	经常账户余额/GDP(%)	政府债务/GDP（%）	官方储备资产（亿美元）
1980	2.80	7.81	7.25	-1.02	39.13	252
1981	4.18	4.91	5.50	0.41	40.92	284
1982	3.38	2.74	5.50	0.63	44.27	233
1983	3.06	1.88	5.00	1.76	48.14	245
1984	4.46	2.25	5.00	2.78	49.55	263
1985	6.33	2.05	5.00	3.67	50.27	265
1986	2.83	0.61	3.00	4.23	54.22	422
1987	4.11	0.12	2.50	3.45	56.07	815
1988	7.15	0.65	2.50	2.64	54.16	977
1989	5.37	2.28	4.25	2.24	50.73	849
1990	5.57	3.07	6.00	1.55	48.93	771
1991	3.32	3.26	4.50	2.07	47.85	690
1992	0.82	1.72	3.25	2.84	49.78	687
1993	0.17	1.26	1.75	2.99	55.38	956
1994	0.86	0.70	1.75	2.74	59.72	1228
1995	1.88	-0.13	0.50	2.16	65.90	1828
1996	2.64	0.13	0.50	1.42	68.06	2179
1997	1.56	1.78	0.50	2.27	71.49	2208

续表

年份	经济增长率（%）	通货膨胀率（CPI,%）	中央银行贴现率（%）	经常账户余额/GDP(%)	政府债务/GDP（%）	官方储备资产（亿美元）
1998	-2.05	0.66	0.50	3.09	84.57	2159
1999	-0.14	-0.33	0.50	2.64	96.01	2881
2000	2.86	-0.71	0.50	2.53	103.80	3616
2001	0.18	-0.76	0.10	2.18	117.03	4020
2002	0.26	-0.90	0.10	2.87	130.92	4697
2003	1.41	-0.25	0.10	3.21	136.68	6735
2004	2.74	-0.01	0.10	3.72	150.73	8445
2005	1.93	-0.27	0.10	3.64	162.09	8469
2006	2.04	0.24	0.40	3.93	164.03	8953
2007	2.36	0.06	0.75	4.86	162.56	9734
2008	-1.17	1.38	0.30	3.24	167.86	10306
2009	-6.29	-1.35	0.30	2.82	185.07	10494

资料来源：日本统计局（www.stat.go.jp/english/data），笔者计算。

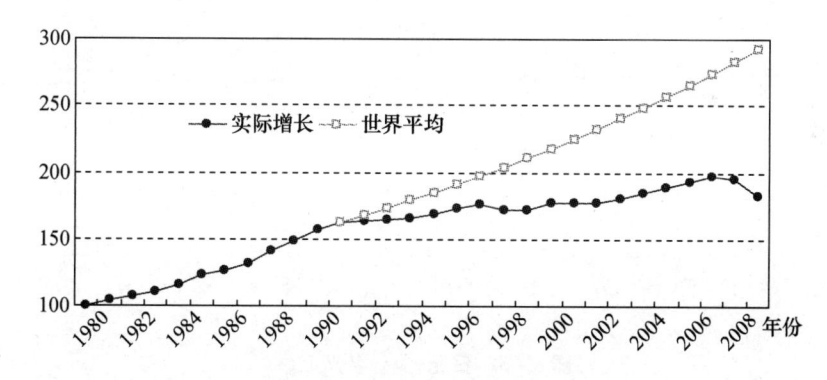

图 6-4 日本"失去的二十年"

资料来源：日本统计局（www.stat.go.jp/english/data）。1991—2009 年世界经济平均增长率根据 IMF 数据计算。

日本经济的困境很早就引起广泛关注，研究者意见纷纭、争论不断。毫不夸张地说，它确实"已成为现代宏观经济学最大之谜"（麦金农，2005）。经济学界对于这个谜团有着多种解释，其中有两种意见最具代表性。第一种意见来自西方主流经济学家（例如，Fischer, 1998；

Krugman，1998；McCallum，2003）。关于问题的原因，他们往往轻描淡写地归咎于货币当局的政策失误和金融部门深层次的结构问题。在治理方略上，除了财政扩张、货币扩张和货币贬值之外，还有金融体系的进一步自由化、增加透明度等。在讨论中他们也不忘炫耀理论知识，就"流动性陷阱"等问题追本溯源、广征博引。第二种意见主要来自日本学者和少数西方学者。他们认为，问题的根本在于日元/美元汇率的剧烈波动和日元的长期升值，而这又是由美国的特殊经济和金融地位所决定的。比如，吉川（2000）痛心疾首地将日本的挫折称作"金融败战"，麦金农和大野（1999）则指出日本患上了"日元升值综合征"。图6-5显示了1960年以来的日元/美元名义汇率。可以看到，从20世纪70年代至今的40年中，日元汇率从360日元/美元升值到80日元/美元，同时，这个过程还伴随着剧烈的波动（见图6-2）。无论如何，这种剧烈波动和长期升值都是非常惊人的，自然给日本经济带来了多方面的严重创伤。

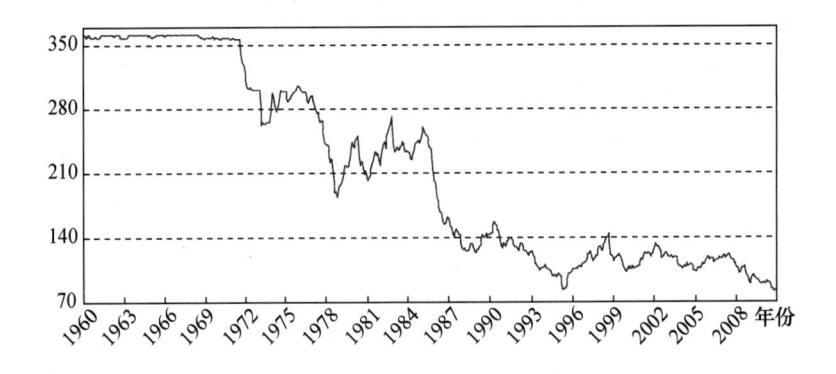

图6-5 日元/美元名义汇率

资料来源：IMF、IFS数据库。

首先，日元升值使得日本的美元资产蒙受了巨大的直接损失。由于长期对美顺差，日本积累了巨额美元资产，日元长期升值最明显的直接后果，就是这些资产蒙受了巨大损失。吉川（2000）指出，"80年代初以来，以日本人寿保险公司等机构投资家为主的日本资金大量流入美国购买美国国债——这是日本拥有的美元资产的主要形式……如果一直没有抛出，那么到了1995年4月日元升值的高峰时就已经丧失了70%。

即使是在1995年以后美元相对坚挺时，算来也要丧失40%以上"。从宏观尺度上看，这些损失也算是触目惊心了。对那些直接承受损失的金融企业来说，即使不是灭顶之灾也是巨大的创伤。比如，曾经"将庞大的日本资金源源不断地送入美国"的日产生命保险公司，在1997年春天宣告破产。如果说日本金融部门存在严重的"深层次结构问题"，这种亏损造成的沉重的货币错配负担难辞其咎。美国巨大债权债务净收益的对应面，正是日本美元资产的巨大亏损。这种财富净转移是所谓"金融败战"的最直接体现。

其次，日元汇率波动和日元升值扰动了价格信号、扭曲了价格结构，最终对实体经济造成巨大负面冲击。前已述及，汇率并非蒙在价格结构上的"面纱"，它会对相对价格造成实际影响。另外，针对汇率变动调整的具体经济影响，还和汇率的传递性有关。不妨举例分析，如果日本出口到美国的某商品以美元计价，当日元相对美元升值时，如果该商品的出口美元价格不变，那么它的日元价格就已经降低了，日本出口商必须进行相应的调整。因此，在大多数商品以美元计价的情况下，汇率变动的调整成本主要由日本厂商承担，美国受到的影响要小很多。在汇率变动会对实体经济产生真实影响的情况下，如果该变动是居民偏好、厂商技术等实际因素变动的反映，那么允许汇率自由浮动无疑是可以接受的选择；然而，如果该变动是由资本流动、政治压力和冲动情绪等引发的，那么汇率波动对实体经济的损害可想而知。尼桑公司负责财务的董事宫下曾经指出：如果每辆车的成本能降低1000—2000日元就非常了不起了，可是汇率上升10日元就让这一切荡然无存！这意味着，金融噪音要比真实信号大100倍左右（麦金农和大野，1999年，第78—79页）。

最后，日元升值预期和日元资产风险溢价压低了日本的利率，最终导致日本陷入"流动性陷阱"。Goyal 和 McKinnon（2003）指出，日本长期低利率的根本原因在于日元升值预期和日元资产的负风险溢价。他们假定扩展的利率平价关系为：$i = i^* + \Delta s^e + \varphi$，其中，$i$ 是日本长期名义利率，i^* 是美国长期名义利率，s 是日元/美元汇率，Δs^e 是预期的日元升值水平，φ 是日元资产的风险溢价。由于存在日元升值预期，Δs^e 很长时间（20世纪70—90年代中期）都是负值。φ 是投资者承担外汇风险的额外收益。对于日本这样债权以外币计价的债权国来说，φ 为负值；对于债务以外币计价的债务国来说，φ 为正值。因此，日元升值预期和日元资产的负风险溢价共同决定了日美间的利差 $i-i^*$ 为负。从表 6-1 可以看出，1995 年至今，日本银行的贴现率一直都在 1% 以下，日美之间长期存在约 4% 的利差。这种低利率促成了 80 年代末的资产泡沫，此后又导致货币政策失去操作空间，最终使经济掉入"流动性陷阱"。另外，低利率还压迫了金融机构的盈利空间，使银行不愿意主动放贷。一方面要承受"汇兑差损"带来的沉重负担；另一方面盈利空间又被大大压缩，相信任何金融体系此时都会出现"深层次的结构问题"。

关键在于美元霸权

通过以上分析可以看出，现实世界和浮动汇率论者期许的神话大相径庭。浮动汇率下的自动调节和政策独立性只是事实的一面，而且目前来看并不是重要的一面。真正重要的事实是，美国在国际经济和金融运行中占据着核心地位并具有决定性影响力，这才是许多问题的症结所在。美国的特殊性主要来自美元的国际货币地位，并且美国往往倾向于利用这种地位来为自身谋取利益。

以 1971 年布雷顿森林体系崩溃为分水岭，美元霸权进入一个全新时期。不管"尼克松冲击"是美国的精心策划还是应急之策，最后的结果都充分证明，实行浮动汇率是有利于美国的政策转变，其要义在于，如此，美国就可以灵活操控美元价值了。其实，浮动汇率论者心仪的自由浮动汇率制度也许从来就没有真正实施过，因为汇率水平如此关键，任何货币当局都不能任其由市场力量来决定。日本和中国政府常常被指控为汇率操纵者，其实，在这个世界上，美国才是真正的货币操纵国。

在资本和商品充分自由流动的开放经济中，由于大部分交易都以美元计价，改变美元价值就会产生一系列重要效应。简单地说，美元贬值可以使以美元计价的债务缩水，可以使以美元计价的商品涨价并迫使企业做出调整,可以使美国的资产收益率高于他国,等等。因此,操纵美元价值,其蕴涵的利益巨大。图6-2和图6-5显示了1971年后汇率的剧烈波动和日元/美元汇率的变动情况,图6-6则显示了1973年以来美元实际价值的变动情况。将这些情况综合起来分析,我们不得不对吉川(2000)十年前的抱怨充满同情:"美国随心所欲地变幻着反映自己意志的美元价值。这是不可否认的现实。其结果是给日本带来了莫大的灾难。"鉴于中国目前在相当多的主要方面与日本类似,中国无疑需要关注吉川的箴言。

图6-6 1973—2010年实际美元汇率指数

资料来源:美国联邦储备银行(www.federalreserve.gov)。

莫将抽象理论与现实画等号

本章我们花了大量篇幅分析金本位制和浮动汇率制的实践过程,目的并不是要在已经浩如烟海的文献中增加一滴水,而是希望通过以上叙述和分析,强调如下三个要点:

第一,在国际经济领域,那种自发调节的自由市场经济从来就没有真正存在过。在金本位时代,以英国为首,几乎所有国家都不按照"博弈规则"行事,致使调节机制失效。在浮动汇率时代,美国常常压迫别国改变汇率,其他国家则往往因"恐惧浮动"而实行某种形式的钉住制。因此,从理论上讲,金本位制和浮动汇率制也许都是很好的制度,不过遗憾的是它们从来都没有被认真遵守和真正实施过,因而它们那些自动调节机制也就很难有效发挥作用。

第二，现实世界远比经济理论和经济模型复杂。通过本章前面的讨论可以发现，在国际经济的理论和现实之间横亘着一条明显的鸿沟。经济现实远比理论模型复杂，而且，经典教科书提供的理论模型往往并未触及现实问题的主要方面。

第三，货币霸权是国际经济领域的重要现象，值得认真研究。在所谓金本位时期和浮动汇率时期，起关键作用的并不是教科书列出的那些自动调节机制，而是英镑霸权和美元霸权，以及基于它们所形成的国际协调机制。

7

货币国策与美元霸权收益

> 货币国策（Monetary Statecraft）是指通过操控货币环境来影响其他国家政策的努力，这是第二次世界大战后全球经济反复呈现的一个特征。在过去四十年的若干关键时刻，美国利用欧洲和东亚国家的弱点改变其货币对美元的汇率，竭力迫使其政府和央行进行政策调整。尽管"汇率武器"（Exchange-Rate Weapon）在有的阶段比其他阶段更成功，但是在贸易失衡调整的国际冲突中，它一直都扮演着关键角色。
>
> ——C. Randall Henning

失衡是全球经济运行的常态，调整失衡的过程因而也不断在进行。在纷繁复杂的调整机制中，改变汇率制度及调整汇率水平，始终居于核心地位。其作用如此之重要，以至于有学者以"武器"名之。但是，汇率作为"中心国家"对付他国之武器的事实，常常被一些装扮为公理的精致理论包裹着。这些理论被那些中心国家高擎着，作为国际公器来号令天下，并据以对他国的国内政策评头论足，甚至胁迫后者对其国内政策进行调整。因此，若要认真纠正全球失衡，建立相对公正的国际经济制度和国际货币制度，我们必须对汇率作为中心国家货币国策之利器的本质有充分的了解。

作为货币国策的汇率武器

彼得森国际经济研究所客座研究员兰德尔·亨宁（C. Randall Henning）著有《汇率武器和宏观经济冲突》一书（Henning, 2006）。该书明确指出：在全球化时代，各国之间的宏观经济冲突是不可避免的，因此，国家间宏观经济政策协调便是关键。如何进行协调呢？亨宁提出了"汇率武器"这一概念。"武器"一词的使用，使得国际协调充满了火药味，但这种直面现实的做法，一针见血地揭示出国际政策协调的本质，较之"明修栈道，暗渡陈仓"，至少要痛快得多。

亨宁给汇率武器下的定义是：一国利用汇率手段来迫使他国进行政策调整。当经常账户失衡不可持续、各国之间出现经济冲突时，一国一般有三种选择：其一，说服他国改变国内政策；其二，接受汇率的改变；其三，改变自身的宏观经济政策。在现实经济中，政府偏好的排序是从前到后，即最好的情况是他国调整，最坏的情况是自己调整，双边汇率调整居中。当然，这三种选择也可以互相混合，形成许多中间状态。

在这种情况下，大国使用汇率武器的机制，其要点有三：其一，他们会充分认识到这些机制和其中的利益，从而有意识地引导小国就范；其二，大国可以操控汇率，不过它对汇率波动的容忍度要高于小国；其三，大国货币的霸权地位强化了其经济支配力，使之通过汇率变动而获益。因此，在满足规模和开放度不对称、贸易和非贸易部门对国内政治影响力不对称以及一定的国际经济环境三个前提条件下，大国能够且经常充分利用汇率武器来达成自身的目的。

另外，美国使用汇率武器的核心动力来自国内政治压力，贸易政策和汇率武器有着异曲同工之妙。

在过去的半个世纪中，国际货币关系呈现出明显的周期性。每个周期从相对和谐开始，继而进入失衡调整中的高度对抗，最终达成某种程度的和解，进入新的相对和谐阶段，如此周而复始。亨宁把近五十年分成五个周期，即，（1）20 世纪 70 年代初布雷顿森林体系崩溃；（2）1978 年波恩峰会解决世界再通胀冲突；（3）20 世纪 80 年代中期的敌意和《广场协议》、《卢浮宫协议》；（4）20 世纪 90 年代前期和中期的衰退与复苏；（5）新世纪的纠纷。在每个周期中，美国政府总是压迫欧洲和日本政府或央行采取扩张举措，并且自己主动鼓励美元贬值（Henning，2006）。值得注意的是，这和伯格斯坦（2005）有关全球失衡的时期划分完全一致。全球失衡的历史和美国使用汇率武器的历史完全重叠，这当然不是巧合。在这一系列事实背后演进的完整逻辑链条是：全球失衡引发经济冲突，经济冲突需要政策协调，协调过程受制于美元霸权，汇率是实现美元霸权的关键武器。

亨宁的研究有四个发人深省的结论：其一，美国利用汇率武器逼迫他国改变宏观经济政策是不争的事实，汇率胁迫在解释政策协调模式和调整成本分摊方面有关键的作用。其二，汇率武器的不断使用提供了一种刺激，促使被施用的目标国家积极采取相应对策保护自己。这些对策包括：EMU 之类的区域合作、积累外汇储备以及利用 FDI 重新布局生产等。其三，目标国家的对策逐渐改变国际货币体系的结构，对美国使用汇率武器的范围和效力构成一定的制约。就此，亨宁尖锐地指出："四十年周期性的汇率高压强烈表明，至少在一个非常长的时期内，汇率武器是一件消散的资产：如果你不断使用它，你就要承担最终失去它的风险。"其四，在未来相当长一段时期内，美国将继续享有残存的权利，其汇率武器仍将继续发挥作用，直到欧洲、日本和中国锤炼出自身的货币国策。

从 20 世纪末开始就不断压迫人民币升值，继而称中国对全球失衡"承担责任"，直至最近的数量宽松政策以及退出数量宽松政策，美国利用汇率武器对我国宏观经济政策施加的压力和影响几乎无所不在。对于这些我们明明感到"有什么不对"的事态，如果仅仅从国际经济秩序和国际货币政策协调的角度思考，甚至天真地从所谓市场经济的"国际惯例"的角度来认识，我们往往觉得如坠云里雾中。然而，如果换位从货币国策和"汇率武器"的本质来思考，一切便会烟消云散。我们就会突然发现，上述事态无不体现美国对汇率武器的使用和在货币国策上的考量，而很多时候，在不知不觉之中，我们便已入其彀中。

汇市干预

汇率武器的使用往往有两种方式：一种是对汇市进行干预（有时是联合干预），通过经济手段，人为地使币值达到或保持在某个理想的水平；另一种是通过外交等手段，迫使对方币值发生变化，以使本币汇率处于合适水平。如果说前者主要是自己行动，那么后者则是强迫别人行动了。前者可以称作汇市干预，后者则只能称作是非经济强制，它通过指责别人汇率操纵并从多方施压来达到目的。

从1973年以来，美国采取了很多汇率策略以获得优势，特别是通过对汇率市场的干预，从而打起汇率战。Bordo、Humpage 和 Schwartz (2011) 最近做过一项关于汇市干预的效力的实证研究。该研究表明，在1973年3月2日到1997年3月19日美国对汇率市场的干预中，有971天是针对德国马克，243天是针对日元，其成功率大约为60%。这项研究将汇市干预分为两个标准：标准1——卖出外汇储备，美元升值，买入外汇储备，美元贬值。标准2——卖出外汇储备，美元仍然贬值，但其贬值幅度相对于以前在减小；买入外汇储备，美元仍然升值，但其升值幅度相对于以前在减小。如果认定达到上述标准中的任何一个均算干预成功，那么，美国的干预成功率达到60%左右（见表7-1）。

表7-1　1973年3月2日到1997年3月19日美国对汇率市场的干预及其成功率

	操作方式	针对德国马克的干预				针对日元的干预			
		干预次数	成功次数	预期成功次数	标准误差	干预次数	成功次数	预期成功次数	标准误差
标准1	卖出外储美元升值	469	136	221	8	94	47	45	5
	买入外储美元贬值	502	192	241	9	149	63	67	5
合计		971	328			243	110		
标准2	卖出外储美元贬值幅度减小	469	117	61	4	94	19	11	1
	买入外储美元升值幅度减小	502	110	65	4	149	28	20	2
合计		971	227			243	47		

续表

操作方式		针对德国马克的干预				针对日元的干预			
		干预次数	成功次数	预期成功次数	标准误差	干预次数	成功次数	预期成功次数	标准误差
一般标准	卖出外储：标准1或标准2	469	253	282	12	94	66	56	6
	买入外储：标准1或标准2	502	302	305	13	149	91	87	7
合计		971	555			243	157		

资料来源：Bordo、Humpage 和 Schwartz（2011）。

不过，研究结果也表明，对冲性干预不能独立于国内的政策目标而保证对汇率产生影响，有时候，也不免搬起石头砸自己的脚①。这就是为什么格林斯潘（2000）曾说，没有证明表明，我们这儿也没有人认为，对冲性干预能有什么作用②。尽管如此，汇市干预却从未停止。本轮危机以后，各国政府干预汇率的事情更是时有发生。其中著名的例证，稍早几年是瑞士国民银行，它在市场上采取干预措施，以限制瑞士法郎针对欧元与美元的升值。最近的例证发生在日本。安倍政府立足未稳，日本央行便在其胁迫下，在不到两个月的时间内，使日元对美元汇价下降7%，对一揽子货币汇价更急降20%。至于广大新兴经济体和发展中国家，对本国汇率进行干预更属平常事。

如果说完全的对冲性干预以及以经济手段发起的货币战，在现实中并不是很起作用的话，那么，通过外交途径、依靠霸权地位向对象国施压，则要"有效"得多。至少，《广场协议》、《卢浮宫协议》的签署，不能简单地归结为美国货币当局的干预，其成功应当归功于日本成功的"配合"。

---

① Bordo, Michael D., Owen F. Humpage and Anna J. Schwartz, "The Federal Reserve as an Informed Foreign–Exchange Trader: 1973–1995", Working Paper 1118, Federal Reserve Bank of Cleveland, 2011.

② Alan Greenspan, *FOMC Transcripts*, 3 October 2000, p. 14.

汇率操纵

汇率操纵作为一个概念被用于国际经济关系,最早见诸20世纪30年代大萧条时期美国对英国的指责。1931年9月21日,为应对经济危机对工业生产、失业等造成的巨大负面冲击,英国正式宣布脱离金本位制,同时英镑大幅度贬值:英镑与美元从1英镑兑4.86美元迅速降至3.75美元,年底再降至3.25美元。此时,由于美国、法国等工业化国家仍然坚持金本位制,导致英国出口商品的竞争力短期有明显改善。于是,美国指责英国刻意让英镑贬值,是为了让英国出口产品有更大的竞争力,如此操纵汇率,是为了获得不公正的竞争优势,等等。而且,更为重要的是,英国停止英镑自由兑换和英镑大幅度贬值,使美国、法国等当时仍保持金本位制的国家遭受严重损失。英镑是当时主要的国际储备货币,英镑贬值,便严重地削减了这些国家以英镑为主的国际货币储备,并且也与随后两个月大量短期资本撤离美国而造成的美元恐慌密切相关,因为受英镑贬值的影响,法国、荷兰、瑞士等国纷纷将其储备货币中的美元挤兑成黄金。

于是,罗斯福在1933年4月19日宣布放弃金本位,美元迅速贬值15%。令人尴尬的是,英国首相麦克唐纳和法国前总理赫里欧此时正在前往华盛顿的途中,他们要与罗斯福讨论的正是汇率稳定和货币政策等问题。1933年5月,美元再次贬值。随着英镑和美元的竞相贬值,以法国为首的金本位集团面临严重的货币危机,致使法郎/英镑市场上,对法郎的3个月预估价从1933年夏季高于现货价格的0.1%降到1936年夏季相当于现货价格的67%。

鉴于罗斯福将国内经济重建置于优先地位,以法国为首的金本位集团国家和英国于1933年6月28日提出了一项新建议。建议强调了金本位作为国际汇兑工具的重要性,金本位国家重申它们将保持金本位,已经脱离金本位的国家表示将"在条件适合时"重返金本位,而货币汇率和具体调整汇率的时间,由各国政府选择。但是,罗斯福拒绝在币值稳定问题上相互合作。罗斯福不愿接受给定的规则,更不愿意别国此时限制他的行动自由。不仅如此，罗斯福在7月3日答复这项新建议的被称作"炸弹电报"（bombshell message）中声称：

"仅仅由几个大国赢得一种暂时的、大概是人为的外汇稳定，这种似是而非的论点是不会使全世界长期泰然处之的。健全的内部经济体制对一个国家的安宁来说，是比它的货币与其他国家货币的比值更为重大的因素。……所谓国际银行家的旧有的迷信，正在被为本国货币做出计划安排的努力所取代，努力的目标是使这些货币具有持续的购买力。……我们的目标是每个国家货币的永久稳定。"①

事实上，几乎在整个20世纪30年代，在罗斯福总统的弱势美元政策的引领下，美国作为新兴的贸易顺差国成功地使英镑持续升值（Aldcroft，2004）。

从今天的观点来看，30年代的货币战并没有真正的赢家。尽管较早地摆脱金本位实施货币贬值，看起来有利于经济复苏，但他国货币的竞争性贬值，以及贸易保护主义泛滥，使得这种"先发优势"（先贬值）很快就丧失。总体上，20世纪30年代的货币战是国际货币政策协调失败的一个重要证明。

第二次世界大战之后，在布雷顿森林体系构建的固定汇率制度下，汇率争斗大大收敛。

1946—1971年，IMF负责监管固定平价汇率体系，其中所有货币以美元来衡量（与美元挂钩），美元与黄金挂钩。在没有得到IMF允许的情况下，成员国不能使其汇率变动幅度超过10%。而且，IMF条款指出："成员国不可提出改变其汇率平价，除非为了调整基本的失衡。"实际上，这是布雷顿森林体系下的约束，以防止出现20世纪30年代的竞争性贬值。不过，这个"规矩"由于1971年美国两次在未经IMF同意下令美元贬值而被破坏了。世界货币市场经过了一段时间的混乱，1978年，IMF修订了该条款，指出，只要遵守一定的原则并且不使用黄金作为货币基础，各国可以采用其愿意采用的任何汇率制度——不论固定汇率制还是浮动汇率制。各国应采用可以促进

---

① 谈谭：《从"货币战"到"有限合作"：1933—1936年美英法三国货币外交》，《世界历史》2009年第6期。

其经济有序增长并保持金融稳定的外汇和货币政策，同时应避免为了调整国际收支或取得不公平的产品竞争优势而对其他国家采取汇率操纵。

IMF关于汇率操纵的说法并没有量化指标和强制约束力，因此，事实上，它为此后30年中运用汇率作为武器的行为，提供了更宽阔的空间。尽管从理论或直觉上讲，在自由浮动的汇率制度下，汇率的基本决定因素在于不同币种实际购买力的比率，其本质无非是用此货币表示彼货币的价格。但是，实践远非如此单纯：操控汇率武器、"以邻为壑"地打压竞争对手的例子比比皆是。有时，围绕汇率展开的斗争，其激烈程度与影响力，同真枪实弹的热战相比毫不逊色。

大体说来，在后布雷顿森林的时代（从20世纪70年代至今），汇率战争主要表现为唯一的货币霸权国——美国，同日本、德国、中国及其他亚洲新兴经济体的汇率角力。尽管其中缘由复杂，但根本原因在于，随着美国同这些后起国家的劳动生产率差距日益缩小，经常项目余额由正变负且日益恶化。在此境况下，美国急于通过调整汇率提高自身竞争力，以修正不断积累的收支逆差（见图7-1）。

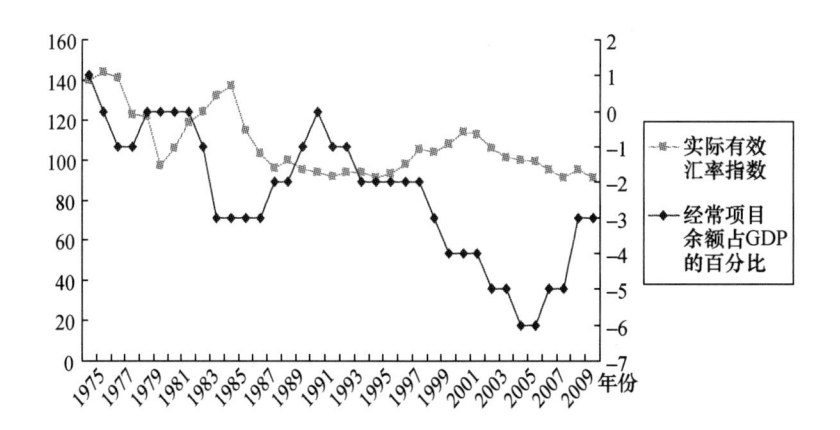

图7-1 美元汇率与美国经常项目余额相对规模

说明：（1）左侧坐标轴为汇率指数，右侧坐标轴为经常项目余额；（2）实际有效汇率指数以2005年数值为100。

资料来源：世界银行：World Development Indicators, 2011。

贼喊捉贼

　　凭借其综合优势地位,美国似乎总是通过指责他国操纵汇率来间接地操纵汇率。这不仅掩盖了美国干预汇率之实,也从某种程度上印证了亨宁的判断:霸权国可以选择最有利于自己的解决方案——自己尽量不调整或少调整,而说服或压服他国进行调整。

　　人们熟知的 1985 年的《广场协议》和 1987 年的《卢浮宫协议》,便是美国以国际政策协调之名,行汇率干预之实的典型案例。如图 7 – 1 所示,如此一系列的干预在短时间内(主要是 20 世纪 80 年代末至 90 年代初)确实起到了抑制美元升值、缩小贸易逆差的效果。

　　如果说以上两次协议类似临时性应急举措的话,那么,在此之后的美国则开始尝试建立更为制度化的汇率干预机制。这种转变的一个重要标志,是美国在 1988 年颁布了《综合贸易与竞争法》[①],要求财政部每年两次向国会提交《国际经济与汇率政策报告》,以经常项目和外贸余额变动为主要依据(对世界及美国),判断贸易伙伴是否操纵汇率,并提出相应的反制措施(如开启双边金融政策谈判、进行反补贴制裁等)。在表 7 – 2 中,我们简要地回顾了历次被美国认定的汇率操纵者的"黑名单"及相关的背景事件。

　　首先,在 1988 年 10 月,美国财政部在其首份报告中,指认韩国、中国台湾通过操纵汇率,获得了所谓"不正当的"竞争优势。为此,美国特别同两个经济体进行了"卓有成效"的磋商[②]。首先,对韩国来说,1988 年第四季度,韩元兑美元便快速升值 5.1%。而 1988 年全年,韩元累计上涨了 15.8%,超过日元与新台币在同期的升值幅度。作为结果,同年美国对韩国的外贸逆差尽管仍然增加,但增幅仅为 1%,而在 1987 年,这一逆差比上年暴增了 39%。然而,由于在更长的时期(1985 年 9 月至 1989 年 4 月)内,韩元的升值幅度仅为 34%,低于日元的 83%、德国马克的 53% 和新台币的 49%,仍然没有达到美国的

[①] Omnibus Trade and Competitiveness Act.
[②] 参见美国财政部 1989 年 4 月发布的《国际经济与汇率政策报告》。

表7-2　　　　　　　　历年美国认定的操纵汇率者

时间（报告期）	汇率操纵国家或地区	贸易余额、汇率及政策的重要调整		
		韩国	中国台湾	中国大陆
1988年秋	韩国、中国台湾			
1989年春	韩国、中国台湾	1988年韩国对美国贸易顺差上升1%；同年韩元兑美元累计升值15.8%；自1985年9月累计升值34%	1988年台湾对美国贸易顺差下降26%（去除自美黄金进口）；新台币自1985年9月累计升值49%；1989年4月引入新汇率制度	
1989年秋	韩国			
1990年春	无	1990年3月引入"市场平均汇率制"		
1990年秋	无			
1991年春	无			1991年4月，中国大陆开始实行有管理的浮动汇率制
1991年秋	无			
1992年春	中国大陆、中国台湾		1991年，台湾对美国贸易顺差下降11.9%；自上一个报告期新台币兑美元累计升值4.2%	1991中国大陆对美国贸易顺差增长22%
1992年秋	中国大陆、中国台湾		自1991年年底新台币兑美元累计升值1.9%	1992年10月，中美两国签订旨在消除贸易壁垒地谅解备忘录
1993年春	中国大陆			
1993年秋	中国大陆			
1994年春	中国大陆			中国政府决定在1994年1月1日前结束汇率双轨制
1994年秋至今	无			

资料来源：美国财政部历次《国际经济和汇率政策报告》，即Report to the Congress on International Economic and Exchange Rate Policy。

"期望"，加之韩国在汇率市场化和资本账户开放等问题上依然态度消极，美国在1989年4月的报告中继续保留了韩国汇率操纵国的身份。对中国台湾而言，美国的要求似乎更为苛刻。如上所述，新台币的升值幅度远高于韩元，且在1988年9月至1989年2月间，中国台湾对美国的贸易顺差比上年同期大幅下降21%（除美国对台黄金出口之外）。此外，中国台湾当局也开始着手一系列的汇率市场化和放松资本管制的改革。如在1989年4月，中国台湾引入新的外汇定价机制，特别是放松了对大额美元（3万美元）交易中的汇率管制。然而在以上报告中，美国虽然对中国台湾的努力表示欢迎，可还是继续将其认定为汇率操纵者，旨在"以观后效"。

特别地，随着中国大陆取代中国台湾成为美国第二大贸易逆差来源地，自1992年春起，美国连续五次将"反汇率操纵"的矛头指向了正在快速崛起的贸易大国——中国。其主要依据是在此时期（主要指1979—1994年）中国采取了官方挂牌价与调剂价并存的汇率管理"双轨制"。前者用于非贸易外汇结算，后者用于贸易外汇结算。其间，人民币兑美元曾大幅度贬值，幅度接近4.5倍。而在1991年，中国对美国贸易盈余达到127亿美元，较上年猛增22%。这成为美国在此时对中国"出手"的直接诱因。事实上，为应对这一不利局面，美国故伎重演，通过多次双边谈判，并以中国加入世界贸易组织（WTO）为筹码，不断施加压力逼迫人民币升值和开放国内资本市场。但是，美国日益感觉到，这一次，他遇到了真正的对手，无论他如何施压，中国基本上在按照自己的步调和对自己比较有利的方式来处理汇率、资本项目自由化和人民币可兑换问题。

自1994年以后，实际上再没有经济体被最后认定为汇率操纵者。不过，仍有不少被当作潜在的操纵者进行评估，这显然是一种"威胁"，以期达到引而不发的目的。

通过以上事例可以看出，被冠以"汇率操纵者"的国家，往往有三个共同特点与经历：其一，汇率操纵者都是高速发展的新兴贸易强国（或地区），并在较短时间内对美国积累了可观的贸易顺差。可以说，这是促使美国采取行动的首要原因。其二，汇率操纵者自己的货币并未被国际社会普遍接受（即非国际化货币，往往单向地与美元挂钩），而且国内的资本市场发育滞后。这既导致了其贸易顺差的居高难下，也使自身对美国的反制措施缺乏应对良策。其三，美国对汇率操纵者的"考察"都至少持续两个报告期，可见，其在汇率和逆差的调整上"胃口"匪浅。

必须指出，作为独步天下的货币霸权国，美国对他国，特别是上述所谓的"操纵者"的汇率政策，发挥着至关重要的影响。事实上，在当今世界似乎只有美国才有能力在较长的时期内有效地操纵汇率。因此，最大的汇率操纵国的桂冠也非美国莫属。其一味指责他国，无非是凭借其霸权优势，向外转嫁政策调整成本。

不过，最后也应强调，包括美国在内的世界各国对汇率武器这一贸易保护主义的流毒具有明确共识，其运用在法理上也被广泛禁止。例如，1978年修订的《国际货币基金组织协定》中第四条第三款规定，成员应避免通过操纵汇率以阻碍经常项目失衡的调整或者获得不平等的竞争优势①。此外，世界贸易组织也有与汇率密切相关的反补贴条例（参见 Sanford，2011）。但是，在实际之中，各国对究竟如何界定"操纵汇率"（甚至"不平等的竞争优势"），始终众说纷纭，而往往根据自身现时利益需要，对之解读发微。比如，为什么韩国、中国台湾与中国大陆被"选中"成为汇率操纵者？一方面是由于美国与这些经济体的双边贸易逆差较大，另一方面就是其国内的失业问题较严重。也就是说，这些经济体在双边贸易中的重要性以及美国国内自身的问题，成为其"选择"的重要标准。显然，这为倚强凌弱的汇率博弈开启了方便之门。此外，尽管如前文所述，汇率对国际收支失衡的调节往往成效甚微且不能持续，特别是对于中国与美国这种鲜明的产业分工结构，双边贸易受到汇率的影响很小。但是，历史总是被故意遗忘。汇率武器往往一次又一次地被某些集团利用，以实现其经济与政治利益。因此可以说，汇率武器最终捍卫的并不是什么"国家利益"，更不是什么"国际秩序"，而是其鼓吹者眼下的一己之私罢了。自然，其对全球经济发展的危害，也就一目了然。

---

① 但是，IMF 并无权强制成员国改变其汇率政策。

汇率武器的收益：以美元霸权为例

从国际政策协调到汇率武器，货币霸权都若隐若现。事实上，在失衡调整过程中，特别是所谓的国际政策协调中，从来都不是和谐稳定的，而是利益之争。在这个过程中，基本上是霸权货币处于绝对优势地位，并享有特别的霸权收益，其中，因使用汇率武器所获得的收益又往往占有可观的份额。

关于美元霸权的收益，已经有过一些测算。国内已有学者径直使用"霸权收益"的概念，如程恩富与王保中（2008）。在国际上，对内容接近的事务使用的概念则五花八门。较多的文献偏爱使用"特权"（exorbitant privilege）一词，有的文献则称为"暗物质"（dark matter），如 Hausmann 和 Sturzenegger（2007）。有些文献不刻意创造概念，而是通过对"估值效应"（Valuation effects）的探讨（Ghironi, Lee and Rebucci, 2009）或对美元成本收益的测算（麦肯锡，MGI, 2009）来直接从数量上刻画美元霸权收益。另外，也有强调美元的特权与责任的（Gourinchas, Rey and Govillot, 2010）平衡关系，进而讨论美元霸权的收益。总之，西方学者倾向于从更广的成本收益的比较上来探讨美元霸权的特权和责任。

值得一提的是，麦肯锡在测算美元霸权成本时，是将美国国内与全球的情况同时分析的。他们注意到，同样是美元，其价值变化的国内外影响可能存在差异，甚至方向相反，因此，他们倾向于将美元及其变化的国内成本收益同其全球成本收益综合起来考量。这种做法自有道理，但是，如果我们仅仅立足于国际货币体系，意在测算某一国之本币因作为国际货币而获得的收益，则其国内的成本收益分析应当予以舍象。

在我们看来，美元作为国际货币的霸权收益，基本上包括以下几个方面：一是海外铸币税；二是低资金成本带来的收益，或称资金成本节约；三是对外资产与负债所带来的超额收益；四是再平衡过程中由美元贬值带来的价值转移（或损失转嫁）收益。

（一）海外的美元铸币税

严格而论的铸币税，指的是货币面值减去铸币成本的差额。鉴于铸币成本很低,可以忽略不计,因此,铸币税基本上可以以货币面值来衡量。需要说明的是,这里考察的铸币税主要是对美国以外的美元持有者课征的,因此,估算美元铸币税,首先要估算外国人所持有的美元量。尽管美国国内也在承担铸币税,但不在我们考察范围之内。

根据 Salvotore(2001)的分析,美国政府的每年铸币税收入在 250 亿美元左右。考虑到 55%—70% 的美元是在美国疆域之外流通,美国政府来自外部世界的铸币税收入每年在 150 亿美元左右。循此思路,我们可以估算,截至 2010 年 12 月的美国铸币收益。据美联储统计,2010 年年底,美国流通中美元现金为 9157 亿美元,以 60% 在海外流通计算,则该时点在海外流通的美元达 5494.2 亿美元。这便是美国政府由海外获得的铸币税规模的粗略估计。艾肯格林(2011)也指出,在美国之外,大约有 5000 亿美元的美国货币在流通。这一估计与我们的估计相仿。

(二)资金成本节约

由于美元是国际储备货币,其他国家的私人或政府便被迫要购买美国国债,充当流动性准备。购买者们的这种"集体行动",大大降低了美国的资金成本。全球储蓄过剩理论,以及其他相似的理论,都旨在论证,大量资金涌入美国购买美国国债,使得美国国债收益率下降,从而市场利率下降,这自然降低了美国的资金成本。以此为条件,也就有了后来大量资金进入房地产市场,导致资金误配日趋严重,终至泡沫产生和破灭的故事。显然,作为国际储备货币发行国,美国可获得低成本资金,这是一个可以确认的事实。

我们可以简单地比较一下 2007 年次贷危机前美国的利率与其他国家利率的情况。从图 7-2 可以看出,即使在发达经济体中,美国的利率也是偏低的(只有瑞士、加拿大和日本要比美国低),更不要说与发展中国家进行比较。因此,如果用 10 年期债券利率来衡量,美国的资金成本较国际资本市场的平均水平要低。

其他研究者大致得出了相同的结论。按麦肯锡的算法,美国的资金成本一般要比国际市场上低 50—60 个基点(MGI,2009)。这是一种保守的算法。一项研究发现,自 2004 年初以来,由于外国的买入,美国 2005 年的 10 年期债券收益率至少下降了 0.5 个百分点(50 个基点)。

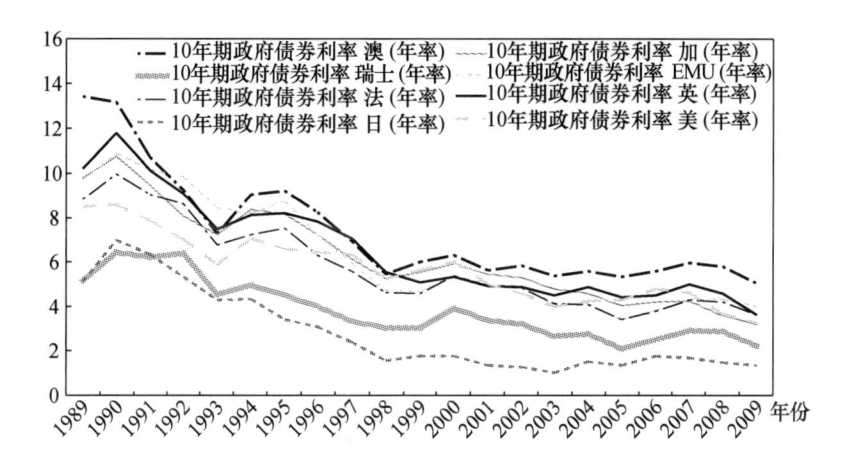

7 货币国策与美元霸权收益 · 197 ·

图 7-2 10 年期国债收益率表

资料来源：中经网。

另一项研究表明，由于国外资本的流入，10 年期债券的收益下降了 70 个基点。还有一项研究表明，由于外国投资者所持美国国库券的增加，导致其收益率下跌了 90 个基点（艾肯格林，2011）①。实际上，美国债券收益率可能会比国际市场上低 100 个基点，即 1% 左右是比较正常的。2010 年年底，美国政府的对外总负债达 23.58 万亿美元，以此计算，如果资金成本节约在 1%，那么，所节约的资金成本就达到 2358 亿美元。

（三）对外资产与负债中的超额收益（excess return）

所谓超额收益，是指美国对外资产收益高于美国对外负债成本所获得的收益。这方面有很多分析，争议也很大。在 MGI 的研究中，这部分收益未被统计在内，原因有两条：其一，从理论上说，非储备货币国家也可以复制美国相同的策略（即借债成本较低，而投资收益较高）；其二，这个收益应当被合理地认为是经过风险调整后的收益，不能算是超额收益。我们认为，这种说法值得商榷。

首先，我们分析一国对外资产与负债的实际收益差额。图 7-3 显示，以不包括资本利得的收入盈余来衡量，美国是少数几个享有正的超额收益的国家，而且，1981—2008 年，每年的超额收益相当于其 GDP 的 1.27%。作为对比，新兴国家的超额收益是负的，为 -2.05%。有

---

① 巴里·艾肯格林：《嚣张的特权：美元的兴衰和货币的未来》，中信出版社 2011 年版。

意思的是，其他储备货币，如日元、瑞郎，也和美元一样享有相当高的正收益。欧元表现不佳，原因在于1992年的欧洲汇率机制（ERM）危机，随着1999年欧元的创立，这种负收益状况就逐渐消失了。

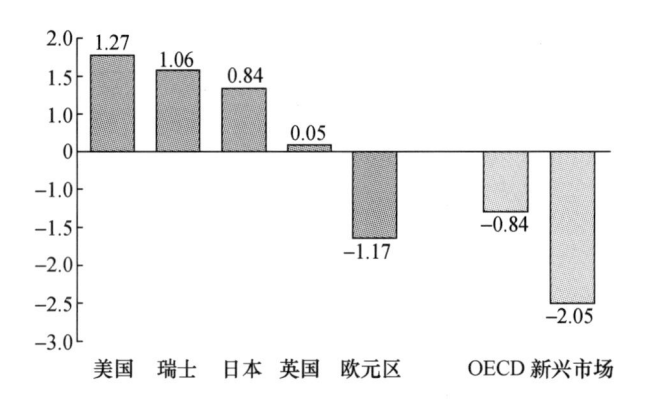

图7-3 对外资产与负债的实际收益差额（1981—2008年平均）
资料来源：据Habib（2010）整理。

单从图7-3看，似乎美元并没有比其他储备货币享有太多的"特权"，但是，如果我们将资本利得加入考察，得到超额收益总额，整个情况就发生了重大改变。因为，在诸种储备货币中，只有美元享有资本利得这个特权，其超额收益达到3个百分点。有意思的是，除了英镑，其他货币的超额收益均为负值（见图7-4）。

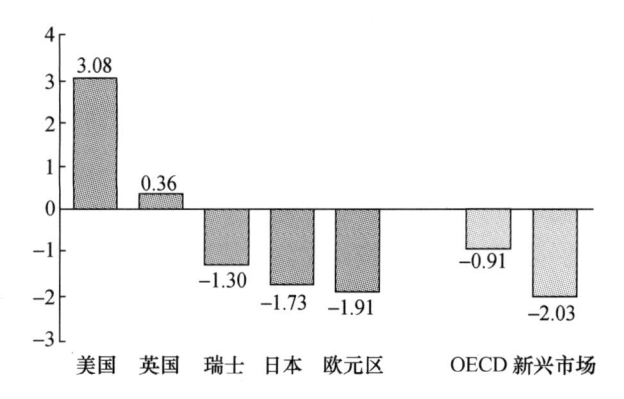

图7-4 对外资产与负债的实际总收益(包括资本利得)差额(1981—2008年平均)
资料来源：据Habib（2010）整理。

以上分析表明，超额收益是客观存在，而且称得上是美元的过度特权，或美元霸权所带来。

基于上面的分析框架，我们不妨假定美元的超额收益率为3%。那么，截至2010年，对于20.73万亿美元美国的海外资产而言，其超额收益高达6219亿美元。

（四）美元贬值形成的价值转移收益

实施美国贬值，实际上是美国周期性再平衡其对外账户的一个重要战略，也是美国转嫁损失的重要途径。历史上，这样的先例反复出现，典型的如20世纪70年代的"尼克松冲击"，以及80年代的"广场协议"，美国政府的"再平衡"目标，主要都是通过美元贬值达成的。

20世纪70年代初，为应对美国国际收支赤字，哈伯勒曾经给世界收支盈余国开出三剂药方：一是通货膨胀；二是货币升值或浮动；三是增加美元储备。如果经历美元涌入的国家使美元通货膨胀发生作用，上述的系列选择就会产生迷人的结果。在那种情形中，美国收支赤字将使收支盈余经济体通货膨胀，直至出现新的货币均衡。哈伯勒解释说："在未来的某一天，一个持有美元的外国人也能转置身于美元过剩的通货膨胀，这不是不可能的。然后，他将看着自己的美元储备逐渐缩水。"随着外国以通货膨胀价买入美国商品和资产，世界商品和资产价格将上涨，从而，以当前世界产出计算，美国官方外债的价值缩减。如果十年后物价翻一番，未清偿的外债的真实价值就会缩水一半。

本质上，正是这样一种逻辑使得尼克松总统不断地升级"善意忽视"政策。1972年年末，尼克松取消了第二阶段的工资和物价控制，并宣布，至1974年有意取消对美国资本外流的所有控制。为刺激繁荣，美联储持续扩大货币供应，直接带来南北战争以来最快速的通货膨胀。

实际上，美元贬值战略的实施，是通过持续扩大地滥发美元，美国将其通货膨胀传递到国外，结果导致世界物价上涨，这反过来会抵消过剩美元的价值。据1968—1972年物价和汇率计算，美国财政部欠全世界中央银行的750亿美元债务，以借入原始债务时的购买力计算，可能只需要不到400亿美元就可清偿。根据金价重估的程度，若以金块清偿750亿美元债务，根据1974年年末以1盎司兑换200美元计算，那么借入美元的金价不到最初价值的1/5（赫德森，2008）。

从"尼克松冲击"至今,美元到底贬值了多少?如果以美元与黄金的比价来估算,美元贬值幅度将非常之高。但考虑到其他货币兑黄金的价格也上涨了很多,因此,以美元相对于其他货币的贬值程度来衡量更合适一些。这里,我们采用名义主要货币的美元指数来衡量。该指数在1973年3月为100,从1973年1月的108.1883,下降到2010年12月的73.8097,贬值幅度达31.8%。

实际上,相比于其他方式,美元贬值给霸权带来的收益是最大的。尽管这是一个悖论,因为过度贬值就维持不了霸权,但在一定的限度内,贬值是可持续的,比如,在5—10年内贬值10%,但从长期看,累计的贬值幅度可以达到很高。

依据Gourinchas和Rey(2005)的统计,美国持有的外国资产约有70%以外币计价,而其对外负债则几乎全部以美元计价。那么,如果美元贬值10%,则会使美国以外币计价的外国资产升值10%,而不影响其他美元计价的资产与负债各项。按此逻辑,我们估算出1976—2010年各年美国从外部世界获得的净收益(即国际投资净头寸的改善),其中,美元的汇率变动采用名义主要货币的美元指数来衡量。结果见表7-3。我们通过加总各年的净收益,得到1976—2010年因美元币值变化形成的价值转移收益为2.27万亿美元。

表7-3　　　美元贬值形成的价值转移收益　　　　单位:万亿美元、%

年份	对外资产	对外负债	美元汇率变动（比上年）	净收益（2005年美元）	净收益（2010年美元）
1976	0.46	0.29	3.94	-0.04	-0.04
1977	0.51	0.34	-0.32	0.00	0.00
1978	0.62	0.42	-8.36	0.09	0.10
1979	0.79	0.47	-1.65	0.02	0.02
1980	0.93	0.57	-0.26	0.00	0.00
1981	1.00	0.66	9.77	-0.13	-0.15
1982	1.11	0.78	10.59	-0.15	-0.17
1983	1.21	0.91	4.05	-0.06	-0.07
1984	1.20	1.04	6.90	-0.10	-0.11
1985	1.29	1.23	3.76	-0.06	-0.06

续表

年份	对外资产	对外负债	美元汇率变动（比上年）	净收益（2005年美元）	净收益（2010年美元）
1986	1.47	1.50	-17.77	0.29	0.32
1987	1.65	1.72	-11.56	0.21	0.23
1988	1.83	2.00	-6.95	0.13	0.15
1989	2.07	2.32	4.23	-0.09	-0.10
1990	2.18	2.41	-4.64	0.10	0.11
1991	2.29	2.58	-1.51	0.03	0.04
1992	2.33	2.74	-1.69	0.04	0.04
1993	2.75	3.04	3.33	-0.08	-0.09
1994	2.99	3.29	-1.66	0.04	0.05
1995	3.49	3.92	-5.61	0.17	0.19
1996	4.03	4.50	4.53	-0.15	-0.17
1997	4.57	5.35	7.65	-0.29	-0.32
1998	5.10	5.95	4.78	-0.20	-0.22
1999	5.97	6.71	-1.43	0.07	0.08
2000	6.24	7.58	4.89	-0.24	-0.27
2001	6.31	8.18	5.99	-0.29	-0.32
2002	6.65	8.69	-1.53	0.08	0.09
2003	7.64	9.73	-12.27	0.70	0.77
2004	9.34	11.59	-8.22	0.56	0.62
2005	11.96	13.89	-1.92	0.16	0.18
2006	14.43	16.62	-1.49	0.15	0.16
2007	18.40	20.20	-5.62	0.68	0.76
2008	19.46	22.72	-4.48	0.56	0.62
2009	18.49	20.88	4.32	-0.51	-0.57
2010	20.32	22.79	-2.77	0.36	0.39

注明：（1）为了净收益能够加总，我们先按2005年美元估算各年的净收益，加总以后，再换算成2010年的现价美元值。（2）假定美国对外资产中70%是外币。

资料来源：Bureau of Economic Analysis。

综上所述，铸币税5494.2亿美元+低资本成本收益2358亿美元+

超额收益 6219 亿美元 + 价值转移收益 22700 亿美元 = 美元霸权收益 36771.2 亿美元。

美元霸权的收益为 3.677 万亿美元，相当于 2010 年美国 GDP 的 25.3%。

从图 7-5 可以看出，美元霸权收益中，因贬值带来的价值转移收益占 61.7%，可以说是霸权收益的最重要部分。其他部分各自所占比重为：对外资产负债带来的超额收益的 16.9%，海外铸币税的 14.9%。另外，资金成本的节约仅占 6.4%。

从美元霸权收益的分布可以得出，汇率武器往往是失衡调整中的首要武器，也是美元霸权收益最直接和最重要的体现。

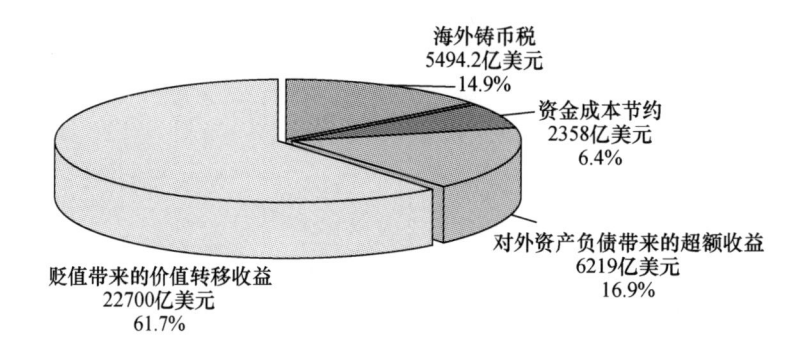

图 7-5 美元霸权收益的分布

资料来源：笔者自制。

8

国际货币政策协调：理论与现实

> "英国强权下的世界和平，有时经由坚船利炮的恐吓来获得其支配地位，然而，它更经常地是通过适时牵引世界货币网络的绳索来大行其道的。"
>
> ——Karl Polanyi

题头所引，是一段来自卡尔·波拉尼（Karl Polanyi）的名著《大转折》中的话，尽管描摹的是19世纪的英国，但它同样适用于20世纪的美国。在许多全球重大经济事件的背后，霸权货币及其主导下的国际政策协调都发挥了巨大的作用。

在前面的讨论中我们也曾指出，在所谓金本位时期和浮动汇率时期，起关键作用的并不是教科书描述的那些自动调节机制，而是英镑霸权或美元霸权下的其他机制。在国际经济的理论和现实之间存在着巨大的差异。然而，令人遗憾的是，人们对此不是视而不见，就是混淆不清。总之，在有意无意间，理论常常被当作现实来宣扬。因此，在论及金本位制或浮动汇率制时，更准确的理解应该给两者都加上定语，即：英镑霸权下的国际金本位制和美元霸权下的浮动汇率制。

本章探讨经济学家发明的另一时髦术语：国际货币政策协调。首先，需要指出的是，如同讨论金本位制和浮动汇率制时我们反复强调的一样，国际货币政策协调从来都是在某种货币霸权地区的主导下进行的。这意味着，关于国际货币政策协调，我们同样可以发现很多理论模型，但是，如果相信现实中进行的国际协调便是遵循这些理论展开的，那我们就太天真了；在现实中，从来都是居于霸权的国家按照自己的利益最大化的原则主宰着各国间的政策协调——在理论和现实之间始终横亘着一条触目的鸿沟，如果这鸿沟不是不可逾越的话。不过，如果我们更多地关注国际政治方面的研究,就会惊奇地发现,几乎在所有的论题上,国际政治学家都比国际经济学家更直白,也更诚实。

本章第一部分是国际货币政策协调的理论综述,我们将对相关的经济学文献和发展阶段进行梳理;第二部分转入对同样论题的国际政治研究,并与经济学家的研究相对照。最后,在本章的结论中,我们将着重指出:在谈论所谓国际货币政策协调时,我们必须留心背后的"货币国策"和"汇率武器"。

国际货币政策协调的理论

各国之间的货币政策协调实践由来已久,但是,主流经济学对它的正规研究则是从20世纪五六十年代开始的。那时,正是这个世界从第二次世界大战的破坏中开始恢复,"美元荒"已基本过去,"美元泛滥"初现端倪之时。

从广义上讲,货币政策协调可以采取两种形式:一是规则形式(rule-based forms)的协调,即各国共同制定和遵守一定的国际制度和规则,以此来解决国际收支失衡和汇率波动等一系列问题;二是相机抉择形式(discretionary forms)的协调,即在相对宽松的国际货币制度环境下,各国自主灵活地寻求货币政策方面的配合,以期共同增进各自的福利水平。国际金本位制和布雷顿森林体系属于前者,布雷顿森林体系崩溃后的许多应付临时危机的货币政策磋商和合作则属于后者(李荣谦,2006)。

国际货币政策协调理论的发展和演变大致可以划分成两个阶段,出现了两代理论模型。第一阶段从20世纪五六十年代开始,在80年代中后期达到鼎盛。整个西方世界在70年代经历了两次严重的国际石油危机,各国很快发现,单边的扩张政策受到外部环境的严重制约。美国、日本、德国等大经济体货币政策的外溢效应凸显出来,相机抉择形式的国际协调迅速提上议事日程。这时出现了第一代政策协调模型。这类模型以正统凯恩斯主义宏观经济理论为基本框架,结合博弈论和计量工具进行分析、理性预期和时间不一致等新古典元素后来也被纳入模型。国际货币政策协调理论的第二阶段从 90 年代中期开始，目前可以说是方兴未艾。经济学家开始利用新开放经济宏观经济学（NOEM）的理论框架来分析这个领域的问题。NOEM 把名义刚性和不完全竞争引入动态一般均衡模型，使得研究有了坚实的选择性微观基础。

具体来说，关于国际货币政策协调的研究大致是要回答这样一些问题：政策协调是否会有得益？这种得益从何而来？这种得益有多大，是否足够重要？两代模型都对这些问题进行了回答，答案有同有异。不过，对经济理论家来说，很多时候答案本身并不重要，重要的是回答问题的方式。

（一）第一代模型

第一代模型的研究高峰出现在 20 世纪 80 年代，之后有大量文献问世。麦基宾（Mckibbin，1988）对此提供了一个很好的综述。他指出，第一代模型主要包含两个理论进路：第一，考察经济扰动的国际传导，给出政策冲突的结论；第二，用博弈论的方法考察政策协调问题。在静态博弈框架下，研究者一致认为，纳什（Nash）均衡会导致过分扩张或过分收缩的政策，合作均衡则会有更高的福利水平，因此，货币政策协调会有得益。不过，在动态博弈框架下，情况变得更复杂了。由于当事人的前瞻性预期，可能会出现时间不一致的情况，这时政策协调可能会导致更坏的结果。

在第一代文献中，乌迪兹和萨克斯（Oudiz and Sachs，1984）的研究在理论和经验方面都做了大量工作，具有代表性。在理论方面，他们采用丁伯根的"目标—工具"（targets and instruments）框架，设定政策目标是政策工具的函数。在模型中，外国的政策工具进入本国的政策目标函数，即国外政策会影响本国的宏观经济目标。这就直接设定了宏观经济政策的外溢效应。乌迪兹和萨克斯对模型中函数的性质进行了充分讨论，指出了在何种情况下政策协调才会产生得益。同时，他们也对得益的来源进行了富有启发的探讨，指出，各国政策的"交易市场"是不完全的，存在外部性，通过合作，便有帕累托改善的可能。在经验方面，他们利用当时流行的大型宏观计量模型进行了模拟，发现政策协调的得益确实存在，但是并不重要，数量上只相当于 GNP 的 0.5%。他们指出，政策协调的得益之所以较小，是因为当时全球经济一体化的程度不够高，尤其是各大经济体之间的贸易量相对较低。他们的分析指出了这样的前景：随着全球经济一体化程度的提高，国际政策协调的得益会随之增加。

第一代模型在20世纪80年代末盛极而衰，因为该框架下有价值的研究论题已经基本耗尽。不过，随着NOEM的兴起，经济学家陡然发现有了新的工具，从而，这个领域还有许多值得挖掘的东西。NOEM给这个领域提供了新的动力和工具，使得相关研究又重新活跃起来。正如Obstfeld和Rogoff（2002）所说："实际上，在老式的Mundell – Fleming – Dornbusch模型下，完全不能正确地提出我们提出的问题，然而直到现在，它还是政策协调文献的工作母机。"

（二）第二代模型

在他们自己开创的框架下，Obstfeld和Rogoff（2002）对国际货币政策协调问题进行了研究。结果显示，虽然在某些特殊设定下协调会有得益，但是经验证据并不支持这种得益的重要性，也就是说得益很小。这个结论看起来似乎与乌迪兹和萨克斯（1984）的结论别无二致，实际上两篇文献存有巨大差异。除了方法以外，Obstfeld和Rogoff的研究显示，过了某个中间状态以后，随着全球商品和资本市场一体化程度的提高，政策协调的得益会越来越小。这和乌迪兹和萨克斯的结论相反。在乌迪兹和萨克斯的模型中，政策的外溢效应直接给定，通过国际商品和资本流动发挥作用。全球经济一体化的程度越高，外溢效应越大；外溢效应越大，政策协调的得益也就越大。在Obstfeld和Rogoff的模型中，协调的得益是模型的分离纳什均衡和合作均衡的福利水平之差，纳什均衡是各国视外国政策为既定时最大化本国福利的结果，合作均衡是"全球计划者"最大化全球福利的结果；政策协调的得益来自名义黏性和经济中其他各种扭曲的相互作用，货币政策对其他扭曲的交叉影响越小，政策协调的得益就越小；经济一体化程度的提高实际上减少了市场扭曲，因此一体化程度提高，实际上使得政府间进行政策协调的空间缩小了。① 除了结论违反直觉而外，Obstfeld和Rogoff也为后续研究展示了广阔的前景：NOEM框架有很强的包容性，适合在各个方向上进行更

---

① Bergin（2002）对两代模型在这个问题上的差异做了通俗易懂的阐述。

深入的探索；原始模型的设定也相对简单，容许做进一步的改进。

　　Obstfeld 和 Rogoff（2002）提出的问题是：各国拥有不同通货带来的稳定化收益，是否由于缺乏国际货币政策协调而被浪费掉了？他们给出的回答是否定的。通过引入更多的不完全性和扭曲，Tchakarov 得出了相反的答案。Tchakarov（2004）考察了各种形式的不完全性和扭曲：（1）交错形式的名义工资黏性；（2）贸易部门和非贸易部门面临不同的技术冲击；（3）进口品进入生产过程而不是直接消费；（4）生产者通货定价（PCP）和当地通货定价（LCP）混合，汇率不完全传递；（5）改变效用函数中货币的引入方式；（6）两国商品不是单位替代弹性。Obstfeld 和 Rogoff 的研究发现：（1）、（4）、（6）在政策协调的得益方面具有非常重要的作用。Tchakarov 的研究表明，如果让更多的真实扭曲进入模型，政策协调的得益就有可能增大，从而推翻 Obstfeld 和 Rogoff 的各国政策协调并不重要的论断。

　　Cazoneri 等（2005）指出，Obstfeld 和 Rogoff 模型实际上重申了芝加哥学派的主张：浮动汇率可以使本国经济免受外部冲击的影响，包括外国的货币政策。之所以出现这个结果，是因为该模型包含的汇率决定理论极端简单，同时，使得模型求解大大简化的四个特殊假定，排除了贸易条件外部性（terms of trade externality），这都会导致各国之间的依赖性大大下降。Cazoneri 等假定贸易部门和非贸易部门面临不同的技术冲击，他们发现，随着技术冲击大小和相关性的变化，协调得益的大小会发生很大变化。Cazoneri 对第一代模型发展作出过重大贡献，他们认为，与第一代模型相比，第二代模型为政策协调留下了更大的余地。

　　Liu 和 Pappa（2005）强调各国之间存在的不对称性，并在模型中进行了刻画。在他们的两国两部门（贸易部门和非贸易部门）模型中，两国的非贸易品在消费中所占比重不同。这个设定来自这样的事实：一般来说，发达国家的服务业更发达，非贸易品在消费中所占的比重更高，欠发达国家则相反。相关经验研究显示，技术冲击在部门之间的差异要比在国家之间的差异更重要，因此，他们的模型还特别强调了各部门面临的不同技术冲击。这些设定为政策协调得益提供了新的来源，即除了贸易条件外部性，还有贸易条件偏向（terms of trade bias）。研究结果表明，国际货币政策协调的必要性和重要性不容置疑。

Benigno 和 Benigno（2006）的模型假定商品和资本市场完全一体化，各国经济面临三种不同类型的冲击：技术、公共支出和价格加成（markup）。他们的研究有三个主要结论：（1）何种汇率制度能够加强国际货币政策协调，并没有定论，这主要取决于扰动经济的冲击类型。浮动汇率可以吸收不对称的技术冲击，从而让货币政策更多地关注国内目标。价格和产量调整可以吸收其他冲击，此时政策协调的最优结果要求稳定的汇率制度。（2）一般来说，政策协调会有得益。这种得益来源于贸易条件外部性，要受到各种不完全性相互作用的影响。（3）虽然问题非常复杂，还是可以利用模型设计出一个简单的货币制度，从而保证最优合作结果的实现。

总的来说，与第一代模型相比，NOEM 方法使得研究者可以进行更为细致和深入的探讨。比如说，第一代模型大多笼统地进行国际政策协调的研究，很少区分是何种政策，NOEM 的研究则大多集中在货币政策上。关于协调得益的来源，第一代模型大多只进行限于直觉的宽泛探讨，NOEM 的研究则从不完全性的相互作用、冲击来源和部门结构等多个渠道进行分析。关于如何进行协调，第一代模型很少提出具体建议，NOEM 的有些研究则利用模型设计出了货币制度和政策规则。当然，即便如此，也是远远不够的。从研究的进展来看，在政策协调的得益方面还没有形成共识。初期的模型大多得出消极的结论，虽然许多最近的研究支持积极的结论，但是无论在理论上还是经验上都还需要进一步的澄清和确认。不过，总体来看，第二代模型为政策协调留下了更为广阔的空间，正如 Tchakarov（2004）所强调的："……拥有坚实微观基础的 NOEM 模型为引入无效率（inefficiency）提供了丰饶的土壤，这有助于从政策合作中产生不可忽视的得益。"

国际货币政策协调 50 年

"如果我们只相信放任的方法，就想当然地认为存在顺利运转的自发调节机制能够保持均衡，那是一个'教条主义错觉'，它忽视了没有任何理论给予合理的历史经验的教训。"凯恩斯在 1941 年的这一段话，似乎已经预见到了布雷顿森林体系可能面临的问题了。其实，无论是金本位还是布雷顿森林体系，以及此后的布雷顿森林体系崩溃后的浮动汇率体制，都不能指望市场的自发调节机制，都需要国际政策协调。

1973 年以前，在布雷顿森林体系下，实行各国本币与美元挂钩的固定汇率制度，国际货币基金组织负责协调双边汇率问题。布雷顿森林体系解体后，从 1976 年起，在牙买加体系下，西方主要国家的经济政策协调，尤其是多边汇率政策协调，主要通过七国首脑会议或七国财长会议的平台进行。1975 年，在法国朗布依埃举行的第一次七国首脑会议，标志着以大国会议方式进行国际经济政策协调的开始。不过，那次会议主要强调的各国内部事务管理的重要性，并没有讨论国际经济政策协调问题。1978 年，德国波恩会议第一次提出，七国政府应该联合行动，共同实行扩张性的财政政策和货币政策，带动世界经济复苏。这次会议是国际经济政策协调的真正开端。1982 年，法国凡尔赛会议建立了包括美国、英国、德国、法国和日本财政部长和中央银行行长参加的五国财长会议制度。1986 年，加拿大和意大利加入，成为七国财长会议。其中，1985 年的《广场会议》是汇率政策协调的典型例子；1987 年的《卢浮宫会议》增加了包括利率、经济增长速度、失业率等在内的有关宏观经济指标内容，成为利率政策和宏观经济政策全面协调的一个典型例子。

20 世纪 90 年代以来，西方国家的经济政策协调的基本形式仍然以七国集团财长和央行行长定期会议机制为主。1999 年，在七国集团财长和央行行长会议基础上，正式成立了二十国集团（即 G20）。二十国集团的宗旨是促进发达经济体和新兴市场经济体就国际货币和金融体系的重要问题展开富有建设性的对话，并通过对话加强国际金融体系架构。这可以说是国际政策协调的一个新变化。二十国集团最终发挥作用实际上是在本轮金融危机爆发之后。

以上是依时间序列对国际政策协调的一个鸟瞰。从国际政策协调的实践看，仍然是霸权及霸权国家在发挥主导性作用。可以想见的基本格局是：倘若霸权国家希望进行协调，则协调或能成功；倘若霸权国家对协调不感兴趣，则不可能有任何协调政策产生。

20 世纪 70 年代：国际政策协调牛刀小试

布雷顿森林体系的解体，标志着美元一家独大的国际货币秩序开始松动。鉴于本国经济实力突飞猛进，日元、马克等非美货币开始在国际货币舞台崭露头角。在此旧规已去、新则未立之时，国家间经济政策，特别是货币政策协调与合作的重要性日益凸显。

20 世纪 70 年代初的国际政策协调，是为了应对第二次世界大战后第一次较大规模的全球失衡。1970 年，时任美国财长的大卫·肯尼迪将美国收支赤字的责任从美国的国内外政策转移到欧洲和日本身上，他宣称："不一致的是，外国政府一方面敦促美国维持国际收支盈余，另一方面又往往采取阻碍这一目标实现的政策。"（该引文来自《纽约时报》1970 年 5 月 21 日，"海外贸易壁垒使美国推动耐心：肯尼迪称，国会不妨限制进口"，金融帝国，第 300 页）其中很能看出美国霸权的姿态。

后来的财长康纳利（John Connally）比起前任是有过之而无不及。他有过这么一段著名的蛮不讲理的讲话，至今仍广为流传。在面对黄金与美元脱钩只可能导致欧洲损失时（当时欧洲相对美国是顺差），康纳利对欧洲代表团说："美元是我们的货币，但是你们的问题"（American dollar "is our currency, but your problem"）。当时，美国国际收支出现长期巨额逆差，美国政府不思己过，反而指责德国马克与日元汇率被该两国人为低估，因此逼它们升值。在美国的重压下，德国很快便就范，但日本仍然以各种理由顽强抵抗着。为了压迫日本进行国内政策调整，康纳利甚至径直称日本经济为"管制经济"（controlled economy）。

1971 年 5 月 17 日，美国开始正式官方干预。他明确要求日本重估日元，并威胁日本道，如果日元不升值，那么美国就要通过一种特别单边关税，限制日本对美国的出口品种类（金融帝国，第 309 页）。

日本最初没有立即实行货币升值，而是开始解除自第二次世界大战以来的资本管制，并实施八点计划，包括"进口自由化，对发展中国家的特惠关税、关税削减、资本自由化、取消非关税壁垒、促进经济合作、出口规范化,以及财政和货币政策的灵活运用"。从 7 月 1 日开始,日本单方面限制对美国的纺织品出口,为期三年。其他亚洲国家和地区纷纷效仿,削减自己的纺织品销售,中国台湾和韩国最先宣布对其生产商施加"自愿"出口配额。为了迫使其他货币进一步升值,尼克松总统对没有贸易配额限制的美国进口品追加课征 10% 的附加费。

尽管美国在 1973 年的《总统经济报告》(第 124 页)中强调调整过程的对称性,即无论是顺差还是逆差国,都要调整。尤其提到逆差国,要减少需求,哪怕这会导致较高的失业率。但实际上,美国人并没有按自己宣称的这么做。它的办法要么是置失衡于不顾,来个"善意的忽视";要么就将责任归咎于顺差国。

20 世纪 70 年代,美元贬值成为流行的时尚……1971 年和 1973 年的美元贬值,试图有意识地消除多年来在布雷顿森林体系下积累起来的不平衡状况。1977—1978 年的美元贬值,也是有意识进行的,因为财政部部长米切尔·布鲁门萨尔和卡特政府的其他官员要求"降低"美元。那时,美国的国际贸易刚开始出现赤字,美元贬值被认为是缓解美国贸易赤字的自然方法,导致了国际贸易伙伴对美国不满情绪迅速蔓延(80 年代美国经济政策,第 257 页)。

以上故事从一开始便生动地刻画了所谓国际宏观政策协调的本质与过程。其本质是:霸权国为了解决其国内经济的失衡,以"非合作式"博弈来压迫对手国进行国内政策调整;其基本过程则是:霸权国(迄今为止主要是美国)以解决其国内经济问题为出发点,设定谈判主题,并预设谈判结果,其他国家则不得不让步、妥协,乃至屈服。

从《广场协议》到《卢浮宫协议》

20 世纪 80 年代,全球出现战后第二次大规模失衡。为了再平衡,国际社会再次紧锣密鼓聚会,商讨各国间宏观政策协调。在这个过程中,美国霸权再次大显威风,其间最著名的成果,就是 1985 年签署的《广场协议》。

20 世纪 80 年代初期,美国在"供给学派"的引导下,推行减税与货币紧缩的混合政策。这不仅造成了高额的财政赤字，又因为利率高悬，致使美元对日元、马克等主要国际货币持续坚挺，贸易逆差不断累积。特别是，此时美国来自日本的贸易逆差占其全部逆差的40%之多。但是，在里根总统的第一个任期内（1981—1985年），强势美元被认为是美国强大的政治、经济基本面的反映，其负面效应没有引起足够的关注。

然而，面对不断恶化的外部竞争环境，美日贸易摩擦日趋激烈（徐梅，2010）。为顺应国内实业界的利益诉求，赢得连任的里根政府在其第二任期伊始便着手调整经济政策，特别是不再放任美元汇率的自由浮动。1985年9月22日，美国、日本、英国、法国、联邦德国五国财长和央行行长在美国纽约广场饭店签订协议，决定联合干预外汇市场，以便"有序地推动非美元货币升值"（艾肯格林，2009）。这便是著名的《广场协议》。美国财长贝克通过多种方式，要求日本降低利率，实行扩张性的货币政策。中曾根政府过分迁就美国的压力，在一年内连续五次大幅下调日本中央银行的贴现率。政策协调基本上是以美国之外的其他国家的全面妥协而告终。前美联储主席保罗·沃尔克后来回忆说，"在广场会议上，最令人吃惊的事情是，当时日本的大藏大臣、后来成为日本首相的竹下登，主动提出允许日元升值10%以上，这大大出乎我们的预料"。前日本银行行长行天丰雄后来解释说，"日本政府对当时美国日益上升的保护主义压力感到惊慌，准备接受一次日元的大幅度升值，以缓解对美贸易关系"（保罗·沃尔克和行天丰雄，1996）①。

美国财长贝克对于制定共同国际政策的雄心远甚于汇率政策。他的努力得到了日本、德国和其他贸易伙伴的响应。他们赞同《广场协议》谈判的主要方面，同意扩张他们各自的国内经济。1986年3月，在东京举行的发达国家首脑峰会上，美国劝说其他国家采用一个称为客观指标（objective indicators）的体系。这一客观指标体系包括GNP的增长率、利率、通胀率、失业率、财政赤字与GNP的比率、经常项目与贸

---

① 保罗·沃尔克、行天丰雄：《时运变迁》，中国金融出版社1996年版。

易平衡、货币增长率、外汇储备和汇率①。会议还同意意大利和加拿大参加财政部长会议，计划将五国财政部长会议扩大为七国，并同意在每次会议上对每个指标变量加上一个定量的预测、目标指标。在随后的会议上，七国中的每个国家都根据这些目标决定本国的政策。在东京经济宣言中，七国财政部长和中央银行行长同意："不论什么时候，在实际经济指标偏离目标指标时，他们将尽最大的努力采取适当的修正措施，以达到目标路径。"

在《广场协议》签署一个多月后，为"落实"《广场协议》内容，也体现日本作为负责任大国的形象，1985 年 10 月 31 日，由日本内阁官房长官出面组成了包括 17 名委员在内的中曾根首相的私人咨询研究会，名为"为实现国际协调的经济结构调整研究会"。该研究会提出了有关未来日本经济发展的一揽子方案。鉴于方案的主持人为日本银行前任总裁前川春雄，故此报告亦称"前川报告"。该报告提出，为实现国际协调特别是"落实缩小经常性收支不均衡"的目标，日本必须扩大内需、调整经济结构的发展方向。这和中国当前所面临的国际国内环境有惊人的相似性。前川报告尽管获得了国际社会特别是美国的赞许，但在日本国内却引起了一些批评。首先，在对于日本当时所面临的国际经济形势的认识上，前川报告认为，大幅度经常收支不平衡的持续发展是一种"危机状况"，日本面临着一个"历史性转变的时期"。有日本学者认为，这种认识的"出发点是错误的。在对日本经济所面临形势的本质没有完全把握的情况下，谈什么应该来一个历史性的转变，就会使人感到是一种突然的飞跃"。并且指出："我们所说的危机的状态，实际仅仅是巨额出超，说到底那是由于美国的过度入超所造成的。……那只不过是美国经济运转的危机，怎么能说是日本进入了危机状态呢？"其次，在对美巨额经常收支顺差产生的原因的认识上，前川报告提出经常收支的巨额顺差根源于日本经济的出口主导型结构，等于承认了所谓"日本责任论"。而东京大学小宫隆太郎教授的观点则是，"今天日本巨额经常收支顺差，是由于日本和美国，特别是美国的宏观经济的各种原因所造成的结果，并不根源于日本的产业和企业体制本身……美国经常

---

① 这一客观指标体系可以看做二十国集团参考性指南的前身。

收支的基本原因根源于美国经济之中,它的改善取决于美国自身宏观经济政策的改善。如果仅仅是日本单方面确定行动计划,许诺要调整经济,而美国方面并不相应采取任何积极的改善政策,这种现状可以说是最大的不公平,进而可以说成是日本外交的失败"。

《广场协议》对日美汇率的影响可谓立竿见影。如图8-1所示,美元对日元和马克急剧贬值。1985年9月,1美元约合236.9日元、2.84马克。而到10月,这一比率分别降至214.8日元和2.64马克。而到1987年年初,美元兑日元和马克已双双贬值近35%。但是,美国希望通过本币贬值来纠正其对外贸易失衡的主要目标并未完全实现。特别是在协议签署之后的2—3年内,美国对日本的贸易逆差继续扩大,直到1990—1991年才有短暂改观,但此后又一路攀高并延续至今①。这充分说明,美国与日本和德国间的贸易差额的产生和发展,且愈演愈烈,主要责任在美国一方:美国企业特别是制造业竞争力日趋下降,偏向消费的经济结构及建立其上的负债经济,过度发展的金融业,以及政府的市场保护措施等,构成其主因。另外,本次协议仅仅讨论了汇率问题,并未涉及与之密切相关的财政政策与利率的政策安排。尽管日后的《卢浮宫协议》中大量增补了有关财税政策和利率政策协调的内容,但由于两个协议的基本思路都是谴责并要求日本和德国进行政策调整,美国依然故我,致使政策协调收效甚微。值得注意的是,这次重大国际协调,为随后日本"失去的十年"实实在在埋下了阴冷的伏笔,这一"副产品"的代价,值得记取②。

《广场协议》之后,一连串的干预措施(有时仅需口头干预)使美元比价一路下跌。然而,美元的持续走低很快逼近了各国的承受底线。首当其冲的是日本。一方面,因日元升值,日本的出口企业价格竞争力下降,利润空间受到大幅挤压。另一方面,据日本经济学家吉川元忠计算(吉川元忠,2000),1986年日本对外净资产的汇率损失高达3.5万

---

① 据美国Census Bureau的数据,1985年美国对日本商品贸易逆差为461亿美元,1986年升为550亿美元,而1987年进一步提高至563亿美元。

② 事实上,甚至关于《广场协议》对美元贬值的作用,学术界也有质疑之声。如费尔德斯坦(Feldstein, 1986)指出,早在1985年3月,美元便开始大幅走低,而协议后的下跌不过是此前趋势的延续。由此可见,协议的直接效果非常有限。

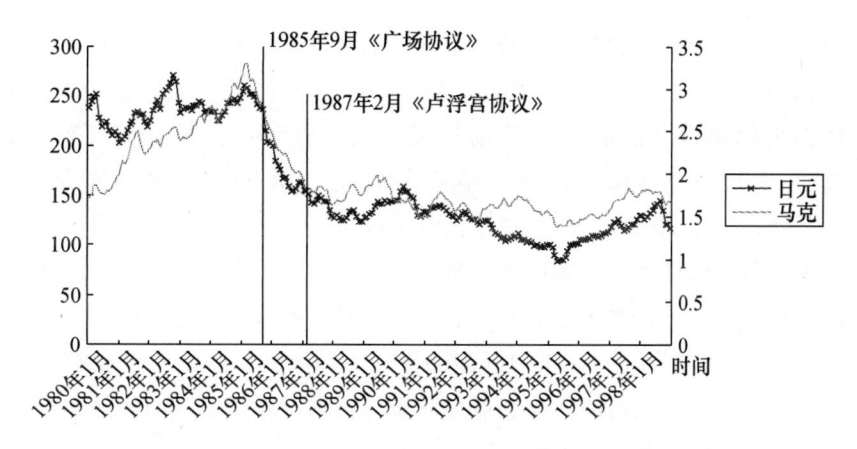

图 8-1　1980—1998 年 1 美元兑日元／马克月度汇率均值

说明：左轴为 1 美元兑日元（东京市场）；右轴为 1 美元兑马克（法兰克福市场）。
资料来源：日本银行（Bank of Japan）和德意志联邦银行（Deutsche Bundesbank）。

亿日元，1987 年达到近 6 万亿日元。而就美国而言，美元的过度下跌也绝不值得期待：这不仅会损害市场对美元的信心，进而危及其货币霸权，还会加剧金融市场的波动风险，抑制投资。为防止此类事发生，美国、日本、英国、法国、联邦德国、加拿大、意大利七国财长于 1987 年 2 月在法国巴黎达成了《卢浮宫协议》①。在协议中，七国不仅同意将美元汇率稳定在当时水平（将美元汇率锁定在一个参考区间内），还就更广泛的财政货币政策作出协调安排。例如，日本承诺缩减外贸盈余，并降低利率；而美国则表示要削减财政赤字，保持低水平利率。其他国家也表达了"紧财政"、"松货币"的经济调整方向。从表面上看，《卢浮宫协议》似乎在政策协调上更为深入、广泛。

应当说，协议在干预汇率方面基本取得了预期效果。仍如图 8-1 所示，在协议达成后，美元急剧下跌的态势暂时得以控制②。但是，随后的事实表明，其他方面的协调，例如财政货币政策领域，很快就出现松动。例如，联邦德国由于担心东西两德统一后产生通胀压力，并未采取低利率政策。而遵守协议的日本，确实在较长的时间内维持了较低的利率水平，但为此付出了惨痛代价：在出口受挫、制造业不振和货币宽

---

① 意大利出席会议，但未签署最终协议。
② 大体上看，随后的 20 余年间，日元对美元仍持续升值，只是趋势变缓。

松的背景下，日本股票、房地产等资产泡沫迅速做大。如图 8-2 所示，在 20 世纪 80 年代末 90 年代初，无论日本的住宅还是工商业地产的价格都大幅飙升。而股票市场则表现得更为疯狂：日经指数（Nikkei 225）从 1986 年年初到 1989 年年末暴涨 3 倍，由 13000 点蹿升至 39000 点（Obstfeld，2009）。遗憾的是，由于此时的经济增长依旧强劲，以及传统消费品价格水平基本稳定，日本政府对包括资产价格在内的总体物价水平的异常上涨并未足够重视。众所周知，泡沫很快就破裂了。日本经济随之陷入了长达 20 年的低迷局面。时至今日，即便安倍政府强有力地采取了前所未有的通胀和低息政策，日本至今仍未从增长停滞和通货紧缩的阴影中彻底走出来。

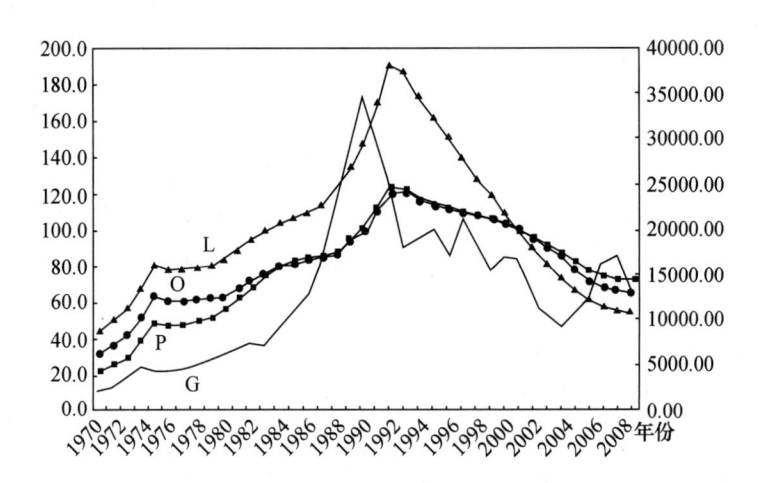

图 8-2　日本房地产与股票价格指数

说明：L 线代表商业地产价格指数；O 线代表工业地产价格指数；P 线代表住宅地产价格指数；G 线代表日经指数（Nikkei 225）。左轴为地产价格指数，以 2000 年 3 月为 100；右轴为日经指数。

资料来源：Real Estate Institute of Japan and Global Financial Data；转引自 Obstfeld（2009），原文图 4。

总体来看，至少在 20 世纪 80 年代，美国在全球经济秩序中的霸主地位仍然十分牢固。凭借这一优势，美国主导了从《广场协议》到《卢浮宫协议》等一系列国际协调活动。作为美国的主要竞争者，德国凭借欧洲一体化的依托，对美国的安排并不完全就范，而势单力孤的日本对美常常只能亦步亦趋，不幸成为两个协议的最大受害者。不过，除日本之外，还有另一个隐形的受害者，即"国际政策协调"这一理念自身。可以说，在经济全球化加速推进的时代背景下，国际政策协调的重要性不言而喻。但是，由于国际政治经济秩序的失衡，强势国与弱势国既罕有共同的利益关切，又缺乏制度化的合作机制，这使得本应平等互利的国际政策协调往往演变为各国基于一己之私的政策安排，其中，居于强势地位的霸权国自然成为主要的受益国。这样，此类"协调"要么变为信誓旦旦的外交空谈，要么成为针对弱势国家的强迫"认捐书"。其成效不彰，自然就不出人意料了。

二十国集团成为全球政策协调的新平台

转过新世纪，特别是2007年全球金融危机前夕，全球失衡问题又一次达到不可持续的严重程度。这可算作第二次世界大战以来第三次最严重的全球失衡。和20世纪七八十年代相同，失衡的一方是世界最大的霸主美国。在危机前，其贸易赤字占全球GDP之比直线上升，甚至连续数年达到了接近1.5%的新高度。和20世纪80年代不同的是，这个时期，作为美国贸易对手方的国家变成了新兴经济体，中国在其中发挥了主导作用。

于是我们看到了老故事在新世纪中重演：美国政府故伎重施，不断向中国施加升值压力，并以将中国定为货币操纵国相威胁。只不过，中国和其他新兴经济体不如当年日本那样"听话"，因此，国际政策协调中出现了新的因素。

回顾全球政策协调的历史，一条清晰的线索就是：参与"协调"的国家在不断增加，从发达经济体到新兴经济体和发展中国家，从而协调的平台也从五国财长会议，七国财长会议，然后发展到八国集团（G8）、二十国集团（G20）等；与之相对应，美国霸权地位无可奈何花落去，其影响力正在不断被削弱。

二十国集团，是一个国际经济合作论坛，于1999年12月16日在德国柏林正式成立，属于布雷顿森林体系框架内非正式对话的一种机制，由原七国集团（包括加拿大、法国、德国、意大利、日本、英国、美国），加上十一个重要经济体（E11，含阿根廷、巴西、中国、印度、印度尼西亚、墨西哥、俄罗斯、沙特阿拉伯、南非、韩国和土耳其）以及澳大利亚和欧盟组成。峰会旨在推动已工业化的发达经济体和新兴经济体之间就实质性问题进行开放及有建设性的讨论和研究，以寻求合作，并促进国际金融稳定和经济的持续增长。按照以往惯例，国际货币基金组织与世界银行列席该组织的会议。二十国集团成员国代表了90%的全球产出，80%的全球贸易（包括欧元区内部贸易）以及2/3的世界人口，因此有较高的代表性。当然，还有170多个国家并不在内，这也使得其代表性、合法性与广泛性一直受到质疑。

　　二十国集团在成立之初主要是部长级会议，还没有上升到领导人峰会的高度。它之所以在成立近十年后起死回生，皆拜危机所赐。正是2007年以来的国际金融危机，直接导致了2008年11月的二十国集团领导人华盛顿峰会。这是第一次二十国集团领导人峰会，此前都只有财长与央行行长会。应当说，是更大的危机促使二十国集团迈上更高级别。而这一次的动因，尽管与二十国集团成立之初的情况有些类似（比如金融危机以及新兴力量的崛起），但程度上有了很大不同。其一，就危机而言，20世纪90年代末的危机主要是亚洲金融危机，出问题的是新兴经济体而非发达经济体，并且，其对发达经济体的影响也有限。这次不同了，出问题的是发达经济体，对新兴经济体进而全球经济的影响都非常深远。其二，就新生力量而言，20世纪90年代末，尽管有亚洲增长的奇迹，但是比起2007年，当时新兴经济体的力量还比较有限。经过新世纪新一轮的繁荣，全球经济重心发生了明显的转移，新兴经济体的力量有了巨大的提升。根据IMF的数据，1999年新兴经济体与发达经济体在全球产出中的比重分别为37%和63%，到了2008年的二十国集团第一次领导人峰会之时，这个比例变成了45%和55%。产出缺口如此迅速地弥合，使得二十国集团作为全球治理和国际政策协调的平台，具有了全新的含义。

二十国集团峰会上的较量

从 2008 年 11 月开始至 2013 年 9 月,二十国集团先后召开了八次峰会,每一次峰会之前,都会相应召开二十国集团财长与央行行长会。可以说,二十国集团是 21 世纪以来各国协调宏观经济政策最为重要的平台,其协调对象,涉及了汇率、利率、发展方式、经济结构调整等广泛的领域。值得指出的是,中国自始至终参与了二十国集团的所有会议,并发挥了日益重要的作用。

为了更真切地了解二十国集团的运行情况、中国政府的诉求以及发达经济体与新兴经济体之间在国际政策协调中的博弈,我们不妨以时间为序列,对各次会议逐一进行分析。为了清晰起见,在下文中,我们以列表的方式,用三个栏目顺序列示中国的立场(以国家元首讲话为据)、会前财长和央行行长会的议题及公告以及峰会议题和公告。我们用斜黑体标出了没有获得对方响应的内容。这样做,相信能收比较分析之效。

(一)第一次二十国集团领导人华盛顿峰会(2008 年 11 月 15 日)

此前,二十国集团财长和央行行长会议于 2008 年 11 月 8—9 日在巴西圣保罗举行。

	胡锦涛讲话	财长与央行行长圣保罗会议公告	华盛顿峰会宣言
1	共同采取措施稳定国际能源、粮食市场,遏制投机行为		解决能源安全、粮食安全、气候变化、恐怖主义、法治、贫困、疾病等挑战
2	防止各种形式的贸易和投资保护主义,努力推动多哈回合谈判早日取得积极进展		在金融不稳定时期更应反对贸易和投资保护主义,各国都应努力推动多哈回合谈判在今年取得进展

续表

	胡锦涛讲话	财长与央行行长圣保罗会议公告	华盛顿峰会宣言
3	加强国际金融监管合作,完善国际监管体系,建立评级机构行为准则,加大全球资本流动监测力度,加强对各类金融机构和中介组织的监管,增强金融市场及其产品透明度	加强国际合作,恢复并保持金融体系的稳定性,尽快恢复发达和新兴市场国家的货币和信贷市场的功能,改进监管制度,提高金融市场的透明度,进一步识别系统重要性机构,加强对这些机构(包括评级机构)的监管,解决监管中的顺周期问题,使金融机构有一致的会计准则,监管者应加强对跨境资本流动的监管	加强国际金融监管合作;加强国际监管标准及其执行的一致性;加强金融市场及其产品的透明度;依据已达成共识和得到加强的国际行为规范监管评级机构;推动金融市场的公正(Integrity);坚持自由市场原则,**防止过度监管导致资本流动极度萎缩,并妨碍经济增长**
4	推动国际金融组织改革,改革国际金融组织决策层产生机制,提高发展中国家在国际金融组织中的代表性和发言权,尽快建立覆盖全球特别是主要国际金融中心的早期预警系统,改善国际金融组织内部治理结构,建立及时高效的危机应对救助机制,提高国际金融组织切实履行职责能力	改革布雷顿森林体系,提高发展中国家在国际金融组织中的发言权和代表性,IMF、世界银行和其他国际金融机构应帮助稳定国际金融体系,促进国际合作,敦促IMF的贷款工具适应其成员国的需要。IMF应加强对系统重要性国家的早期预警	改革国际金融体系,推动布雷顿森林体系改革;提高发展中国家的发言权和代表性;从现在起到明年3月31日,监管机构应合作建立监管共同体,对所有主要的跨境金融机构实施监管。注重监管的IMF和侧重标准设定的FSF应增强合作,提供早期预警。欢迎IMF提供短期流动性工具,鼓励世界银行和其他多边开发银行尽力发展项目,欢迎世界银行最近在基础设施和贸易融资领域引进的新工具
5	鼓励区域金融合作,增强流动性互助能力,加强区域金融基础设施建设,充分发挥地区资金救助机制作用		
6	改善国际货币体系,稳步推进国际货币体系多元化,共同支撑国际货币体系稳定		

胡锦涛的华盛顿峰会讲话内容未能在财长与央行行长会议公告和领导人峰会宣言中充分反映或不一致的有（以黑体字表示）：

（1）胡锦涛指出，应遏制国际能源市场和粮食市场的投机行为，而峰会宣言只是笼统指出要解决能源安全、粮食安全、气候变化等问题，但未明确提出遏制投机；

（2）胡锦涛仅指出，加强对金融机构和金融市场的监管和国际合作，峰会宣言进一步指出，在加强监管的同时，应防止过度监管的负面影响；

（3）胡锦涛指出，鼓励区域金融合作，增强流动性互助能力，加强区域金融基础设施建设，充分发挥地区资金救助机制作用，而会议公告与峰会宣言中未提及；

（4）胡锦涛指出，推进国际货币体系多元化，在会议公告与峰会宣言中也未提及。

（二）第二次领导人伦敦峰会（2009年4月1—2日）

此前，二十国集团财长和央行行长会议2009年3月14日在英国霍舍姆举行。

	胡锦涛讲话	财长与央行行长霍舍姆会议公告	伦敦峰会宣言
1	反对各种形式的保护主义，维护开放自由的贸易投资环境		促进全球贸易和投资，摒弃贸易保护主义，巩固经济繁荣的基础
2	加快推进相关改革，重建国际金融秩序。加强金融监管合作，尽快制定普遍接受的国际金融监管标准和规范，完善评级机构行为准则和监管制度，建立覆盖全球特别是主要国际金融中心的早期预警机制	加强金融监管，加强国际合作	修复金融体系以复苏贷款市场。建立更加具有一致性和系统性的跨国合作，创立全球金融系统所需的、通过国际社会一致认可的高标准监管框架
3	国际金融机构应该增强对发展中国家的救助，IMF注资应该坚持权利和义务平衡、分摊和自愿相结合的原则，新增资金应该确	将帮助发展中国家应对国际资本流动逆转的问题。动员国际金融机构的流动性和资源，用于逆周期支出、银行资本充足、基础	将IMF的可用资金提高两倍，至7500亿美元；支持2500亿美元的最新SDR配额；支持多边发展银行至少1000亿美元的额外贷款；利用IMF已经

续表

	胡锦涛讲话	财长与央行行长霍舍姆会议公告	伦敦峰会宣言
3	保优先用于欠发达国家，应该建立快速反应、行之有效的国际金融救援机制。金融稳定论坛应该发挥更大作用。改进 IMF 和世界银行治理结构，提高发展中国家代表性和发言权	设施建设、贸易融资、支持国际收支平衡、新债替旧债和社会支持提供资金。将提高发展中国家代表性和发言权	同意的出售黄金储备的所得资金，为最贫穷国家提供优惠融资。通过全球金融机构追加 8500 亿美元可用资金，这笔资金将用来为逆周期支出、银行资本充足、基础设施建设等提供资金，从而支持新兴市场和发展中国家的增长。提供 500 亿美元来支持低收入国家的社会保障、促进贸易和安全发展。改革国际金融机构的授权、规模和治理，国际金融机构的首脑和高级领导应该通过公开、透明的优选程序来指派
4	IMF 应该加强和改善对各方特别是主要储备货币发行经济体宏观经济政策的监督，尤其应该加强对货币发行政策的监督		支持由公平、独立的 IMF 对各国经济及金融业进行监管，对一国经济政策对其他国家的影响进行监管，以及对全球经济所面临的风险作出评估。创立一家全新的金融稳定委员会，作为金融稳定论坛的继承性机构，对宏观经济和金融危机风险发出预警，对监管体系进行改造等
5	完善国际货币体系，健全储备货币发行调控机制，保持主要储备货币汇率相对稳定，促进国际货币体系多元化、合理化		

续表

	胡锦涛讲话	财长与央行行长霍舍姆会议公告	伦敦峰会宣言
6	保持各国宏观经济政策导向总体上的一致性、时效性、前瞻性。应大力开展各项实质性合作，大力开展贸易和投资等实体经济合作，大力加强贸易融资合作，大力加强中小企业合作，大力推动国际新兴产业合作尤其是节能减排、环保、新能源等领域合作，积极培育世界经济新的增长点，大力加强国际科技合作		促进和推动贸易及投资

胡锦涛的伦敦峰会讲话内容未在峰会宣言及会议公告中反映或不太一致的方面包括：

（1）胡锦涛指出 IMF 注资应该坚持权利和义务平衡、分摊和自愿相结合的原则。这些原则在宣言和公告中未明确提及。

（2）胡锦涛指出，健全储备货币发行调控机制，保持主要储备货币汇率相对稳定，促进国际货币体系多元化、合理化。对此，宣言及公告中忽略了。

（3）胡锦涛指出，应保持各国宏观经济政策导向总体上的一致性，并应加大各国贸易、投资、贸易融资等多方面的合作。这些也未在宣言及公告中涉及，但在第三次峰会的宣言中提到了。

（三）第三次二十国集团领导人匹兹堡峰会（2009 年 9 月 24—25 日）

此前，二十国集团财长和央行行长会议 2009 年 9 月 4 日在英国伦敦举行。

胡锦涛在匹兹堡峰会讲话中提到的诉求，未在峰会宣言及会议公告中反映的部分主要包括：

（1）胡锦涛指出，警惕刺激措施可能产生的负面影响尤其是潜在的通胀风险；

第四篇　再平衡的机制

	胡锦涛讲话	财长与央行行长伦敦会议公告	匹兹堡峰会宣言
1	继续加强各国宏观经济政策协调，保持政策导向总体一致性、时效性、前瞻性。**警惕刺激措施可能产生的负面影响尤其是潜在的通胀风险**		经济开始复苏，但是目前退出为时尚早，开始准备刺激政策退出策略，需将需求来源从公共转向私人，建立可持续和更加平衡的增长模式。各国经济政策应该总体一致
2	**主要储备货币发行国要平衡和兼顾货币政策对国内经济和国际经济的影响，切实维护国际金融市场稳定**		
3	应该大力推动国际新兴产业合作尤其是节能减排、环保、新能源等领域合作，积极培育世界经济新的增长点。**应该大力加强国际科技合作，充分依靠科技进步增强世界经济增长内在动力**		逐步降低鼓励浪费型消费的化石燃料补贴，从而推动环保、清洁能源等领域的投资。推动对清洁能源、可再生能源和能源效率的投资，对发展中国家的上述项目提供资金和技术支持，提高能源市场的透明度和稳定性，避免市场过度波动
4	坚定不移推进国际金融体系改革，完善国际金融机构现行决策程序和机制。推进国际金融监管体系改革，改革应该触及最根本的监管原则和目标，未来金融监管体系要简单易行、便于问责。我们应该加强金融监管合作，扩大金融监管覆盖面，尽快制订普遍接受的金融监管标准	对系统重要性企业加强监管。在审慎监管中取得了快速的进步。对国际标准的一致的协调的执行。对金融工具等建立单一的高质量的全球的会计标准	加强国际金融监管体系，欢迎金融稳定委员会为金融监管及其国际合作做出努力。把握宏观审慎与微观审慎监管制度间的平衡。提高银行资产的质量和数量，降低过量的杠杆效应。呼吁国际会计组织努力实现单一的、全球性的会计标准。将对世界银行在管理、运作效率、选举制度上加大改革力度。所有主要金融中心将于2011年前执行新巴塞尔资本协议框架

续表

	胡锦涛讲话	财长与央行行长伦敦会议公告	匹兹堡峰会宣言
5	从根本上看，失衡根源是南北发展严重不平衡		
6	完善促进平衡发展的国际机制，推动世界银行增加发展资源、增强减贫和发展职能，敦促 IMF 建立快速有效的金融救援机制，优先向最不发达国家提供融资支持发达国家应该认真落实蒙特雷共识，切实增加对发展中国家的援助规模，降低人为技术转让壁垒，加强绿色技术领域合作，允许不同发展阶段的国家在转变经济发展方式过程中选择适合本国国情的路子和节奏，不能挤压发展中国家应有的发展空间		二十国集团领导人同意将新兴市场和发展中国家在国际货币基金组织的份额至少增加5%，将发展中国家和转轨经济体在世界银行的投票权至少增加3%。发达国家需将把部分配额转移给发展中国家，发展中国家的配额将从43%提高到48%。呼吁世行建立一个新的信托基金支持旨在帮助低收入国家的新的食品安全倡议。IMF、多边开发银行都将增加对低收入国家的贷款

（2）主要储备货币发行国要平衡和兼顾货币政策对国内经济和国际经济的影响；

（3）从根本上看，失衡根源是南北发展严重不平衡。这一点并未被提及；

（4）降低人为技术转让壁垒，加强绿色技术领域合作；允许不同发展阶段的国家在转变经济发展方式过程中选择适合本国国情的路子和节奏，不能挤压发展中国家应有的发展空间。

（四）第四次二十国集团领导人多伦多峰会（2010 年 6 月 26—27 日）

此前，二十国集团财长和央行行长会议 2010 年 6 月 5 日在韩国釜山举行。

	胡锦涛讲话	二十国集团财长与央行行长釜山会议公告	二十国集团多伦多峰会宣言
1	**推动二十国集团从协同刺激转向协调增长、从短期应急转向长效治理、从被动应对转向主动谋划。加强二十国集团成员宏观经济政策协调，支持发生主权债务危机的国家克服当前面临的困难。审慎稳妥把握经济刺激政策退出的时机、节奏、力度，巩固世界经济复苏势头**	强劲、可持续、平衡增长目标	发达国家完成财政刺激计划并公布"增长友好型"的财政整顿计划。二十国集团当务之急是巩固和促进复苏，为经济强劲、可持续、平衡增长奠定基础，加强金融体系应对风险能力。致力于采取协调一致行动推动可持续复苏，增加就业，实现更强劲、更可持续、更平衡增长
2	推进国际金融监管改革，建立有利于实体经济发展的国际金融体系。建立并执行严格的资本和杠杆率要求，将影子银行体系纳入监管，制定全球统一的会计准则。着力加强对系统重要性金融机构的监管。提高金融监管的针对性和有效性。加强对信用评级机构的监管	加快金融修复和改革。加快采取措施提高对冲基金、评级机构等的透明度和监管水平。敦促国际会计准则理事会和财务会计准则理事会完成全球统一的高质量会计准则	落实二十国集团金融监管改革计划，确保构建一个服务于实体经济需求的更强有力的金融体系。建立了强有力的监管框架，进行有效监管，致力于打造一个在危机中能有权力、有办法对各类金融机构进行重组或处置，而无须让纳税人最终承受负担的体系，支持通过金融稳定理事会开展的强有力、透明的同行审议。敦促国际会计准则理事会和财务会计准则理事会加倍努力，于2011年年底前完成全球统一高质量会计准则
3	继续推进国际金融机构改革，加快完成IMF份额调整，推动更多新兴市场国家和发展中国家人员出任国际金融机构高管，提高发展中	继续推进国际金融机构改革	继续推进改革，最终实现发展中国家和发达国家平等分享投票权的目标。核准国际金融公司的发言权改革，将总额为6.07%的投票权转移

续表

	胡锦涛讲话	二十国集团财长与央行行长釜山会议公告	二十国集团多伦多峰会宣言
3	国家代表性和发言权。加强IMF能力建设和监督改革，加强对各方特别是主要储备货币发行经济体宏观经济政策的监督		给发展中国家和转轨国家，使其投票权增至39.48%。同意一些重大事宜尚需解决，包括：IMF任何份额增资对份额占比调整的影响；执董会规模和组成；理事们参与国际货币基金组织战略性监督等。IMF工作人员的多样性应予增强

胡锦涛在多伦多峰会讲话中提到的诉求未在峰会宣言及会议公告中反映的部分主要包括：

（1）胡锦涛指出应推动二十国集团从协同刺激转向协调增长、从短期应急转向长效治理、从被动应对转向主动谋划；

（2）加强二十国集团成员宏观经济政策协调，审慎稳妥把握经济刺激政策退出的时机、节奏、力度；

（3）加强IMF对各方特别是主要储备货币发行经济体宏观经济政策的监督。

（五）第五次二十国集团领导人首尔峰会（2010年11月11—12日）

此前，二十国集团财长和央行行长会议2010年10月23日在韩国庆州举行。

	胡锦涛讲话	二十国集团财长与央行行长庆州会议公告	二十国集团首尔峰会宣言
1	继续坚持成员国主导原则，**充分考虑各国不同国情和发展阶段，理解并尊重各国选择发展道路和发展政策的自主权**。应完善框架，使框架	通过结构性改革促进和维持全球需求。继续使用货币政策实现价格稳定和经济复苏。采用更加市场化的汇率决定机制	推出宏观经济政策，包括进行必要的财政整顿，确保经济复苏得以持续，经济稳步增长，提高金融市场的稳定性，向市场决定的汇率体系

续表

	胡锦涛讲话	二十国集团财长与央行行长庆州会议公告	二十国集团首尔峰会宣言
1	从短期应急向长效治理转变，加强各国中长期政策协调。加强宏观经济政策协调，大力推动国际新兴产业和科技合作，支持发展中国家采取调整结构、扩大内需、增加出口等措施，促进各国经济优势互补和互惠增长		迈进。执行一系列的结构性改革，从而促进和维持全球需求、增加就业以及提高增长的潜力
2	继续推动以公平择优为原则选择国际金融机构管理层，提高发展中国家中高层管理人员比例，应该推动国际货币基金组织加强资本流动监测预警，防止资金大进大出对单个经济体的破坏性冲击		通过加大活跃的新兴市场和发展中国家的代表份额，从而使IMF更好地反映世界经济的改变。这些综合定额以及管理改革将提高IMF的合法性、可靠性以及效率。加强全球金融安全网的方法，这些方法将通过提供实用的工具以克服突然的国际资金流逆转，帮助各国应对金融波动性
3	着眼于平衡金融监管和金融创新、政府干预、市场调节的关系，致力于解决国际金融体系中存在的系统性、根源性问题，使金融体系依靠、服务、促进实体经济发展，加强对信用评级机构、影子银行体系和跨境资本流动的监管，完善国际货币体系，建立币值稳定、供应有序、总量可调的国际储备货币体系，主要储备货币发行经济体应该实施负责任的政策、保持汇率相对稳定	金融监管行全面的改革	增强汇率弹性以反映经济基本面的灵活性，防止货币出于竞争目的贬值。发达经济体，包括拥有外汇储备的国家，要谨防汇率的急剧波动和混乱趋势。这些举措将有助于化解新兴国家面对资本流转过度波动的风险。致力于宏观审慎的政策框架，更好地反映金融监管改革中新兴市场经济的前景，强化影子银行的管理和监督，进一步致力于商品衍生品市场的管理和监督

	胡锦涛讲话	二十国集团财长与央行行长庆州会议公告	二十国集团首尔峰会宣言
4	我们应该倡导和推广新的发展方式，**降低人为技术转让壁垒**，为广大发展中国家早日实现绿色发展和可持续发展创造条件		

胡锦涛在首尔峰会讲话中提到的诉求未在峰会宣言及会议公告中反映的部分主要包括：

（1）考虑各国不同国情和发展阶段，理解并尊重各国选择发展道路和发展政策的自主权；

（2）完善框架，使框架从短期应急向长效治理转变，加强各国中长期政策协调；

（3）大力推动国际新兴产业和科技合作，重申降低人为技术转让壁垒，为广大发展中国家早日实现绿色发展和可持续发展创造条件；

（4）完善国际货币体系，建立币值稳定、供应有序、总量可调的国际储备货币体系，主要储备货币发行经济体应该实施负责任的政策，保持汇率相对稳定。

（六）第六次二十国集团领导人戛纳峰会（2011年11月3—4日）

此前，二十国集团财长和央行行长会议2011年2月18日在法国巴黎举行。

	胡锦涛讲话	二十国集团财长与央行行长巴黎会议公告	二十国集团戛纳峰会宣言
1	在强劲、可持续、平衡这三个目标中，确保强劲增长是首要。应该出台新的有力举措，把财政和货币政策落到实处，确保资金流向实体经济部门，扩大生产，增加就	根据各国情况，实施中期的财政整合计划，采取适当的货币政策，增强汇率弹性	各国均承诺进行进一步的结构性改革，增加我们各自国家的产出。货币政策将继续维持中期内的物价稳定，继续支持经济的复苏

续表

	胡锦涛讲话	二十国集团财长与央行行长巴黎会议公告	二十国集团戛纳峰会宣言
1	业。**应重点关注扶持中小企业发展，通过融资、财税等手段帮助它们尽快摆脱困境**，为各国经济复苏提供坚实支撑。**应充分挖掘科技潜力，积极培育增长亮点，增强经济复苏的内在动力**。同时，我们应该加快各自经济结构调整步伐，努力实现世界经济相对平衡增长		
2	应该加强沟通和协调，努力形成相互支持、相互补充的政策措施，妥善化解主权债务、跨境资本大规模无序流动等金融风险，控制大宗商品价格波动，有效缓解全球通胀压力，避免各国经济政策效果相互抵消	国际货币体系仍然存在缺陷，需要保证系统稳定性，避免资本流动的破坏性波动，避免汇率的无序波动，以及汇率长时间的偏离均衡水平。应加强对发展中国家农业的长期投资	欢迎欧元区动用全部资源和整个系统的能力来致力于恢复信心和维持金融稳定，同时确保货币和金融市场的正常功能。认可国际证监会组织（IOSCO）改进大宗商品衍生品市场监管的建议，为防止市场被操纵，应赋予市场监管机构有效的干预权利，除了设定事前头寸限制等权力，市场监管机构尤其应拥有和利用正式的头寸管理能力
3	应该稳妥推进国际货币体系改革，扩大 IMF 特别提款权的使用，改革其货币组成篮子，建立币值稳定、供应有序、总量可调的国际储备货币体系。**应该推动形成更加合理透明的大宗商品定价和调控机制**，着力保障全球能源安全和粮食安全，尤其是	推进金融部门的改革	继续对金融系统进行改革，采取综合性措施，设立针对影子银行的管理和监督机构，SDR（特别提款权）的组成应继续体现各种货币在全球交易和金融系统中所扮演的角色。SDR 组成的评估应基于现有标准，我们将要求 IMF 进一步阐明这些标准。

8 国际货币政策协调：理论与现实

续表

	胡锦涛讲话	二十国集团财长与央行行长巴黎会议公告	二十国集团戛纳峰会宣言
3	要保障发展中国家能源和粮食消费需求		并承诺进一步推动IMF的监管变得更有系统、更为公平和更有效率，以及更好地确定和化解溢出效应。遵照2011年6月各国农业部长达成的《稳定农产品价格共同行动计划》行动

胡锦涛在首尔峰会讲话中提到的诉求未在峰会宣言及会议公告中反映的部分主要包括：

（1）重点关注扶持中小企业发展，通过融资、财税等手段帮助它们尽快摆脱困境；

（2）充分挖掘科技潜力，积极培育增长亮点，增强经济复苏的内在动力；

（3）应该推动形成更加合理透明的大宗商品定价和调控机制。

（七）第七次二十国集团领导人洛斯卡沃斯峰会（2012年6月18—19日）

此前，二十国集团财长和央行行长会议2012年2月26日在墨西哥首都墨西哥城举行。

	胡锦涛讲话	二十国集团财长与央行行长墨西哥城会议公告	二十国集团洛斯卡沃斯峰会宣言
1	应该继续本着同舟共济、合作共赢的精神，认真分析当前世界经济存在的系统性风险，共商妥善应对之策，巩固和增强来之不易的复苏势头。应该继续以建设性、合	要认真落实戛纳行动计划，并将加强对各国在财政、金融、货币和汇率政策、结构改革、贸易和发展等方面政策承诺落实情况的监督	二十国集团的首要任务仍是寻求强劲、可持续、平衡的经济增长。二十国集团将共同努力加强需求和重塑信心，通过支持经济增长和促进金融稳定，来创造高质量的就

	胡锦涛讲话	二十国集团财长与央行行长墨西哥城会议公告	二十国集团洛斯卡沃斯峰会宣言
1	作性方式支持一些欧洲国家解决债务问题的努力，推动这些国家经济早日迈入稳定增长轨道。应该认真落实以往峰会承诺，加强宏观经济政策协调，充分考虑各国国情和合理关切。应该充分发掘创新潜力，**推动科技进步和创新，培育新兴产业**，为世界经济持续增长提供动力。应该高度关注大宗商品价格高位波动对世界经济增长的负面影响		业机会。为此，峰会通过了《洛斯卡沃斯增长与就业计划》来促成各方合作以达到目标 二十国集团中的欧元区成员在宣言中承诺，将采取一切必要措施，维护该地区的完整性和稳定性，改善金融市场运作，打破主权债务与银行债务之间的恶性循环。各方希望欧元区能与希腊新一届政府通力合作，确保该国在欧元区内继续朝改革和可持续发展的方向前进 加强粮食安全，控制商品价格波动
2	落实好国际货币基金组织 2010 年份额和治理改革方案，为国际货币基金组织提供长期稳定的资金来源。**应该提高国际金融机构负责人遴选程序的透明度和合理性，增加发展中国家代表性和发言权**。应该加强国际金融监管，使金融体系更好地服务和促进实体经济发展。**应该完善国际货币体系，扩大国际货币基金组织特别提款权使用并改善其货币篮子组成，建立币值稳定、供应有序、总量可调的国际储备货币体系** 应该坚定推进贸易自由化便利化，恪守历次峰会承诺，	尽快落实 2010 年份额改革，以确保国际货币基金组织具备充足的资源	有关向国际货币基金组织增资一事，与会各方都意识到有效的"全球和地区安全防护网"的重要性。截至目前，与会各方已承诺将向国际货币基金组织增资 4500 亿美元这笔资金对国际货币基金组织各成员有效，并不针对任何特定的地区，此举彰显了二十国集团和国际社会在维护全球金融稳定、加强国际货币基金组织作用、预防和解决全球性危机方面所做的承诺 承诺将进行金融部门改革，促进金融包容性反对各种形式的贸易保护主义

续表

	胡锦涛讲话	二十国集团财长与央行行长墨西哥城会议公告	二十国集团洛斯卡沃斯峰会宣言
3	反对各种形式的保护主义，继续授权世界贸易组织、联合国贸发会议等国际机构加强对贸易和投资限制措施的监督。应该保持各种双边和地区自由贸易安排的开放性和包容性，使之成为全球贸易自由化的重要促进力量		
4	应该加强同联合国的合作，支持联合国及其专门机构继续在发展领域发挥重要作用，增强国际金融机构推动发展和促进减贫功能。应该加大对发展中国家开展对外贸易的支持，切实解决发展中国家特别是最不发达国家在贸易领域的关切，尽快实现对最不发达国家产品的免关税、免配额待遇。应该在粮食安全、基础设施等发展问题上加大投入，着力破解导致南北发展失衡加剧的难题		消除贫困，实现强劲、可持续、平衡的经济增长 加强粮食安全，控制商品价格波动
5	**应该积极发展节能环保等绿色产业，增加资金投入，强化机制保障，努力建设资源节约型、环境友好型社会。应该坚持共同但有区别的责任原则，充分考虑各国发展绿色产业面临的资源禀赋、发展阶段、能力水平差异，支持各方自主选择符合本国国情的可持续发展道路。应该加强有利于绿色增长的国际技术传播和合作，避免产生新的绿色贸易壁垒**		

胡锦涛在洛斯卡沃斯峰会讲话中提到的诉求未在峰会宣言及会议公告中反映的部分主要包括:

(1) 应该充分发掘创新潜力,推动科技进步和创新,培育新兴产业,为世界经济持续增长提供动力;

(2) 应该提高国际金融机构负责人遴选程序的透明度和合理性,增加发展中国家代表性和发言权;

(3) 应该完善国际货币体系,扩大国际货币基金组织特别提款权使用并改善其货币篮子组成,建立币值稳定、供应有序、总量可调的国际储备货币体系;

(4) 应该积极发展节能环保等绿色产业;应该支持各方自主选择符合本国国情的可持续发展道路。

(八)第八次二十国集团领导人圣彼得堡峰会(2013年9月5—6日)

二十国集团财长和央行行长会议2013年2月15—16日在俄罗斯首都莫斯科城举行。

	习近平讲话	二十国集团财长与央行行长莫斯科会议公告	二十国集团圣彼得堡峰会宣言
1	发展创新,**要提高经济增长质量和效益,避免单纯以国内生产总值增长率论英雄。**各国要通过积极的结构改革激发市场活力,增强经济竞争力	各国要继续落实金融部门改革和结构改革的政策承诺,促进需求再平衡,推动全球经济尽快复苏	各成员已承诺实施更广泛领域的改革,通过促进投资、解决基本面脆弱,提高生产力和竞争力,加强劳动力市场,改善金融稳定和信贷渠道,解决内外失衡,以加强强劲、可持续和平衡增长的基本面。这些改革是持续改善潜在增长、增加就业和需求再平衡的关键
2	各国要树立命运共同体意识,真正认清"一荣俱荣、一损俱损"的连带效应,在竞争中合作,在合作中共赢。在追求本国利益时兼顾别国利益,在寻求自身发展时兼顾别国发展。相互帮助不同国家解决面临的突出问题是世界经济发展的客观要求。让每个国家发展都能同其他国	发达国家应首先制定出可信的中期财政整顿战略,货币政策应以国内价格稳定和经济复苏为目标,并尽量减少对其他国家的负面溢出效应	当务之急是增强全球复苏势头,推动更快增长,创造更好就业,巩固长期增长基础,同时避免采取扰乱复苏的政策,不以牺牲别国利益为代价来促进增长 承诺合作以保证有关政策得以落实,以支持国内和全球增长、财政稳定以及管控其他国家的外溢效应

续表

	习近平讲话	二十国集团财长与央行行长莫斯科会议公告	二十国集团圣彼得堡峰会宣言
2	家增长形成联动效应，相互带来正面而非负面的外溢效应		
3	采取负责任的宏观经济政策。各主要经济体要首先办好自己的事，确保自己的经济不出大的乱子。这是我们最起码的责任。我们要完善宏观经济政策协调机制，加强相互沟通和协调。宏观微观经济政策和社会政策是一个整体，各国要用社会政策托底经济政策，为宏观微观经济政策执行创造条件		相互协调和统一的公共政策对实现强劲、可持续、平衡增长，对重塑全球经济信心至关重要。应调动、协调和整合所有国内政策（宏观经济、金融、财政、教育、技能开发、创新、就业和社会保障）来促进创造高质量就业岗位，提高生产率
4	各国要充分发挥比较优势，共同优化全球经济资源配置，完善全球产业布局，建设利益共享的全球价值链，培育普惠各方的全球大市场，实现互利共赢的发展。共同维护和发展开放型世界经济。反对各种形式的保护主义，统筹利用国际国内两个市场、两种资源。我们要维护自由、开放、非歧视的多边贸易体制，不搞排他性贸易标准、规则、体系，避免造成全球市场分割和贸易体系分化。**要探讨完善全球投资规则，引导全球发展资本合理流动，更加有效地配置发展资源。**要正确认识各国在全球价值链中的分工、增值、获益情况，加强贸易政策协调，**帮助发展中国家加强贸易能力建设**	继续推进市场决定的汇率体制，坚决抵制竞争性贬值，反对各种形式的保护主义	建立开放、基于规则、透明和非歧视的以世贸组织为基础的贸易体制。强调强劲的多边贸易体制的重要性，反对所有形式的保护主义，保证市场开放，延长不采取贸易保护主义措施的承诺，增强贸易包括区域贸易协议的透明度 重视世贸组织、经合组织和联合国贸发会议对贸易和投资限制、开放措施进行的监督，呼吁上述机构根据各自授权继续加强监督，以更好地抵制保护主义，推动全球贸易和投资自由化 对参与全球价值链过程中遇到的机遇和挑战进行识别并完善贸易增值统计办法，可以帮助有关国家制定合适的政策并从全球价值链中获益

续表

	习近平讲话	二十国集团财长与央行行长莫斯科会议公告	二十国集团圣彼得堡峰会宣言
5	完善全球经济治理，使之更加公平公正。要把二十国集团建设成稳定世界经济、构建国际金融安全网、改善全球经济治理的重要力量。要继续改革国际金融机构，各有关国家要进一步抓紧落实好国际货币基金组织份额和治理改革方案。要制定反映各国经济总量在世界经济中权重的新份额公式。要继续加强国际金融市场监管，使金融体系真正依靠、服务、促进实体经济发展。**要建设稳定、抗风险的国际货币体系，改革特别提款权货币篮子组成，**加强国际和区域金融合作机制的联系，建立金融风险防火墙	尽快落实2010年国际货币基金组织份额和治理改革，并就份额公式改革达成共识，确保在2014年1月前完成份额总检查全面、及时地落实有关金融部门改革承诺，敦促所有辖区尽快实施《巴塞尔协议III》。份额分配公式应更好地反映IMF各成员国在世界经济中的权重，尤其要考虑一些增长强劲的新兴国家和发展中国家发生的重大变化	已达成并正在落实一系列金融改革，纠正导致危机的重要错误，构建更抗风险的金融机构。认识到有效的全球金融安全网的重要性。确保所有的金融机构、金融市场和参与者都以国际一致和非歧视的方式，根据其实际情况受到监管或监督。推动金融监管改革，降低道德风险和系统性风险，培育一个支持经济强劲、可持续和平衡增长的稳定的金融体系。以避免造成全球金融体系分割的方式，彻底落实金融改革。继续在所有金融监管问题上相互合作 继续支持国际货币基金组织执董会关于把就新份额公式达成最终一致与第十五次份额总检查相结合的决定。以公式为基础的份额分配应更好地反映国际货币基金组织成员在全球经济中的相对权重

习近平在圣彼得堡峰会讲话中提到的诉求未在峰会宣言及会议公告中反映的部分主要包括：

（1）要提高经济增长质量和效益，避免单纯以国内生产总值增长率论英雄；

（2）应该探讨完善全球投资规则，引导全球发展资本合理流动，更加有效地配置发展资源；

（3）应该加强贸易政策协调，帮助发展中国家加强贸易能力建设；

（4）应该建设稳定、抗风险的国际货币体系，改革特别提款权货币篮子组成。

"相互评估"进程

二十国集团作为当今世界最高层次的国际协调机制，已经通过公告、宣言等对诸多国际事务发表了看法。然而，这些看法必须落实，否则，二十国集团就会沦为一般的讲坛。在落实领导人峰会宣言方面，除了新兴经济体在世界银行与 IMF 投票权有所提高外，相互评估进程与参考性指南，应算是比较重要的实质性进展。

二十国集团领导人在 2009 年匹兹堡峰会上承诺，将共同努力确保在中期实现持久的复苏和强劲及可持续的增长。为此，元首们推出了"强劲、可持续和平衡增长"的框架。该框架的核心是一个多边进程，二十国集团成员通过它来识别实现这些目标所需的全球经济和政策目标。元首们还承诺，将通过"相互评估进程"（Mutual Assessment Process），对实现这些共同目标的进展情况进行"相互评估"。按照二十国集团的要求，基金组织应提供必要的技术分析，以评估成员的政策如何相互衔接，以及他们是否在整体上实现了二十国集团的目标。

相互评估过程第一阶段：从匹兹堡到多伦多。在匹兹堡峰会上，二十国集团元首们指出，相互评估过程的第一阶段要基于两个关键步骤：一是汇总二十国集团成员的政策和宏观经济框架；二是评估成员国的政策是否有助于实现二十国集团的目标，以及评估备选政策情景。

相互评估过程第二阶段：从多伦多到首尔。相互评估过程第一阶段的关键结论是，二十国集团设计良好的政策行动能促进增长、创造更多就业机会并减少全球贫困。因此，二十国集团领导人重申对相互评估过程的承诺，并商定将确定通过哪些政策使各国更接近上行状态。"上行假设"还突出显示，再次出现原有问题（特别是全球失衡）可能会危及各国领导人所制定的增长目标。相互评估过程由此进入第二阶段。在 2010 年 11 月的首尔峰会上，二十国集团承诺加大工作力度，解决可能危及经济增长目标的关键失衡状况。并提出采用参考性指南（indicative guidelines）以确定和评估失衡状况。

相互评估过程第三阶段：从首尔到巴黎。在2011年2月于巴黎举行的会议上，二十国集团各国当局商定了各项关键性指标（包括公共债务、财政赤字、包含贸易差额和净投资收入流动和转移在内的外部平衡），将为评估可能危及共同增长目标的外部和内部失衡状况奠定了基础。成员国同意，通过基金组织工作人员的技术投入，构建参考性指南——即确定评估指标的定性或定量基准——以确定存在的重大失衡，并分析原因、影响和纠正政策，以解决这些问题。

2011年4月，二十国集团在华盛顿举行了部长级会议，相互评估过程进入了新阶段。二十国集团在会上就旨在用来确定存在重大失衡的指导性原则达成共识。协议为二十国集团哪些经济体可以评估对方的经济政策奠定了坚实基础，并对解决潜在不稳定失衡和支撑二十国集团增长目标的政策补救措施提出了建议。它概述了相互评估过程的下个阶段重点，即在适当关注各国国情的情况下，对实现首尔公报阐述的外部可持续性进展加以评估。具体来说，在此阶段，相互评估过程将主要深入分析被确定为存在重大失衡国家的失衡特性、其根源和阻碍调整的因素。这项工作将借助基金组织工作人员的独立分析，经二十国集团同意后，对二十国集团的自身分析加以充实。

"参考性指南"

"参考性指南"是一系列指标，这些指标涵盖了发达经济体与新兴经济体的内外部失衡状况。在2011年2月巴黎财长与央行行长会公报中，确定出参考性指南中采用的反映内外部失衡的六大指标：公共债务占GDP比重和财政盈余占GDP比重、私人储蓄占GDP比重、私人债务占GDP比重、贸易盈余占GDP比重、净投资收益与转移支付占GDP比重。在2011年4月15日华盛顿中央银行行长与财长会上，则确定了参考性指南指标的量化方案，按照FWG提供的最终技术文件，中国、美国、日本、德国、法国、英国和印度已确定将进入第二阶段。第二阶段再平衡工作主要包括二十国集团平台上的相互评估进程（MAP）和针对七个失衡国家的可持续发展政策提出分析与整改措施。增长框架工作组在上述工作基础上草拟《戛纳行动宣言》，提交戛纳峰会。该宣言分别从短期以及中长期的角度，对主要成员国尤其是存在系统性失衡国家的政策（特别是财政政策方面）方向给出了明确的建议。

相互评估进程服务于强劲可持续与平衡增长目标，但核心还在于关切失衡与再平衡，但是，对于关乎再平衡能否真正实现的储备货币发行国的货币政策的约束问题，则未提及。并且，尽管相互评估进程以及参考性指南期望对二十国集团成员国起到一定的约束作用，但其执行力还是值得怀疑。这让人想起 1985 年的《广场协议》与 1987 年的《卢浮宫协议》。在这些协议中，美国也承诺削减财政预算赤字，但最终并没有做到；作为其对应面，日本承诺的各个事项却基本都完成了。这一令人遗憾的历史事实，在基本相近的场景再次出现时，不免再次让人感到不放心。在 2010 年多伦多峰会上，二十国集团成员承诺到 2013 年将其财政赤字减半，到 2016 年稳定或减少政府债务占 GDP 的比重。尽管这是对发达经济体债务与赤字的约束性规定，但就目前欧美债务危机演进的情况而言，最终实现的可能性十分渺茫。与此同时，对于新兴经济体的贸易顺差、经常账户盈余以及汇率弹性化问题，发达经济体却相逼甚紧（尽管有些并不在二十国集团框架内）。国际经济秩序的不平等以及少数国家的霸权本性，在此显露无遗。

霸权与反霸权运动的缩影

客观地说，自 2008 年华盛顿峰会到 2013 年圣彼得堡峰会，国际宏观经济政策协调究竟还是取得了一些成就。例如，金融监管大大加强，成立了全球金融稳定委员会（FSB）；对国际货币基金组织（IMF）和世界银行等全球治理机制进行改革，新兴经济体的发言权有了一定提高；二十国集团成员国在宏观经济政策协调方面取得了很大进展，特别是就相互评估进程以及其中涉及的一些参考性指南达成了共识。但总体上，二十国集团领导人峰会主要还是围绕发达经济体的议题展开的，新兴经济体国际地位的提升（以发言权或投票权份额来衡量）也是依靠为基金份额扩大以及拯救发达经济体的危机作出更多贡献等方式换来的。深入地说，新兴经济体仍然处于要"花钱买改革"，"花钱买发言权"的弱势境地，国际政策协调中的霸权主意倾向依然严重存在，反霸权的任务依然十分严峻。

第一，在很大程度上，二十国集团的主旨还是在拯救危机，而且是在拯救发达经济体。关于国际货币体系改革尽管取得了一些进展，但还远远不够。特别是对储备货币发行国进行自我约束问题，至今没有提出明确的方案。作为替代方案，加强 SDR 的作用，扩大 SDR 篮子中的货币构成，以及推进人民币国际化等，虽有所涉及，但进展缓慢。更何况，如本书第二章所指出的，2013 年 10 月 31 日，美国、欧洲、加拿大、英国、日本和瑞士六大发达经济体央行宣布将它们之间从 2008 年开始建立的货币互换协议长期、无限、多边化，事实上宣布了一个新的国际货币体系发展方向。这项举措，再次将广大新兴经济体排除在外。

第二，二十国集团在再平衡问题上有失偏颇。相互评估进程以及设立参考性指南，主要目的是解决重大失衡，但是，这里我们至少看到有两点偏颇：其一，对失衡的关注侧重于顺差逆差问题，而对于南北失衡讲得不多。尽管对于贫困国家或地区有一些资助计划，但是实际行动期期艾艾，口惠而实不至。相反，那些着眼于拯救发达经济体的努力，则被非常认真地实施着。其二，在失衡的调整过程中，顺差国和逆差国的责任严重不对称。我们看到的是，迫使顺差国减少顺差的举措始终被强调，而促使逆差国进行调整的措施不仅至今暂付阙如，甚至在言辞中都很少提及，即便在最"公平"的发达经济体那里，逆差国逆差的消除，只是顺差国进行调整后的一个水到渠成的"成果"而已。

第三，在投资与贸易自由化方面，也主要是想让发展中国家打开大门，但发达经济体如何向发展中国家开放还有较多限制。比如在知识产权上、能源环保上、社会保障上以及所谓的"敏感产业"上，新兴经济体很难进入发达经济体的市场。此外，发达经济体还有高科技方面的出口限制。

第四，加强金融监管尽管一直是二十国集团的主题，但对于跨境资本流动的管制却一直未在二十国集团的日程中出现。如果说，加强金融监管更多地是为解决发达经济体的问题（特别是因管制缺位或放松导致金融危机），那么一定程度的资本管制却是为了减少新兴经济体面临的热钱冲击。IMF 已经证明，实施资本账户管制的国家在全球金融危机中受影响最小。自 2009 年以来，人们已经接受甚至建议，此类管制对治理流入新兴市场的大规模热钱很有用处。因此，IMF、二十国集团、金融稳定委员会和其他机构应该为资本账户管制正名，保护各国实施此类管制的能力。事实上，IMF 可以与二十国集团和金融稳定委员会一道，引导各国就如何在资本账户管制问题上互相合作这一问题展开全球对话。遗憾的是，这一正当诉求，在二十国集团特别是在发达经济体那里，被"善意地"忽略了。

第五，尽管全球治理结构在二十国集团平台敦促下有所改进，特别是新兴经济体的发言权得到了提高，但还存在一个问题，即美国（在 IMF 中）的否决权并没有受到挑战。而只要美国的一票否决权依然存在，由霸权主导的局面就不可能得到根本改变。

博弈正未有穷期

以上分析表明，二十国集团作为当今世界上最重要的国际政策协调机制，依然打着明显的霸权烙印。霸权往往就意味着霸权国政府的强力干预和国际市场竞争中的不公平，这从根本上违背了霸权国自己提出的竞争中立原则。

自 20 世纪 90 年代以来，以美国为首的发达经济体纷纷提出"竞争中立"的框架。其要义是改变扶持国有企业带来的经济无效率状态，取消政府给予国有企业的保护和特权，确保国有企业、私人企业和非营利组织在市场中公平竞争（Eggers，1998）。简言之，这一框架旨在通过减少政府干预和促进公平竞争来提高经济效率。在竞争中立框架之下推行的国内政策调整和国有企业改革已初见成效，经济合作与发展组织（OECD）各国国有企业的限制竞争行为明显减少，市场活力显著增强。

不过，在当前仍由发达经济体主导的国际游戏规则中，非中立的特点仍然鲜明。在上面提及的发达经济体在投资与贸易自由化方面存在诸多管制、顺差国与逆差国之间调整责任不对称、美国在 IMF 仍享有一票否决权等一系列不公正的现象背后，都可以看到发达经济体政府有形之手的强力干预。由此可见，虽然新兴经济体在全球治理平台上获得了比以往更多的发言权，但花钱买来的发言权远不能改变旧的全球规则，新兴经济体在很大程度上仍只能接受霸权国家设立的各种非中立规则。与此形成鲜明对比的是，霸权国家的政府在面对危机时，事实上是不受任何限制的。他们可以内外并举，既能运用各种宏观经济政策干预本国经济，又可以利用长期以来在全球治理规则中占据的有利位势来主导国际政策协调，干预和治理全球他国经济，以利自身发展。

但同时也应客观看到，相比一些老牌的正式国际组织或机构，二十国集团还是为新兴经济体提供了更多的机遇。目前尚不存在广大发展中国家和新兴市场经济国家在其中发挥重要作用的国际机构和全球机制。从这个角度看，我们应积极推动二十国集团机制化，应当把二十国集团作为中国与其他新兴经济体在国际上发挥重要作用的平台。因此，在原则上，我们支持法国提出的建立二十国集团秘书处的建议（当然，我们也应同时指出：这个提议的实施应循序渐进）；我们应考虑引导二十国集团机制向与现行全球机构和全球治理机制接轨的方向发展；我们应更为积极地参与二十国集团峰会议题的设置过程，等等。

新的全球治理平台只有在危机中才能产生。二十国集团的出现是由于当时亚洲出现了金融危机；而二十国集团得到重视并真正发挥重要作用，则也是在2007年的全球金融危机之后。考虑到发达经济体要走出危机仍然需要一个较长时间，他们仍然需要二十国集团的平台为其提供协调磋商、解决问题的机制，我们就应高度重视并充分利用这个平台。

如果说本轮危机之前的所谓国际政策协调，很大程度上是他国要为霸权国的国内目标作出让步。那么，随着霸权的衰落，新兴经济体的崛起，在力量的此消彼长中或许真正的协调才能产生。不过，在霸权主导的时代，尽管协调是不对称的，往往是他国让步，接受成本转嫁，但可能是有效的、可执行的，因此能够有所调整；而缺少了霸权，如金德尔伯格所说，协调将是没有效率的，没有统一领导，都采取以邻为壑的政策。这大概就是摆在我们面前的，也是全球化治理过程所遇到的最为头疼的"两难"。看来，二十国集团治理平台的发展和国际政策协调，还需要在推进二十国集团平台的机制化，提高其代表性、合法性、执行力方面做文章，并且，新兴经济体也需要在发挥主动性、主导性方面有所改善。简言之，需要塑造一个全球治理的新架构。

结　　语

9

走向新均衡

> 俾斯麦曾经这样描述世界历史形态：转型的发生并不"像火车一样匀速"，而是一旦开动，就会势不可当。如果西方不能理解当前真正的问题是如何应对亚洲经济的崛起并且重新改造自我，那么它就会面临逐步衰落的悲观前景，被短暂的复苏所打断，直到下一次金融危机的爆发。
>
> ——戈登·布朗（2010）

全球经济失衡是当今世界的头号难题，努力实现再平衡自然成为当今世界的头号任务，这是因为，始自2007年，至今仍在肆虐的全球金融危机，就因全球失衡而引发。

如果说危机的一般意义就是"脱离了常轨"，那么，所谓危机的恢复便可能有两种前程：一是回归旧轨；二是另辟蹊径。规模较小且涉及浅表的危机，经历了一段时期的荡涤，在那些导致脱轨的因素被修复或矫正之后，通常都会回归原轨，继续前行；而若危机在深层次上触及了体制机制，并且有了新的强大因素介入了经济的运行过程，则恢复的过程十之八九是走上新路。

此次危机显然是后者，因为，在作为风暴中心的发达经济体那里，举凡经济发展方式、经济结构、财政结构以及金融结构等，均存在严重的缺陷，同时，以发达经济体为主导的传统全球化旧格局已渐入迟暮。但新兴市场经济体的崛起，特别是近年来新兴经济体相对于发达经济体经济实力的增强，彻底改变了全球经济版图，为全球经济发展增添了大量新因素；在未来的全球发展中，广大发展中国家和新兴市场经济国家可望逐渐发挥日益重要的作用。

千年沧桑

近千年来的人类历史,大致呈现出一种西方世界与非西方世界力量"此消彼长"的态势。在上个千年之交,正值中华文明"造极于赵宋之世"(陈寅恪语)。当时的东方在世界格局中处于遥遥领先的地位。如图9-1所示,中国占全球产出份额的1/4,亚洲更是占接近3/4。而当时的欧洲却笼罩在中世纪的宗教威权与封建专制的阴霾之中,其占全球GDP的比重仅有14%。

但是,当历史进入14世纪,文艺复兴的曙光却在教会统治的核心地带——意大利——首先升起,并逐渐扩散传播。其后,在地理大发现、资产阶级革命、启蒙运动、工业革命、殖民扩张等一系列历史"大事件"的推动下,欧洲各国释放出前所未有的活力,在经济、政治、军事、科学、文化、艺术等多个领域快速崛起,并在同其他文明形式——特别是以中国为极心的东方文明——的竞争中逐渐取得优势,建成了以其为绝对中心的世界体系;我们今天仍然生活在这个世界体系中。

1820年,西方世界已经占全球产出的1/4,亚洲则回落至60%。不过,当时的中国却达到顶峰,占全球产出份额高达1/3。但这也正是盛极而衰的开始。此后,无论是中国还是亚洲的份额均一路下滑。恰恰是在1870—1913年第一次全球化繁荣时代,东方世界尽显疲态,并逐渐被边缘化。到1913年,亚洲的份额占全球不到20%,中国甚至跌到低于5%,而西方世界则超过了全球产出的一半,攀升至54.3%。可以说,在过去的两百年中,西方世界一直处于领先地位,东方变成了跟随者,变成了外围甚至附庸。

然而,历经20世纪前半程的两次世界大战,以及其间的经济大萧条(The Great Depression),以西方为中心的世界秩序开始受到冲击。在其内部,且不论马克思对资本主义鞭辟入里的批判,就是后来资本主义营垒中凯恩斯主义的兴起,以及其后国家干预主义和自由主义的交替主导,已在极大程度上改变了传统的资本主义,并使之面目全非。在世界范围内,广大发展中国家纷纷摆脱殖民统治,走上独立、平等的发展道路,更使这个世界呈现出多样化的丰富色彩。

其中尤其值得注意的是,自 20 世纪 50 年代末起,以亚洲"四小龙"启动,继之以亚洲"四小虎"跟进,整个东亚地区开启了以贸易为先导,改变自己贫穷面貌的历史进程。后进经济体对先进经济体的赶超,不仅逐渐在改变全球分工、生产和贸易格局,而且开始侵扰欧美主宰的世界经济和全球金融格局。最近二十余年来,以中国、印度、俄罗斯、巴西等为代表的新兴市场经济大国开始融入全球产业分工体系之中,他们不仅实现了持久、高速的经济增长和社会发展,更在前所未有的深度、广度上改变着世界:一个以西方国家主导科技创新和金融服务,以新兴国家专注于制造业的分工格局和产业价值链逐渐形成。这一本质上可以概括为新的"中心—外围"的结构。基于这一结构,在近二十余年的时间内,全球经济的参与各方基本上达成了"共赢"。

旧的全球经济格局

20 世纪 80 年代下半叶以来,由于苏联、东欧国家以及中国等新兴市场经济国家逐步全面融入全球经济体系,全球的分工体系发生了重大变化,生产链也在世界范围内大规模重组。20 世纪 90 年代主要的新兴经济体(中国、印度和东欧)迅速崛起并在 21 世纪的前十年间加速融入世界经济,同时世界劳动力人口翻了一番达到 30 亿,这加剧了全球经济失衡。

首先,全球劳动力的变化。在苏联、东欧、中国和印度进入全球化浪潮之前,即 90 年代之前,全球劳动力是 15 亿左右。而在这些国家加入之后,一跃而变成 30 亿。这一伟大的倍增(great doubling)带来了全球格局的根本性变化(见图 9 - 1)。劳动力的猛增,压低了劳动力成本,再加上全球市场化的推进和技术进步,使得制造业产品价格处于低位(见图 9 - 2)。斯彭斯(Spence, 2008)的报告显示了制造业产品价格的下降趋势。制造业产品价格下降提升了制造业的出口竞争力,制造品出口国也因此积累了大量的顺差,其中中国和亚洲各经济体尤为显著。

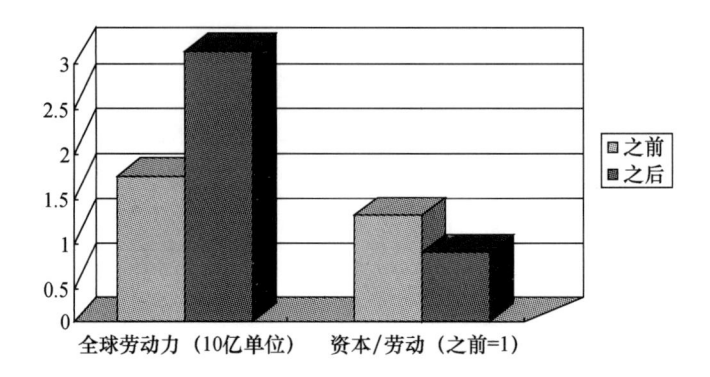

图 9-1　全球劳动力的倍增

资料来源：据弗里曼（Freeman, 2006）整理。

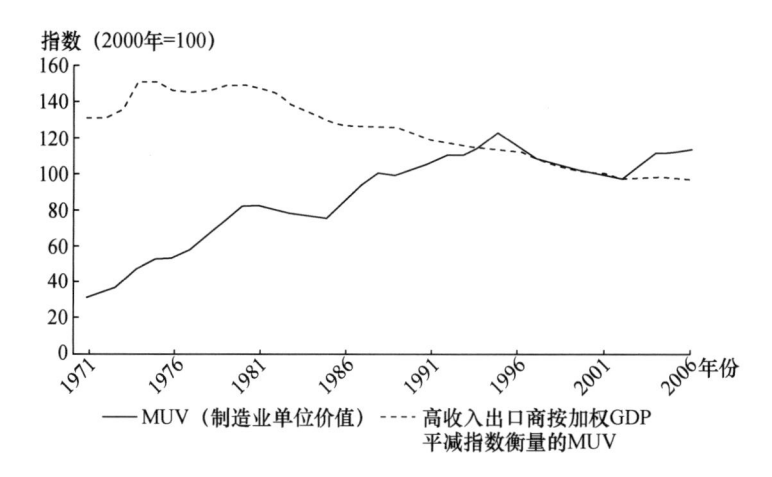

图 9-2　由中国带来的全球制造业产品价格下降

资料来源：增长与发展委员会（2008）。

其次，相对于制造业产品价格，大宗商品在 90 年代中后期以后，特别是新世纪以来，有了快速的攀升。这和全球经济进入长期增长繁荣期有关。在大趋势上，原油价格自 20 世纪 80 年代以来一直处于下滑态势，但到 20 世纪末 21 世纪初，则有了急剧的上升。同期，农产品与工业用金属，也都呈现出类似的上升趋势（见图 9-3）。这当然也和新世纪的繁荣密切相关。全球经济增速的提高，特别是新兴经济体对大宗商品需求的快速上升，给资源能源出口国带来了丰厚的利润，从而导致石油输出国积累了巨额的顺差。

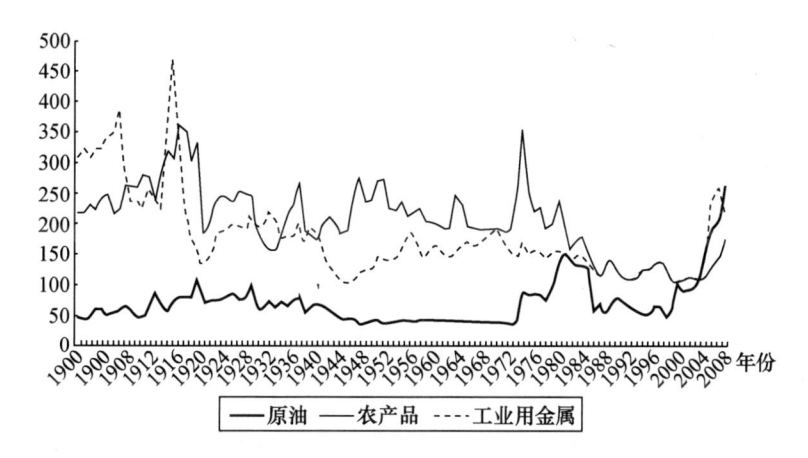

图 9–3　全球大宗商品价格变动趋势（1900—2008）

说明：工业用金属指铝铜铅锌。其中大宗商品指数是用制造业单位价值指数（MUV）进行了平减。

资料来源：据 Pfaffenzeller, Newbold and Rayner（2007）相关资料进行整理①。

总之，无论是制造品出口国，还是石油出口国，都得益于这一波的全球化繁荣。从而得以积累大量的储蓄。而这些所谓"过剩"储蓄，又都以各种方式流回美国，致使美国的资金供应充裕，并导致那里利率下降，进一步，则导致金融资源误配，进而触发危机。

由此形成的基本格局是：大多数发达国家以服务业为主导，而新兴市场国家则以制造业为先导，而一些资源国则以出口大宗商品为主，这部分地反映了劳动力的全球分工。然而，更进一步分析发现，这样的分工体系体现了鲜明的权利话语，这正是沃勒斯坦"世界体系论"的核心观点。当前的分工体系不是全球市场化的自然结果，而是体现了"中心—外围"以及世界秩序中的等级差别。

一方面，发达经济体作为全球体系的"核心国家"，主要发展高附加值的服务业，特别是金融业，同时致力于"制造"并向其他国家输出各类的"规则"、"标准"和"秩序"。另一方面，作为全球经济体系的"外围"，广大新兴经济体承接了发达经济体的产业转移，依托低

---

① Pfaffenzeller, S., P. Newbold and A. Rayner, "A Short Note on Updating the Grilli and Yang Commodity Price Index", *The World Bank Economic Review*, 21 (1), 2007, pp. 151–163.

廉的劳动成本，以资源的浪费和环境的破坏为代价，主要从事传统的制造业，并以不合理的差价同发达经济体的服务产品相交换，同时，被动地接受各种冠以"国际惯例"、"最佳实践"等基于发达经济体之实践和价值标准之上的规则、标准和秩序。

这样的贸易格局与分工体系是不合理的。在亚洲金融危机之前，由此造成的全球经济失衡，在规模上还不甚显著，因而尚可通过各国间的政策协调予以调整。亚洲金融危机之后，随着以中国为首的广大发展中国家的崛起，发达经济体，特别是美国的国际收支状况日趋恶化。其中既有"新兴亚洲"与发达经济体间的经常项目账户不平衡，也有石油输出国与发达经济体间的不平衡。当不平衡的问题变得大而集中，持久不去，就真的成了难题。在20年前，全球贸易赤字的22%由排名全球前五位的国家分摊；现在，全球五个主要国家已经占全球贸易赤字的76%。

为了平衡缺口，就有了核心国家日益依赖各种金融服务乃至径直用国际储备货币来直接与外围国家的制造业产品相交换的情形，并导致形成发达国家成为债务人，而广大新兴市场经济国家成为债权人的不合理局面。这正是传统的国际经济秩序难以持续的主要原因。经过一次又一次的动荡和摩擦，失衡终于酿成全面的危机。

现在，随着新兴市场经济体的崛起并成为世界经济增长的主要驱动力，完全由发达经济体主导的全球发展模式正在逐渐弱化。面对这一事实，发达国家不得不提出调整经济结构的任务。一方面，他们要整顿和约束其服务业特别是金融业的过度发展；另一方面，他们正致力于发展新型产业。最近，主要发达经济体又明确提出重振制造业的战略。

当今世界并非均等发展，每个国家所处的发展阶段不同，发展进程与生产产品的环节差异明显。无论是再平衡还是实现互补，寻找新均衡的动力机制，其目的都是使这个世界不仅拥有更高的生产力，而且还具备更佳的平衡、协调和可持续。

事情正在起变化

发展到今天，特别是经历了此次危机之后，世界格局又发生了变化。仅以麦迪逊（Maddison）的数据来分析，2008年，东方世界占全球产出份额的比重已达43.7%，其中，中国已升至接近18%，而西方世界还不到40%，西欧的份额甚至还不及中国。

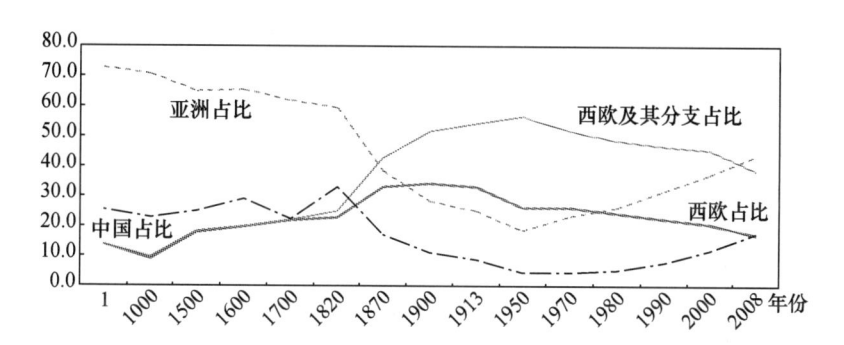

图9-4 过去两千年东西方格局的变化（占全球产出的百分比）

资料来源：麦迪逊（2009）。

以上我们使用"东方"和"西方"的概念来分析全球经济和政治形势的此消彼长。这种划分尽管有着一些历史学、政治学甚至冷战的烙印，但今天仍在沿用，毕竟，它反映出了几千年来某种传统世界格局的沧桑变迁。如今，更标准的国际经济和国际政治概念，是将世界分为发达经济体和新兴经济体两方。以此划分，到2013年，按PPP计算，新兴经济体将在历史上第一次超过发达经济体（见图9-5）。如果按市场美元来算，到2015年，新兴经济体也差不多占到全球GDP的40%。根据渣打银行（2010）的估计，到2030年，全球增长的2/3将来自新兴经济体。这种沧海桑田式的发展变化，实在令人震惊。

不仅如此，新兴经济体还表现出脱离发达经济体而发展的趋势，全球经济因此出现了"双速"且"脱钩"的情况。所谓双速，是指发达经济体和新兴经济体各自以互不相干的速度在成长的状况；所谓"脱钩"，则指的是这种双速增长格局犹如两条平行线，彼此相互影响很小。新兴市场经济体强劲的增长，使得商品出口国的增长在发达经济体需求回落的时候得以保证。数据显示，新兴经济体之间的贸易从20世纪60年代的10%上升到80年代的20%，而到危机爆发前，这个数字达到了35%。正是新兴市场经济体之间贸易的迅速增长，使他们的整

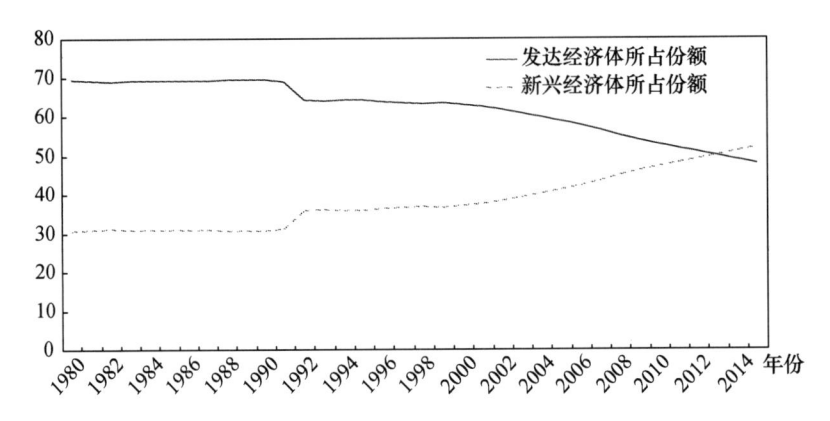

图9-5 发达经济体与新兴经济体占全球产出份额（PPP，%）

资料来源：IMF。

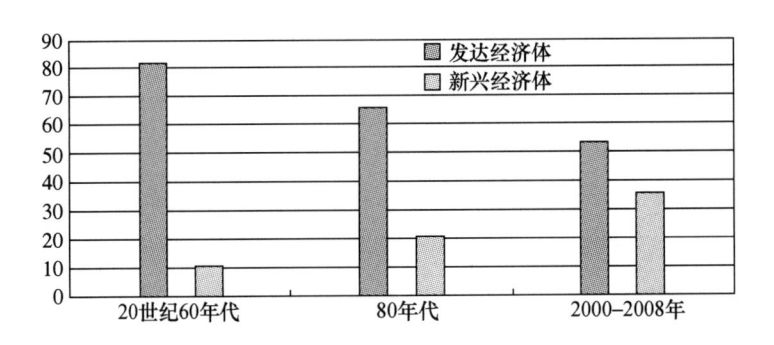

图9-6 新兴经济体之间的贸易（%）

资料来源：根据Kose和Prasad（2010）整理。

体增长在某种程度上呈现出与发达经济体的"脱钩"。这是新兴经济体崛起的又一表征。

此外，从全球债权债务分布的角度看，发达经济体与新兴经济体的角色也开始逆转。以净国际投资头寸来衡量（见表9-1），主要的债权国为日本、中国和德国以及一些石油输出国。就债务国而言，美国和欧元区为首，再加上原七国集团的成员，如英国、意大利、法国、加拿大等。这意味着，中国和一些石油输出国开始有净的资本输出，而一些发达经济体则是净的资本流入。图9-7进一步显示，传统强国欧美为净债务国，而中国和日本为净债权国。

表9-1　世界主要债权与债务国国际投资头寸一览

	国际投资头寸 （亿美元，现值）	国际投资头寸占 GDP的百分比（%）
债权国		
日本	28918.4	56.1
中国	18219.5	36.5
德国	12769.7	36.8
沙特阿拉伯*	3845.2	100.7
阿联酋*	3738.8	207.5
科威特*	2866.5	256.5
利比亚*	1787.1	255.8
俄罗斯	1183.9	9.1
伊朗*	1056.5	36.9
委内瑞拉*	721.1	31.7
阿根廷	593.4	18.5
债务国		
美国	-27378.4	-19.4
欧元区	-21869.0	-16.1
巴西	-5266.2	-33.5
澳大利亚**	-4991.4	-58.1
英国	-4613.5	-21.8
意大利	-4194.2	-19.8
墨西哥	-3529.3	-38.8
法国	-3159.3	-11.5
土耳其	-2685.8	-43.7
印度尼西亚	-1974.1	-36.6
韩国	-1480.3	-11.3
加拿大	-1140.2	-7.8
印度	-1088.5	-8.8
南非	-356.2	-12.4

说明：除特别注明外，本表数据均来自IMF：Principal Global Indicators 提供的2009年年度数据。

* 来自 Lane 和 Milesi-Ferretti 提供的2007年数据，参见 Lane 和 Milesi-Ferretti（2007），以及 http://www.philiplane.org/EWN.html。** 来自 IMF2008 年数据。

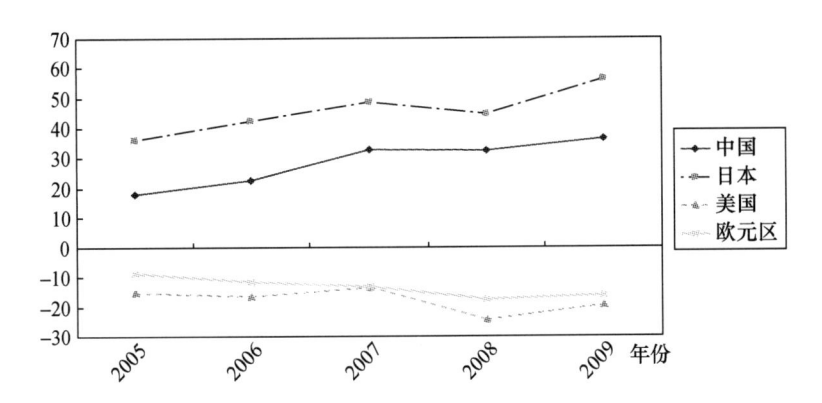

图 9-7　中国、日本、美国和欧洲四大经济体国际投资头寸占 GDP 的百分比
资料来源：同表 9-1。

正是看到这种变化趋势，英国前首相布朗（2010）感叹道：西方经济主导的世界，即以占世界 10% 的人口实现世界大部分的出口与投资的时代结束了，一去不复返了。在欧美国家垄断全球经济活动长达两个世纪之后，西方国家现在已经在生产制造、贸易、投资等方面被世界其他地区全面超越。

中国在崛起

中国的崛起是不争的事实。以 GDP 规模来衡量，中国在 2010 年已经超过日本成为世界第二大经济体。按麦迪逊的估计，2012 年中国的 GDP 已占全球产出份额的 18% 左右。这将使美国制造业失去保持近百年世界第一的位置。

贸易方面，中国不仅在世界出口中排名第一，而且已成为世界第二大进口国。

1978 年至今，中国商品贸易总额平均每年增长 16.3%，而从 2000 年至今平均每年增长 19.9%，提高了 3.6 个百分点。也就是说，与历史上其他时期相比，21 世纪以来是中国对外贸易发展相对较快的时期。如果进行横向比较，2000 年以来，在全球主要商品贸易大国中，中国进出口贸易的增速也是最快的。这导致中国在全球商品贸易中的排名迅速攀升。如表9-1所示，1999年中国出口1949亿美元，排在第9位，进口1657亿美元，排在第10位；2009年中国出口排名一举跃居全球第一，进口则仅次于美国，排名第二。

另外，从表9-2还可以看到，最近十年除了中国的排名迅速攀升之外，排名靠前的其他商品贸易大国的排序总体变化不大。欧美各国和日、韩仍是世界商品贸易的主力军。金砖国家虽然增长较快，但无论从绝对量还是排位上看，他们同中国都存在一定的差距。

表9-2　　　全球十二大商品进出口国（地区）排名　　　单位：亿美元

十二大出口国（地区）排名						十二大进口国（地区）排名					
1999年			2009年			1999年			2009年		
排名	国家（地区）	金额	排名	国家（地区）	金额	排名	国家（地区）	金额	排名	国家（地区）	金额
1	美国	6958	1	中国	12015	1	美国	10594	1	美国	16038
2	德国	5435	2	德国	11209	2	德国	4740	2	中国	10057
3	日本	4176	3	美国	10569	3	英国	3249	3	德国	9314
4	法国	3255	4	日本	5808	4	法国	3157	4	法国	5511
5	英国	2722	5	荷兰	4986	5	日本	3100	5	日本	5507
6	加拿大	2384	6	法国	4750	6	意大利	2206	6	英国	4799
7	意大利	2356	7	意大利	4047	7	加拿大	2202	7	荷兰	4458
8	荷兰	2186	8	比利时	3698	8	荷兰	2062	8	意大利	4104
9	中国	1949	9	韩国	3635	9	中国香港	1807	9	中国香港	3527
10	比利时	1792	10	英国	3507	10	中国	1657	10	比利时	3510
11	中国香港	1744	11	中国香港	3297	11	比利时	1648	11	加拿大	3303
12	韩国	1437	12	加拿大	3156	12	韩国	1198	12	韩国	3231

资料来源：世界贸易组织（WTO）。

随着中国在世界经济中地位的提高，中国对世界的影响也在扩大。

结　语

如果说前30年更多地是关注世界对中国的影响，那么，最近以来，以至未来30年，将要更多关注中国对世界的影响。这个影响直接体现在三个方面：

其一，中国市场。改革开放之初，中国市场在吸引外资、技术、管理等方面发挥了重要的作用。所谓市场换技术，市场换管理等，凸显的就是我国市场的吸引力。随着中国经济快速增长、人均 GDP 的提高，城市化的推进，中产阶级的崛起，中国将成为世界上最大的消费市场之一，中国市场将是世界经济增长的源泉。

其二，中国价格。中国拥有规模巨大的制造业产品，从而在很大程度上决定着全球制造业产品的价格走势；中国的巨大需求决定着一系列产品和大宗商品的价格；随着中国经济的开放，中国的资本逐步走向世界，对外金融投资与绿地投资不断增长，这也使得中国对全球的资产价格产生越来越重要影响。

其三，中国参与全球治理。危机爆发后凸显出全球化的很多规则都需要重构。在这个重构全球治理机制的过程中，中国责无旁贷地应发挥积极作用。

IMF 的一项经验研究表明（Arora and Vamvakidis，2010），中国 GDP 变动一个百分点，对其他国家的影响在五年之后会达到0.4个百分点，其中由贸易所带来的影响占到60%，而非贸易的影响占到40%（见图9-8）。

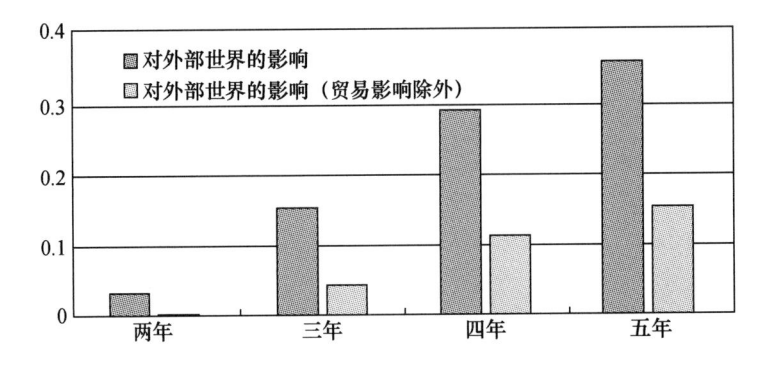

图9-8　中国对外部世界的影响（%）

资料来源：根据 Arora 和 Vamvakidis（2010）整理。

危机开启新时代

危机爆发后，全球经济呈现出两个重要的趋势性转变，这可能会使得此次危机成为一个新的全球格局的开端。

其一，发生在实体经济领域。20世纪80年代末以来，新兴经济体在全球产出中的增量贡献就一直高于发达经济体。危机以后，一方面发达经济体的长期低迷和另一方面新兴经济体的持续高增长，更成为不可移转的长期趋势。在这个此盈彼缩的历史过程中，新兴经济体将逐渐发挥引领全球发展的作用；完全由发达经济体主导的旧的全球化模式将被改变。

其二，体现在金融领域。资本主义式的全球经济危机总有金融危机相伴随，而历来的全球性金融危机，大都以发展中国家和新兴市场经济国家的债务危机为基本特征。因此，危机的恢复意味着全球性债务重组，而每一次重组，均使得发达经济体在国际金融领域中的霸主地位进一步巩固和强化。这一次完全不同了。如今深陷债务危机中而难以自拔的，是那些掌握着国际储备货币发行权和国际规则制定权的发达经济体。他们被自己呼唤出来的"恶魔"缠身，非有新兴经济体的援手不能解脱，于是就有了如二十国集团之类的新的国际协调机制产生。自然，危机的恢复，一方面将提升新兴经济体在国际金融领域中的话语权和影响力，促使国际储备货币体系向着多元化方向的进一步发展；另一方面则意味着发达经济体在国际金融规则制定中的决定权被逐渐弱化。正是在上述意义上，全球经济的新格局开始酝酿。

也正是在这种趋势性转变中，重建新均衡以及中国的发展有了新的机遇。其一，当前世界经济进入了结构调整期和产业转型期，这将有利于中国培育"发展新优势"和"抢占未来发展战略制高点"。其二，全球"新兴市场国家力量步入上升期"和世界经济处于"治理机制变革期"，中国可以一方面努力发展壮大自己，另一方面努力增强全球治理的参与能力。

如果说，全球产业转型、结构调整甚至治理变革，基本上是几十年来一次，已经成为世界经济周期性变化的一个常态，那么，新兴经济体能够真正在经济总量上赶超发达经济体，却是自工业革命以来的新变化和新机遇。对中国而言，则更可能是千年一遇的机会。不过，能否抓住这样的机遇，从而在全球达成新均衡的过程中确立自身的位置，却要看我们的发展方式能否成功地实现转型。

从"中国制造"走向"中国创造"

无论千百年来人类社会的发展实践还是经典的增长理论都揭示出一个朴素而深刻的道理，即"创新"是推动长期经济增长的唯一动力源泉。然而，如中国等东亚新兴经济体的经验所显示的，单纯依靠扩大要素投入可以在相当长的时间支撑高速经济增长。这似乎成为人们忽视，甚至否定上述论断的依据。那么，在创新缺失的条件下，中国能否延续其旧有发展轨迹和国际分工角色，"例外地"延续其增长奇迹？

从中国内部的经济社会结构看，过去三十年来，以高储蓄、高投资、城乡劳动力转移、自然资源消耗等拉动经济增长的模式极为顽固，同时也逐渐形成了以制造业为核心的产业结构和以投资、出口为主体的需求结构。而经济效益低下、科技创新乏力、资源环境破坏严重等一系列矛盾问题往往都掩盖在高增长的华丽数据之下。其中的主要原因在于，当经济发展尚处于较低阶段时，要素投入的潜力空间巨大，因此也会有较高边际报酬，可以支持相当长时期的增长。而由于产业基础薄弱、科技实力不足、人力资本匮乏，专注于技术引进、加工制造也有其必然性和合理性。但是，随着发展阶段的提升，投资、劳动力等供给趋缓，边际报酬下降，同时资源环境约束也日趋紧张。在这种情况下，以要素扩张拉动的粗放式的、"非常态化"的经济增长模式必然难以为继，而必须回到以科技和组织管理创新为动力的长期增长路径之上。对于刚刚步入中等收入国家行列的中国而言，我们正处于这一新旧增长方式转变和产业结构转型的历史关头。其间不可避免地会经历暂时放缓经济增速、部分牺牲传统优势产业、逐渐破除原有利益格局的阵痛。

　　从更为宏观的国际分工体系或即将形成的全球新均衡的角度看，一国所处的竞争位置在很大程度上仍取决于其创新能力的强弱及其相应生产力的高低。事实上，当今的全球产业价值链仍然呈现出以下的结构：西方发达国家仍然牢牢地占据着高附加值、高利润率、低环境负担的价值链两端——设计研发和服务营销，而包括中国在内的新兴市场国家则更多处于低附加值、低利润率、高环境负担的价值链中段——生产制造。尽管自改革开放以来，中国经济曾长期受益于这样的分工格局，获得了所谓"全球化红利"，但随着中国步入较高的经济发展阶段，其国际比较优势——特别是充足而廉价的劳动力和宽松的资源环境约束——也在变化之中。沿袭旧有的分工模式，甘当"外围"国家已不可能。而如果不能成功向"中心"晋级，则有可能被"旧中心"与"新外围"合力抛出国际产业价值链之外，落入"中等收入陷阱"。

　　在此需要强调的是，历史经验表明，重大的经济、金融危机往往能催生重大的科技创新乃至产业革命。事实上，在本次危机的冲击下，受累于金融"过度发展"的发达国家重新认识到实体产业和科技创新的重要性，纷纷加大了相应的政策支持与公共投入。同时，在近年来提出的以新能源与信息网络技术相结合为主要特征的所谓"第三次工业革命"，也为科技实力雄厚、人力资本积累丰富的发达国家带来了更多发展契机。我们看到，即便在危机高潮期间，美国奥巴马政府还是出台了"科技新政"和工业的高端化再造等计划。而身陷债务危机的欧洲人似乎对第三次工业革命更为期待：在2010年，欧盟委员会即已提出总投资额为500亿欧元的"连接欧洲"计划，旨在欧洲范围内实现交通、通信、能源三大领域的一体化、网络化，并以此为欧洲经济的产业升级、竞争力提升提供支持。

　　在以上内外部背景下，中国应以对内改革、对外开放为途径，根本转变发展方式，实现从"中国制造"到"中国创造"的蜕变。同时，兴利除弊，积极应对内部转型的阵痛和来自国际分工重构的挑战，在新的科技革命和产业调整中抢得先机。

人民币国际化：国际货币金融格局变迁的"中国力量"

作为实体经济的支撑，金融发展也成为中国经济转型、积极参与全球再平衡的重要内容。其中，尤以人民币国际化最令人瞩目。事实上，自本轮全球金融危机以来，中国在转变发展方式的大思路下，积极鼓励人民币在国际储备、跨境贸易、对外投资等多个方面和多种层次的国际化使用，初步显示出推动国际货币金融格局变迁的"中国力量"。

第一，借助双边和多边网络，中国已同近三十国央行开展了货币互换（见第二章），范围大致涵盖了周边的新兴市场经济体和若干发达国家。这一政策安排不仅减弱了互换双方的汇率风险，而且也为人民币成为国际储备货币开辟了重要途径。近年来，马来西亚、韩国、俄罗斯、菲律宾等多个国家已经将人民币资产纳入官方储备。2012年3月，日本官方也获准购入中国国债（上限为650亿元人民币）。

第二，自2009年以来，通过先试点、后扩展的形式，人民币跨境贸易结算从无到有，实现了跳跃式发展。截至2013年9月，该项业务累计结算金额已达8.6万亿元，涵盖跨境货物贸易、服务贸易和其他经常项目结算；在地域上也推广至全国各省市自治区，境外地区也不再受限。与此相伴，人民币境外直接投融资也已展开。显然，这一系列举措减小了中国对外贸易、投资中对其他货币，特别是美元汇率波动的风险暴露。

第三，债券、股票、结算、银行存贷款等人民币离岸业务发展迅猛，为人民币资产的管理和保值增值等提供了更丰富、更可靠的金融工具与服务。国际清算银行（BIS）的数据显示，2013年4月，人民币已经跃升至全球第九大外汇交易币种，国际化可谓迈出重要步伐。而在地区分布上，中国香港业已成为全球最大的人民币离岸中心，伦敦、纽约、新加坡等也在积极开拓相关业务。最近，上海自贸区也将建设人民币离岸中心纳入其发展规划之中。

需要强调的是，人民币国际化的实践与政策安排首先是促进国内金融改革与开放的关键举措。众所周知，长期以来，中国金融部门以国有大银行垄断为主，存在着市场竞争不足、利率汇率弹性偏弱、金融创新乏力、非信贷业务发展滞后、金融体系封闭等诸多结构性弊端，越来越难以适应、支撑实体经济的转型升级。而人民币国际化正是以资本账户开放、利率市场化、金融市场对外开放等关键领域为突破口，其重要作用之一，就是"倒逼"国内金融部门加快改革和结构调整。以作为人民币国际化重要因素之一的资本项目开放为例，其主要内容，就是让外国资本自由进入国内金融市场，因此，相对发达、有弹性、有深度的国内资本市场构成资本项目自由化的必要条件。这意味着，加快国内金融市场建设，使之成为外国投资者合适的投资领域，构成资本项目开放的前提条件。

人民币国际化也是中国对推动国际货币金融体系改革——特别是建立多极货币格局，实现全球再平衡的有益探索与贡献：人民币的崛起和中国金融业的深化发展，既有助于为世界提供更多安全且有较高收益和流动性的优质资产及投资渠道，也在贸易、投资、储备等多个领域减少了世界经贸和金融对美元的过分依赖，进而部分地缓解了"特里芬难题"。

最后，从决策角度看，尽管人民币国际化进程中的风险收益还有待观察、资本账户开放与国内金融改革的先后次序也极具争议，但随着美元单极体系频现弊端和中国国力日益崛起，人民币国际化不仅是顺应历史潮流的"大势所趋"，在操作层面也是"水到渠成"之事，切不可揠苗助长，操之过急。当然，政策制定者也非无可作为，而应积极主动地"顺水推舟"：在经济结构调整的大思路下，破除人民币国际化的体制机制阻碍，防范化解其中的风险。

做好上海自贸区这篇大文章

2013年9月27日，国务院正式发布中国（上海）自由贸易试验区总体方案。这标志着中国的对外开放进入崭新阶段。

改革和开放，一直是推动中国特色社会主义建设，支撑中国经济取得世所瞩目伟大成就的两大因素。就两者关系而论，以开放促改革，则始终是一条比较清晰的路线图。此次上海自贸区的试验方案，进一步强调了改革与开放之间彼此促进、相辅相成的关系。因此，方案的发布，也宣布了中国新一轮改革进程的启动。

过去的33年，中国的对外开放，大致经历了三个可识别出明显区别的递进阶段。

1980年，始以建立深圳等四大经济特区，继以建立沿海对外开放带，直至浦东开发区开放，中国坚定地迈出了对外开放的步伐。从那时至中国正式加入世界贸易组织，是中国对外"政策性开放"时期。其基本特征，就是我们主动地选择若干领域、地区和产业，主要采取特殊优惠政策的方式，有选择地引进国外资金、技术、管理和市场，逐步建立起出口导向的经济体系。

经历长达13年不懈努力，中国于2001年年底正式加入世界贸易组织，开创了对外"制度性开放"的时代。这一时期的基本特征，就是中国全面接受了一套由发达经济体预设的规则、体系、做法和"最佳实践"，全面融入全球化的世界经济体系，同时，在过去长期实施"引进来"战略的基础上，中国的企业开始走向世界。

此次上海自贸区建设的启动，应视为中国对外开放的新阶段。它站在过去十年全面实施制度性开放的高台上，设定了"全面建设开放型经济体"的更为宏伟的目标，以期保证中国稳步成长为在国际社会中发挥重大作用的大国，为增进全人类的福祉贡献力量。

建立上海自贸区，也是我国应对"世情"重大变化的战略举措。这个世情，就是全球治理体制的变化。

自1995年世界贸易组织成立以来，陆续有20多个国家加入了该组织。然而，新兴经济体的相继加入，固然强化了发达经济体主导的经济全球化格局，但也对国际经济秩序施加了潜移默化的影响，使之逐渐向有利于新兴经济体的方向发展。这使得发达经济体感觉到，世界贸易组织作为全球战略工具的价值，显然较预期要小得多。

于是，二十国集团开始受到他们的青睐。利用这个平台，发达经济体一方面可以重新开设其感兴趣的议题，另一方面可以回避由157个成员组成的难以掌控的世界贸易组织格局，在较小的治理平台上发挥掌控力。于是我们看到，在二十国集团平台上，人民币汇率、贸易顺差、低消费、高储蓄等一系列中国国内问题，被与全球经济再平衡的责任密切联系，成为打压中国的工具，为发达经济体重新塑造国际分工体系张目。但是，毕竟无可奈何花落去，发达经济体借二十国集团打压中国的目标亦未如愿。

面对新形势，发达经济体日益显示出其改变全球治理模式的趋向。自 2011 年年底开始，《跨太平洋伙伴关系协定》（TPP）、《跨大西洋贸易与投资协定》（TTIP）、《多边服务业协议》（PSA）、《日欧经济伙伴关系协定》以及近日《欧加自由贸易协定》等相继推出，再清楚不过地表明，发达经济体作为一个集体，已经不满于目前的全球化模式及其运行规则；为了夺回全球治理的主导权，他们正结成新的"神圣同盟"，力图树立新规。

这些"新规"均将中国排除在外，因此具有明显的针对中国的战略意图。这对我国的未来发展形成严峻的外部压力。

上海自由贸易区建设的启动，清楚地表明了我国政府应对上述新变化的积极态度，展示了中国政府应对国际经济新格局的主动战略：一方面，我们将主动要求参加正在形成中的各项新规的谈判过程；另一方面，我们选择中国领土上的一个最重要的区域，尝试试验 TPP 等新规中的合理规则，"实现以开放促发展、促改革、促创新，形成可复制、可推广的经验，服务全国的发展"。

因此我们可以说，上海自贸区建设的启动，同时也是我们应对国情变化的战略举措。我们希望经过两三年的改革试验，通过金融服务、航运服务、商贸服务、专业服务、文化服务以及社会服务领域的扩大开放，积极推进服务业扩大开放和外商投资管理体制改革，加快探索资本项目可兑换和金融服务业全面开放，力争建设成为具有国际水准的投资贸易便利、货币兑换自由、监管高效便捷、法制环境规范的自由贸易试验区，营造有利于各类投资者平等准入的市场环境，争取在上海率先建立符合国际化和法治化要求的跨境投资和贸易规则体系，使试验区成为我国进一步融入经济全球化的重要载体，成为我们试验使用"负面清单管理"，全面改革政府监管模式的重要平台，并以此为基础，进一步推动中国国内的经济改革。

参 考 文 献

帕尔默，R. R.：《现代世界史》，世界图书出版公司2009年版。

阿明，萨米尔：《不平等的发展——论外国资本主义的社会形态》，商务印书馆2000年版。

艾肯格林，巴里：《资本全球化：国际货币体系史》，上海人民出版社2009年版。

奥德尔，约翰：《美国国际货币政策》，李丽军、李宁译，中国金融出版社1991年版。

波兰尼，卡尔：《大转型：我们时代的政治与经济起源》，浙江人民出版社2007年版。

伯格斯坦，C. 弗雷德主编：《美国与世界经济：未来十年美国的对外经济政策》，经济科学出版社2005年版。

伯南克：《大萧条》，东北财经大学出版社2007年版。

陈继勇、刘威：《产品内分工视角下美中贸易失衡中的利益分配》，《财经问题研究》2008年第11期。

程恩富、王中保：《美元霸权：美国掠夺他国财富的重要手段》，《世界经济导刊》2008年第4期。

弗兰克，安德烈·贡德：《白银资本：重视经济全球化中的东方》，中央编译出版社2008年版。

弗里德曼，米尔顿：《货币的祸害——货币史片段》，商务印书馆2008年版。

福山，弗兰西斯：《历史的终结》，远方出版社1998年版。

河合正弘：《国际货币体系与东亚货币金融合作》，吉林大学出版社2009年版。

赫德森，迈克尔：《金融帝国：美国金融霸权的来源和基础》，中央编译出版社 2008 年版。

吉川元忠：《金融战败：发自经济大国受挫后的诤言》，孙晓燕、袁英华译，中国青年出版社 2000 年版。

金德尔伯格，查尔斯·P.：《1929—1933 年世界经济萧条》，上海译文出版社 1986 年版。

金德尔伯格，查尔斯·P.：《世界经济霸权：1500—1990》，商务印书馆 1996 年版。

金德尔伯格，查尔斯·P.：《世界经济霸权：1500—1990》，商务印书馆 2003 年版。

金德尔伯格，查尔斯·P.：《西欧金融史》（第二版），中国金融出版社 2006 年版。

金德尔伯格，查尔斯·P.：《疯狂、惊恐和崩溃——金融危机史》（第四版），朱隽、叶翔译，中国金融出版社 2007 年版。

金德尔伯格，查尔斯·P.：《西欧金融史》（第二版），徐子键、何建雄、朱忠译，中国金融出版社 2010 年版。

凯恩斯，约翰·梅纳德：《货币论》（上、下卷），蔡谦、范定九、王祖廉译，商务印书馆 1986 年版。

考特，W. H. B.：《简明英国经济史（1750 年至 1939 年）》，商务印书馆 1992 年版。

克拉潘，约翰·哈罗德：《现代英国经济史》（上、中、下卷），商务印书馆 2009 年版。

克鲁格曼，保罗：《汇率的不稳定性》，北京大学出版社、中国人民大学出版社 2000 年版。

克鲁格曼，保罗、茅瑞斯·奥伯斯法尔德，《国际经济学》（第四版），中国人民大学出版社 1998 年版。

肯尼迪，保罗：《大国的兴衰》，世界知识出版社 1990 年版。

肯尼迪，保罗：《大国的兴衰：1500—2000 的经济变迁与经济冲突》，国际文化出版公司 2006 年版。

莱因哈特，卡门、肯尼斯·罗格夫：《这次不一样：800 年金融荒唐史》，机械工业出版社 2010 年版。

李荣谦编著：《国际货币与金融》（第三版），中国人民大学出版社

2006年版。

卢峰：《产品内分工》，《经济学（季刊）》2004年第4卷第1期。

麦迪森，安格斯：《世界经济千年史》，北京大学出版社2003年版。

麦迪森，安格斯：《世界经济千年统计》，北京大学出版社2009年版。

麦金农，罗纳德：《美元本位下的汇率——东亚高储蓄两难》，王信、何为译，中国金融出版社2005年版。

麦金农，罗纳德、大野健一：《美元与日元——化解美日两国的经济冲突》，王信、曹莉译，上海远东出版社1999年版。

麦克勒姆，贝内特·T.：《国际货币经济学》，中国金融出版社2001年版。

彭慕兰：《大分流：欧洲、中国及现代世界经济的发展》，江苏人民出版社、凤凰出版传媒集团2010年版。

沈联涛：《十年轮回：从亚洲到全球的金融危机》，上海远东出版社2009年版。

施瓦茨，赫尔曼·M.：《国家与市场：全球经济的兴起》，徐佳译，凤凰出版传媒集团、江苏人民出版社2008年版。

施瓦茨，赫尔曼·M.：《国家与市场：全球经济的兴起》，凤凰出版传媒集团、江苏人民出版社2008年版。

斯密，亚当：《国民财富的性质和原因的研究》（上、下卷），商务印书馆1974年版。

斯塔夫里阿诺斯，L.S.：《全球通史——1500年以后的世界》，上海社会科学院出版社1992年版。

沃勒斯坦，伊曼纽尔：《现代世界体系》（第一、二卷），高等教育出版社1998年版。

沃勒斯坦，伊曼纽尔：《现代世界体系》（第三卷），高等教育出版社2000年版。

增长与发展委员会：《增长报告：可持续增长和包容性发展的战略》，中国金融出版社2008年版。

张辉：《全球价值链动力机制与产业发展战略》，《中国工业经济》

2006 年第 1 期。

Aizenman, Joshua, 2010, On the Causes of Global Imbalances and Their Persistence: Myths, Facts and Conjectures, in *Rebalancing the Global Economy: A Primer for Policymaking*, Stijin Claessens, Simon Evenett, and Bernard Hoekman (edit.), Centre for Economic Policy Research, pp. 23 – 30.

Almunia, Miguel, Agustín S. Bénétrix, Barry Eichengreen, Kevin H. O'Rourke and Gisela Rua, 2009, "From Great Depression to Great Credit Crisis: Similarities, Differences and Lessons", *IIIS Discussion Paper* No. 303.

Benigno, Gianluca and Pierpaolo Benigno, 2006, "Designing Targeting Rules for International Monetary Policy Cooperation", *Journal of Monetary Economics*, Vol. 53, pp. 473 – 506.

Bergin, Paul, 2002, "Is There a Role for international Policy Coordination?" FRBSF Economic Letter, Number 2002 – 2003.

Bernanke, Ben S., 2004, "Money, Gold, and the Great Depression", Remarks at the H. Parker Willis Lecture in Economic Policy, Washington and Lee University, Lexington, March 2.

Bordo, Michael D., 2005, "Historical Perspective on Global Imbalances", *NBER Working Paper*, No. 11383.

Brown, Gordon, 2010, "Reviving the West", *Project Syndicate*, 2010 – 12 – 16, http://www.project-syndicate.org/commentary/gbrown1/English.

Calvo, Guillermo A. and Carmen M. Reinhart, 2002, "Fear of floating", *Quarterly Journal of Economics*, Vol. 117, pp. 379 – 408.

Canzoneri, Matthew B., Robert E. Cumby and Behzad T. Diba, 2005, "The Need for International Policy Coordination: What's Old, What's New, What's Yet to Come?" *Journal of International Economics*, Vol. 66, pp. 363 – 384.

Caramazza, Francesco and Jahangir Aziz, 1998, "Fixed or Flexible? Getting the Exchange Rate Right in the 1990s", IMF Economic Issues 13.

Carmignani, Fabrizio, Emilio Colombo, and Patrizio Tirelli, 2008, "Exploring Different Views of Exchange Rate Regime Choice", *Journal of International Money and Finance*, Vol. 27, pp. 1177 – 1197.

Chernyshoff, Natalia, David S. Jacks, and Alan M. Taylor, 2009, "Stuck on Gold: Real Exchange Rate Volatility and the Rise and Fall of the Gold Standard, 1875 – 1939", *Journal of International Economics*, Vol. 77 (2), pp. 195 – 205.

Cuenca Esteban, Javier, 2001, "The British Balance of Payments, 1772 – 1820: India Transfers and War Finance", *The Economic History Review*, New Series, Vol. 54, No. 1, pp. 58 – 86.

Daudin, Guillaume, Matthias Morys and Kevin H. O'Rourke, 2008, "Globalization, 1870 – 1914", *IIIS Discussion Paper* No. 250.

Despres, Emile, Kindleberger, Charles P. and Salant, Walter S., "The Dollar and World Liquidity: A Minority View", *Economist*, February 5, 1966, pp. 526 – 529. Republished with minor additions as Brookings Reprint No. 115, April, 1966. Latter version reprinted in L. H. Officer and T. D. Willett, eds., *The International Monetary System: Problems and Proposals. Englewood Cliffs*, New Jersey, Prentice – Hall, Inc., 1969.

Dooley, Michael P., David Folkerts – Landau, and Peter Garber, 2003, "An Essay on the Revived Bretton Woods System?" *NBER Working Paper*, No. 9971.

Dooley, Michael P., David Folkerts – Landau, and Peter Garber, 2009, "Bretton Woods II Still Defines the International Monetary System", *NBER Working Paper*, No. 14731.

Dornbusch, Rudiger, 1983, "Flexible Exchange Rates and Interdependence", IMF Staff Papers, Vol. 30, No. 1, pp. 3 – 38.

Duttagupta, Rupa, Gilda Fernandez, and Cem Karacadag, 2004, "From Fixed to Float: Operational Aspects of Moving Toward Exchange Rate Flexibility", IMF Working Paper, WP/04/126.

Duttagupta, Rupa, Gilda Fernandez, and Cem Karacadag, 2005, "Moving to a Flexible Exchange Rate: How, When, and How Fast?" IMF

Economic Issues 13.

Eichengreen, Barry, "*Global Imbalances* and the Lessons from Bretton Woods", NBER Working Paper 10497, National Bureau of Economic Research May 2004.

Eichengreen, Barry, 1992, *Golden Fetters: The Gold Standard and the Great Depression*: 1919 – 1939, Oxford University Press.

Eichengreen, Barry, 2004, "Global Imbalances and the Lessons of Bretton Woods", *NBER Working Paper*, No. 10497.

Eichengreen, Barry, 2008, *Globalizing Capital: A History of the International Monetary System* (2nd edition), Princeton University Press.

Estevadeordal, Antoni, Brian Frantz, and Alan M. Taylor, 2003, The Rise and Fall of World Trade: 1870 – 1913, *Quarterly Journal of Economics*, Vol. 118 (2), pp. 359 – 407.

Fischer, Stanley, 1998, "The Asian Crisis, the IMF, and the Japanese Economy", Speech prepared for Asahi Shimbun symposium, Tokyo, 8 April.

Fischer, Stanley, 2001, "Exchange Rate Regimes: Is the Bipolar View Correct?" IMF *Finance & Development*, June 2001, Volume 38, Number 2.

Frankel, Jeffery, 2009, "What's In and Out in Global Money", *Finance & Development*, September 2009.

Frenkel, Jacob A., and Morris Goldstein, 1999, The International Role of the Deutsche Mark, in *Fifty Years of the Deutsche Mark: Central Bank and the Currency in Germany since* 1948, Deutsche Bundesbank (edit.), Oxford University Press, pp. 685 – 729.

Friedman, Milton, 1953, "The Case for Flexible Exchange Rates", in Milton Friedman, ed., *Essays in Positive Economics* (Chicago: University of Chicago Press).

Friedman, Milton, and Anna J. Schwartz, 1963, *A Monetary History of the United States*: 1867 – 1960, Princeton University Press.

Funabashi, Yoichi, 1988, "Managing the Dollar: From the Plaza to the Louvre", Institute for International Economics, Washington.

Ghironi, Fabio, Jaewoo Lee, and Alessandro Rebucci, 2009, "The Valuation Channel of External Adjustment", Federal Reserve Bank of Boston, Working paper No. 09 – 18.

Giovannini, Alberto, 1986 "Rules of the Game" during the International Gold Standard: England and Germany, *Journal of International Money and Finance*, Vol. 5, pp. 467 – 483.

Goldstein, Morris, and Nicholas R. Lardy, China's Role in the Revived Bretton Woods System: A Case of Mistaken Identity, *Institute for International Economics Working Paper Series*, No. WP 05 – 02.

Gourinchas, Pierre – Olivier and Hélène Rey, 2005, "From World Banker to World Venture Capitalist: US External Adjustment and the Exorbitant Privilege", *NBER Working Paper*, No. 11563.

Gourinchas, Pierre – Olivier, Hélène Rey, and Nicolas Govillot, 2010, Exorbitant Privilege and Exorbitant Duty, *IMES Discussion Paper Series*, 2010 – E – 20.

Goyal, Rishi, Ronald McKinnon, 2003, "Japan's Negative Risk Premium in Interest Rates: The Liquidity Trap and the Fall in Bank Lending", *The World Economy*, Vol. 26, pp. 339 – 363.

Habib, M. M. (2010) "Excess returns on net foreign assets – the exorbitant privilege from a global perspective", Working Paper Series 1158, European Central Bank.

Hausmann, Ricardo and Federico Sturzenegger, The Valuation of Hidden Assets in Foreign Transactions: Why "Dark Matter" Matters, *Business Economics*, January 2007.

Hausmann, Ricardo, Ugo Panizza, and Ernesto Stein, 2001, "Why Do Countries Float the Way They Float?" *Journal of Development Economics*, Vol. 66 (2), pp. 387 – 414.

Henning, Randall, 2006, "The Exchange Rate Weapon and Macroeconomic Conflict", in *International Monetary Power*, edited by Prof. David M. Andrews (Ithaca: Cornell University Press).

Irwin, Douglas A., 2010, Did France Cause the Great Depression? *NBER Working Paper*, No. 16350.

Johnson, Harry G., 1973, "The Case for Flexible Exchange Rates, 1969", in his book, Further Essays in Monetary Economics, Harvard University Press, pp. 198 – 222.

Jordà, Òscar, Moritz Schularick and Alan M. Taylor, 2010, "Financial crises, credit booms, and external imbalances: 140 years of lessons", *NBER Working Paper* No. 16567.

Kenen, Peter B., 2000, "Fixed Versus Floating Exchange Rates", *Cato Journal*, Vol. 20, No. 1.

Kindleberger, Charles, 1973, *The World in Depression*: 1929 – 1939, University of California Press.

Krasner, Stephen, 1983, *International Regimes*, Ithaca: Cornell University Press.

Krugman, Paul, 1998, "It's Baaack: Japan's Slump and the Return of the Liquidity Trap", *Brookings Papers on Economic Activity* (No. 2), pp. 137 – 87.

Krugman, Paul, and Maurice Obstfeld, 2000, *International Economics: Theory and Policy*, 5th ed., Addison Wesley Longman Inc..

Liu, Zheng, and Evi Pappa, 2005, "Gains from International Monetary Policy Coordination: Does It Pay to Be Different?" European Central Bank, Working Paper Series No. 514, August.

López – Córdova, J. Ernesto, and Christopher M. Meissner, 2003, Exchange – Rate Regimes and International Trade: Evidence from the Classical Gold Standard Era, *American Economic Review*, Vol. 93 (1), pp. 344 – 353.

M. Ayhan Kose and Eswar S. Prasad, 2010, "Emerging market come of age", *Finance & Development*, December 2010.

Maddison, Angus, 2006, *The World Economy*: Volume 1: A Millennial Perspective; Volume 2: Historical Statistics, OECD.

Maddison, Angus, 2009, *Historical Statistics of the World Economy*: 1 – 2008 AD, OECD.

Maddison, Angus, 2001, *The World Economy: A Millennial Perspective*, Paris: OECD.

Matthews, R. C. O., C. H. Feinstein, and I. C. Odling-Smee, 1982, *British Economic Growth: 1856–1973*, Oxford University Press.

McCallum, Bennett T., 2003, "Japanese Monetary Policy, 1991–2001", *Federal Reserve Bank of Richmond Economic Quarterly*, Volume 89/1, Winter, pp. 1–31.

McKibbin, Warwick J., 1988, "The Economics of International Policy Coordination", The *Economic Record*, Vol. 64 (187), pp. 241–53.

McKinnon, Ronald I., 2005, "Trapped by the International Dollar Standard", *Journal of Policy Modeling*, Volume 27, Issue 4, June 2005, Pages 477–485.

McKinsey Global Institute (MGI) "An exorbitant privilege? Implications of Reserve Currencies for Competitiveness", Discussion Paper, December, 2099.

Meissner, Christopher M., 2002, "A New World Order: Explaining the Emergence of the Gold Standard", *NBER Working Paper*, No. 9233.

Meissner, Christopher M., 2010, Surplus Reversals in Large Nations: The Cases of France and Great Britain in the Interwar Period, in *Rebalancing the Global Economy: A Primer for Policymaking*, Stijin Claessens, Simon Evenett, and Bernard Hoekman (edit.), Centre for Economic Policy Research, pp. 61–70.

Mello, Luiz de and Pier Carlo Padoan, 2010, "Are global imbalances sustainable? Post-crisis scenarios", OECD *Economics Department Working Paper* No. 795.

Neumann, Manfred J. M., 1999, Monetary Stability: Threat and Proven Response, in *Fifty Years of the Deutsche Mark: Central Bank and the Currency in Germany since* 1948, Deutsche Bundesbank (edit.), Oxford University Press, pp. 269–306.

Obstfeld, Maurice and Alan Taylor, 2004, *Global Capital Markets: Integration, Crisis and Growth*, Cambridge, Cambridge University Press.

Obstfeld, Maurice, 2000, "International Economics: Beyond the Mundell – Fleming Model", IMF Staff Papers, Vol. 47, Special Issue.

Obstfeld, Maurice, and Kenneth Rogoff, 1995, "The Mirage of Fixed Exchange Rates", *Journal of Economic Perspectives*, Vol. 9 (4), pp. 73 – 96.

Obstfeld, Maurice, and Kenneth Rogoff, 2002, "Global Implications of Self – Oriented National Monetary Rules", *Quarterly Journal of Economics*, Vol. 117 (2), pp. 503 – 535.

OECD, 2010, *OECD Economic Outlook*, No. 87, OECD, Paris.

Officer, Lawrence H., 1986, "The Efficiency of the Dollar – Sterling Gold Standard, 1890 – 1908", *The Journal of Political Economy*, Vol. 94, No. 5, pp. 1038 – 1073.

Officer, Lawrence, 2008, *Gold Standard*, *EH. Net Encyclopedia*, edited by Robert Whaples, URL: http://eh.net/encyclopedia/article/officer.gold.standard.

Oudiz, Gilles, and Jeffrey Sachs, 1984, "Macroeconomic Policy Coordination among the Industrial Economies", *Brookings Papers on Economic Activity*, Vol. 1, pp. 1 – 75.

Patat, Jean – Pierre, and Michel Lutfalla, 1986, *Histoire Monétaire de la France au XXe Siècle*, Economica.

Pfaffenzeller, S., P. Newbold and A. Rayner (2007) "A Short Note on Updating the Grilli and Yang Commodity Price Index", *The World Bank Economic Review*, 21 (1), pp. 151 – 163.

Polanyi, Karl, 1944, *The Great Transformation*, New York: Farrar & Rinehart, Inc. Reprinted (1957) (2001) Boston: Beacon Press.

Reinhart, Carmen M., and Kenneth S. Rogoff, 2008, "This Time is Different: A Panoramic View of Eight Centuries of Financial Crises", *NBER Working Paper*, No. 13882.

Richard Freeman, The Great Doubling: The Challenge of the New Global Labor Market, August 2006, Preliminary Draft.

Roubini, Nouriel, Brad Setser, 2004, The US as a Net Debtor: The Sustainability of the US External Imbalances, Manuscript.

Salvatore, Dominick, 2001, "Which countries in the Americas should dollarize?", *Journal of Policy Modeling*, 23 (2001) 347–355.

Salvatore, Dominick, 2004, "International Economics", 8th ed., John Wiley & Sons Inc..

Strange, Susan, "Cave! Hic – Dragones: A Critique of Regime Analysis", in Stephen D. Krasner, ed., *International Regimes*, 337–354.

Subramanian, Arvind, 2011, "Renminbi Rules: The Conditional Imminence of the Reserve Currency Transition", *Working Paper* series WP11–14, Peterson Institute for International Economics, September.

Taylor, Alan M., 1996, International Capital Mobility in History: The Saving – Investment Relationship, *NBER Working Paper*, No. 5743.

Tchakarov, Ivan, 2004, "The Gains from International Monetary Cooperation Revisited", *IMF Working Paper*, WP/04/1.

Triffin, Robert, 1960, *Gold and the Dollar Crisis: The Future of Convertibility*, New Haven: Yale University Press.

Vivek Arora and Athanasios Vamvakidis, 2010, "Gauging China's Influence", *Finance & Development* December 2010.

World Economic Forum, 2010, *The Financial Development Report 2010*, World Economic Forum USA Inc..